贵州师范大学博士科研项目基金资助

汉语语言学研究丛书

文化语言学视角下的

译注法研究

以《三国演义》多种日译本为文本

On an Approach of Translation and Commentary from the Perspective of Cultural Linguistics

刘齐文 著

图书在版编目(CIP)数据

文化语言学视角下的译注法研究:以《三国演义》多种日译本为文本/刘齐文著.—北京:中国书籍出版社,2012.10

ISBN 978-7-5068-3216-8

Ⅰ.①文… Ⅱ.①刘… Ⅲ.①日语—翻译学 Ⅳ.①H365.9

中国版本图书馆CIP数据核字(2012)第238045号

责任编辑/ 刘洁琼

责任印制/ 孙马飞　张智勇

封面设计/ 中联华文

出版发行/ 中国书籍出版社

地　　址:北京市丰台区三路居路97号(邮编:100073)

电　　话:(010)52257143(总编室)　(010)52257153(发行部)

电子邮箱:chinabp@vip.sina.com

经　　销/ 全国新华书店

印　　刷/ 北京彩虹伟业印刷有限公司

开　　本/ 710毫米×1000毫米　1/16

印　　张/ 15

字　　数/ 270千字

版　　次/ 2015年9月第1版第2次印刷

书　　号/ ISBN 978-7-5068-3216-8

定　　价/ 68.00元

序

《三国演义》作为中华文化的经典代表，在世界广受关注和译介，读者甚众，研究者亦甚众，其中以东瀛日本为最。日本是世界上珍藏《三国演义》版本最多的国度。据统计，《三国演义》的全译本有12种之多，在现代的日本出版物中，还有许多依据三国史实改编的日本版《三国演义》。日本的《三国演义》研究成果，涉及词汇研究、版本研究、人物形象研究、应用型研究、编撰研究文献目录、《三国志平话》研究、翻译研究等。这些成果有的已为国内学者所采用，对深化中日学者的文化交流起到了不可或缺互动作用。在多元文化的语境下，研究中国经典文化元素传承的外译策略，对于提升中国的国际地位，传播中华文化并提升中国文化软实力具有重要的现实意义。

本书共分为五章。第一章为绪论，重点叙述研究的缘起、所选四种日译本的学术理据、译者的翻译态度、研究的思路和方法、描述了研究的理论依据；第二章简述了中日文化翻译现状；第三章以文化语言学为理据，从翻译视角切入，就日译本中的汉文化元素翻译策略进行定性和定量考察，提出了译注法翻译策略，并就其定义、适用范围、显现方式、必要性和可能性进行论述；第四章和第五章是本书的重点，结合译本，利用中日文工具书，就文化元素的传承策略进行考察，总结出了译注法文化翻译策略的显现方式为：汉字加注假名加注释。并结合日译本中的得失，在多元文化语境下就译注法所承载的文化意义及价值进行论述。

对待异域文化，译介一般采用异化策略。也有的学者提出异化加文化阐释法，创化异化翻译观。在译文中加注释是翻译作品中的常用方法，也是学界的共识。长期以来，学者们简单地认为译注就是先翻译，后附加注释，或简单地理解为直译加注释。将注释视作翻译的辅助性或补偿性手段，招之即来，挥之即去，束之高阁。有学者甚至认为注释会影响读者阅读文本的流畅性等。在跨文化语境下这显然是一种不正常的现象。著名翻译家张谷若先生认为注释是译文的有机组成部分，是富于研究、考证精神的治学态度的外化。要做好翻译必先做好注释，注释作为一种文化干预方式，它和翻译结合更应该被视为一种民族文化元素传承的翻译策略之一，以凸显异国情调，从而彰显他者文化身份。

本论文在评审答辩时，得到学者的较高评价。北京外国语大学日本学研究中心教授、主任徐一平先生对本论文有如下评语：

“《文化语言学视角下的译注法研究—以〈三国演义〉多种日译本为文本》一文，从研究翻译学中的‘异化’与‘归化’的问题入手，对在日本已经出版的中国古典名著《三国演义》的四种译本中，特别表示中国文化要素词汇的翻译现状进行了考察，提出了在中国典籍汉译日文本中，应采取‘译注法’翻译策略，即将汉语中丰富的文化语义及文化信息用翻译并注释相结合的方式，才能完整地再现原语的异域特色文化信息，有利于中日文化交流和沟通，达到通过翻译进行跨文化交流的目的。通过对文本的分析，论文作者认为，译注法是两种文化交融结合的产物，并认为，这种译注法应成为中国典籍作品翻译成现代日语时的一种常态翻译策略。论文对于先行研究文献把握准确、完整，具有较强的翻译研究理论功底，立论有新意，并通过分析大量的翻译文体，对论述的问题进行了穷尽式统计，论述有逻辑性和说服力，行文流畅，通顺”。

日本国立广岛大学大学院文学研究科中国文学博士佐藤利行教授的评语为：

“该学位论文以《三国演义》多种日译本为文本，从文化语言学视觉对译注法进行了研究，从文化语言学层面揭示了‘译注法’的翻译理论意义。汉籍日译在日本具有悠久的传统，该论文对《三国演义》日译的多种文本中的‘译注法’进行了系统的深入的个案研究，显示出了作者的汉日学术功力，其结论对今后的汉籍日译具有指导意义。如能把“译注法”同“汉文训读法”这一翻译方法更系统深入研究，就更好了”。

北京大学外国语学院日语系彭广陆教授的评语为：

“古典文学作品，尤其是经典的作品的翻译是翻译的重要组成部分，特别是中国古典文学作品名著的日译是中日文化交流的重要内容，也是日本人吸收中国文化的重要途径之一。该论文的作者通过对《三国演义》的四种不同的译本的分析和对比，提出了译注法—异化 + 注释文化翻译策略，并对这个问题进行了全面而系统的阐述。作者主张：译注法既能解码原语语言，保留比喻义和形象义，又能保留原语的文化信息，在古典作品日译中应该成为常态翻译方法。该论文有理有据，通过大量的翻译实例充分地论证了译注法的科学性和合理性，结论可靠，有较强的说服力。译注法的提出，不仅对翻译学理论研究是一个重要的补充，而且对于今后的古典作品的翻译实践也具有一定的指导意义”。

中国人民大学外国语学院日语系张威教授的评语为：

“本论文从文化语言学的立场，采取定量和定性相结合的方法，通过对《三国演义》四种日文译本中汉语文化词汇的处理方法的考察，同时利用中日语文工具书进行了释义对比，分析译注法的得失，论述了注释法在古典作品日文翻译中文化信息保留的重要性。本文主要关注《三国演义》中表示官职、称呼、人名、地名、兵器、战船等的文化词汇在翻译成现代日语过程中文化信息的传递问题，并将本研究置于多文化语境下进行考察，最终在大量个案研究的基础上，提出了译注法翻译策略”。我也同意以上学者的意见。

作者最近在该学位论文基础上整理出书，将在中国书籍出版社出版，可喜可贺。该书选题具有较高的学术价值，结构合理，资料详实，分析论述具有一定的说服力，整体研究方法正确，作者对先行研究有比较全面的把握，相关资料丰富，信息可靠。本论文逻辑清晰，观点明确，有一定的独到见解，对于深入开展相关课题的研究具有较大参考价值和促进作用。作者理论基础扎实，涉猎广泛，在论述中较好地运用了多学科的理论和专业知识。该论文写作规范，逻辑性强，反映出作者严谨的学风。

通览本书，不足之处是有一些文中提到的先行研究未能列于文末的参考文献中，另外还有一些人名的错误。

学术需要理解和宽容，更需要不断地探索和论争。在全球化大语境下，民族文化元素如何传译，如何使其蕴藏的文化语义和文化信息的传递度最大化而又能凸显异域特色和保持文化他者身份，仍然是有待深入探讨的理论和实践问题。

徐晓光

2012年12月30日

于凯里学院人文精舍

前　言

随着翻译研究中的“文化转向”及文化研究注重从翻译视角切入，无疑拓展了翻译研究和文化研究的领域。文化翻译策略成为学者们关注的重点。在多元文化大语境下，现代翻译研究着力于翻译的外部研究，从意识形态、诗学、政治权力话语等角度对翻译及其过程展开了动态的深度研究。基于此，有学者担心，这会边缘化翻译的本体研究，形成所谓“翻译的政治”话语，从而泛化翻译的基本概念，导致翻译研究无所适从，仁者见仁，智者见智。

本文主要关注古典作品《三国演义》中的职官、称呼语、人名地名、兵器战船等文化词汇在翻译成现代日语过程中文化信息的传递问题。在中国翻译学界，对于文化翻译，有两种翻译策略：异化和归化。主张外译中用归化，中译外用异化。在多元文化语境下，将古典作品翻译成现代日语，为彰显民族文化，表明文化身份，我们主张采用异化加注释策略。异化加注释策略在日语文本中转化为直录汉字＋日文假名＋注释。我们借用英语翻译界有译注法这种翻译方法，将它称为“译注法”文化翻译策略。

《三国演义》的日语全译本有10多种，我们选择了具有代表性的四种译本作为样本，通过定性和定量分析，发现译者们在翻译文化词汇时采用译注法，有效地传递了文化信息，保留了中华传统文化。译注法构成了日译文本的特色。它可将汉语丰富的文化信息借助日语使用汉字的便利，将翻译和注释在译文中结合起来，完整地再现了原语的异域特色和文化信息。翻译时，以直译为主，但并不字当句对地硬译和死译，而是采用添加词语、释义等多种补偿方式将原语的语言含义表达准确；做注时，译者根据读者的可接受性、可理解性，想读者所想，对因异质语言文化差异而难以理解或易产生误解的历史文化语词用多种形式的注释加以阐释，繁简得当。译注法既解码原语语言，又给读者提供原语历史文化信息，揭示典故含义等，凸显了语言，阐释了原语文化信息。译注法使翻译和注释相得益彰，语言和文化的传递神形兼备，有利于中日文化交流和沟通，是文化语言学在中国古典作品日译中的有效再现。

通过对古典作品《三国演义》四种日译文本的考察，表明译注法是构成典籍翻译的重要组成部分，理应成为中国典籍作品日译的常态翻译策略之一。

目 录
CONTENTS

第1章

绪　论

1.1　选题价值及意义

1.1.1　为什么要研究《三国演义》日译本

《三国演义》是我国古代小说的代表性作品，具有厚重的民族文化积淀，有很高的文学价值和文化价值。在日本，以三国为题材的文学作品统称“三国志”，《三国演义》也被称为《三国志演义》，三国故事在日本民间广为人知。在19世纪末，在大阪庶民区仍有许多说书场常年讲说三国故事等。①《三国演义》的第一个日文译本，是湖南文山译《演义三国志》，对日本人影响极大。日本著名诗人土井晚翠以“星落秋风五丈原”为题材，创作了长篇叙事诗《星落秋风五丈原》，咏叹了诸葛亮的悲美形象。在现代日本，书店有大量的有关三国的书在出售。

国内学者对日本学者翻译《三国演义》的介绍较多，如林煌天主编的《中国翻译词典》② 收录了“《三国演义》在日本”这一词条，但

① 邱岭：《试论日本文学对〈三国演义〉的接受—以吉川英治〈三国志〉中的关羽形象为例》，载《福建师范大学学报（哲学社会科学版）》，2006年第3期，第113页。

② 林煌天主编：《中国翻译词典》，湖北教育出版社1997年版，第574页。

把作者、书名、出版社都搞错了。再如马祖毅、任荣珍的《汉籍外译史》① 一书中有下列内容："《三国志》有日文本和英文本两种。日文本是今鹰真教授与甘波津子合译的，由筑摩书房刊行。"把"井波律子"误作"甘波津子"。反观日本学者，对《三国演义》的翻译研究取得了很多成果，内容涉及中日文化交流史，中国文学对日本近世文学的影响，《三国志演义》第一个日译本在日本的流传和影响，版本研究，人物形象研究，编撰研究文献目录及应用研究等。尽管《三国演义》日译本达30余种，遗憾的是国内日语界对《三国演义》日译本翻译进行探讨的成果不多见。

通过对《三国演义》日译文本的研究，可解析日本人是如何翻译和接受中国文化的，他们是以什么样的翻译态度去对待《三国演义》的，进而可探寻中日文化交流的印迹。在多元文化语境下，可推动《三国演义》的国际化学术交流，为中国古典作品翻译成现代日语提供理论上的借鉴。

1.1.2 四种日译本体例介绍

1. 小川环树译本完译『三国志』介绍

小川环树汉学背景：

小川环树（1910～1993），毕业于京都帝大文学部，1934～1936年留学中国。回国后任东北帝国大学讲师，1947年任教授。1950年返母校任教，1951年获文学博士学位，就职于京都大学人文科学研究所主任教授至1974年退休。1989年入选日本学士院会员。他是日本汉学大家，出身汉学书香门第，上世纪30年代在中国留学两年，并在北京大学听过当时国学大师们的讲座，打下了坚实的汉学功底。他本人在少年时代极爱中国典籍，阅读了『通俗三国志』、『水滸伝』、『西遊記』等译作。在大学期间，阅读中国典籍的兴趣更是不减。受家庭环境的熏陶

---

① 马祖毅、任荣珍：《汉籍外译史》，湖北教育出版社2003年版，第119页。

及自己的刻苦钻研和当时的汉学名家的指导，培养了他丰厚的汉学素养和严谨的学术态度，这为他今后翻译《三国演义》打下了坚实的基础。

完译『三国志』体例简介：

译者着手《三国演义》的翻译始于1948年。花了24年的时间于1973年结束全部，共10册（称旧版），后改为8册（称新版），由岩波书店刊行。其中第6册以后，与金田纯一郎合译。① 10册本中最早的第一册于1953年出版发行，至1973年4月出第10册，此为第一版。1988年改为新版，对旧版做了些修改。他自己说明了理由如下：

「旧版の翻訳に私が取り掛かったには昭和23年であったが、私の遅筆のため，途中から金田君の助力を受けたのに、完成までには20数年を費やした。そのあいだに訳文の文体にも変化はあり、用字法は初めからまちまちであった。そして誤訳や注を正し、部分的な改訳増補を加え、さらに用字法をなるべく統一し、仮名を漢字に書き換えるなどして、いささか面目を改めた新版を世に送ることになったのである。新版の各冊初めに加えた人名表と地図は、いずれも金田君の作製にかかるものである。」

译文：我于1948年着手翻译旧版，由于迟缓，中间得到了金田君的帮助，直至全部译完共耗时20多年。在此过程中译文的文体也发生了变化，从开始时用字法各不相同。而且修改了误译和部分注释，并进行了改译及增补了部分翻译，进一步统一了用字法，把假名换成了汉字，作了些许改动终于推出新版面世。在新版的各册中加入了人名表和地图，均由金田君制作。

①每一册有目录，包括回目翻译、主要登场人物介绍、插图及地图。其中旧版第一册卷末有「はしがき」（新版没有），并附有解说。旧版最后一册有三国年代对照表，新版没有。

②每册均有插图，均由葛饰戴斗画，来源于京都大学文学部所藏

---

① 小川環樹、『三国志』（旧版）第十冊の「あとがき」，1973年2月，第244页。

『絵本通俗三国志』。

③注释分为卷末注和随文注。卷末注以［］括起，注明译注。随文注以［］注明。主要是对人名、地名、职官、典故等加注。

④旧版第10册最后有「あとがき」，附有主要人物索引和凡例。

2. 立间祥介译本『三国志』介绍

立间详介汉学背景：

昭和三年（1928）生于东京。毕业于善邻外事专科学校。曾任东京都立大学、一桥大学讲师。是中国文学研究专家，现为庆应义塾大学名誉教授。曾参加竹内好组织的新中国文学研究活动。译介了大量中国古典白话小说和近代文学。1982年NHK的木偶剧『三国志』就是他翻译的。他是日本《三国志》研究的大家之一。撰写了大量有关孔明的评论和传记。其著作等身，共有著书10部，编著8部，翻译作品19部。也是日本研究中国《孙子》的专家，其首部著作是《孙子——乱世英雄》（东京新人物往来社，1974年版），被纳入“现代人的中国思想丛书”。汉学功底深厚。

『三国志』体例简介：

我们以昭和37年（1962年）平凡社初版为考察对象。该译本正式名称为《三国志》，分为上下卷。

①上下卷均有目次，目次中有回目翻译。基本上每一回中都有插图。平凡社1958年版名称为《三国志演义》，1965年列入《中国古典文学大系》丛书。1962年平凡社以“平凡社完译四大奇书”出版发行，上下册。

②下卷末有解说，指出了翻译底本为作家出版社1955年版毛宗岗本及选择该版的原因。在翻译时参考了小川版。译本后附有《三国年代对照表》、《三国前后历代略系》和《三国志地图》。

③译者在翻译时，添加了大量的注释。分为回后注和随文注，随文注以“（）”号形式表明，而回后注则用“注一、注二”等。未标明是

原注还是译注。注释对象主要是历史典故、成语、文化词汇、职官、人名、地名。对于人名、地名、职官名均直接用汉语表记，再注假名，同时视具体情况分别采用随文注和回目后注。

3. 村上知行译本『完訳三国志』介绍

村上知行汉学背景：

村上知行（1899年～1976年），福冈县博多人。自学汉语，28岁时到上海（1927年），1934年移居到北京。主要翻译作品有『完訳西遊記』、全訳『水滸伝』、『金瓶梅』、『北京歳時記』、『北平—名勝ご風俗』等。是中国文学的评论家和翻译家。在刊物「新中国」「読売新聞」等上发表了有关中国的大量评论，1946年前一直居住在中国。

『完訳三国志』体例简介：

我们以现代教养文库本1980年初版为考察对象。名称为『完訳三国志』，共分为五卷：『龍戦虎争の巻』、『孔明出陣の巻』、『天下三分の巻』、『南蛮討伐の巻』和『秋風五丈原の巻』。

①每一卷有目次，有回目翻译，有主要人物介绍。每一回中均有插图，第一卷末附有《三国志关系地图》。

②该译本仅有少量的注，分为文内注和回后注。文内注以“（）”标明，回后注以“注一、注二”等置于回后的适当位置。注释对象主要是历史典故、成语、文化词汇、职官、人名、地名。对于人名、地名、职官名均直接用汉语表记，都采用随文注形式。

4. 井波律子译本『三国志演義』介绍

井波律子汉学背景：

井波律子，昭和41年3月，京都大学文学部文学科中国语学中国文学专业毕业。平成2年6月，金沢大学教养部教授。平成7年4月，国际日本文化センター教授。专业领域：中国文学/中国古典小说。她撰写了大量有关中国古典作品的著作和论文，是日本著名的中国古典文学研究专家。

『三国志演義』体例简介：

其《三国演义》全译本，名称为『三国志演義』，于 2002 ~ 2003 年，由岩波书店以文库本的形式出版，共 7 册。其体例如下：

①每一册有回目翻译、登场人物简介（有两点说明，一、人物简介以《三国志演义》的介绍为准；二、人物的事迹以本书记载的时间为主），为便于读者理解，还配有三国时期的地图，共 17 幅；

②第一册后有解说，详细介绍、说明了《三国演义》的相关情况，日译本依据的底本等，翻译时研读了湖南文山译本并参考了小川译本；

③第二册到第七册，每册最后有译者推荐的、认为值得一读的精彩之处；

④配有《三国志演义》年表，配有插图，是根据京都大学人文科学研究所所藏、［四大奇书第一种］（19 卷，明罗本撰、清毛宗岗评、江南省城敦化堂刊本同志堂藏板所附插图），附上较多的图表有助于读者对译文的理解；

⑤日译本注释主要采取随文注和段后注，随文注以（）形式注明。

1.1.3 四位译者的翻译态度

我们以第二回开头一段的翻译为例，来具体说明四个版本的翻译主张。

汉语原文：且说董卓字仲颖，陕西临洮人也，官拜河东太守，自来骄傲。当日怠慢了刘备，张飞性发，便欲杀之。玄德与关公急止之曰：“他是朝廷命官，岂可擅杀?”飞曰：“若不杀这厮，反要在他部下听令，其实不甘！二兄要便住在此，我自投别处去也！”玄德曰：“我三人义同生死，岂可相离？不若投别处去便了。”飞曰：“若如此，稍解吾恨。”（第 2 回 P11）

小川译：さても董卓（とうたく）のあざなは仲頴（ちゅうえい）、隴西臨洮（ろうせいりんとう）の人、官は河東郡（かとう）の太守であったが、もとから傲慢な男であった。この日も玄徳を侮ったので、張飛が腹を立て殺そうとしたのである。玄徳と関羽とが急いでこれをとめて「かれは朝廷の高官じゃ、自ままに殺すことはならぬぞ」。張飛「こいつめを打ち殺しもせず、あべこべに部下になってこき使われるとは、我慢がなるものか。兄貴たちがここに居ようというのなら、おれはほかへ行くまでだ」。玄徳「われら三人、生死を同じくすると誓った上は、何として離れ離れになることができようぞ。ならば一緒に、よそへいこう」。張飛「そういうことなら、おれの腹も少しはおさまるわけだ」。

立間译：さて董卓（とうたく）は字を仲頴（ちゅうえい）といい、隴西（ろうせい）郡臨洮（りんとう）県の人、官は河東郡（かとう）郡の太守をつとめ、もともと傲慢な男であった。この日も玄徳を踏みつけにしたので、張飛が激昂して殺そうとした。ところを玄徳が関公とともに急いで引きとめて、「彼は上（かみ）に仕える役人だ、やたらなことはするでない」「あんな野郎を生かしておいて、こっちがあいつの下で働かなければならねいなんて、そんなことおれにできるもんか。兄貴たちがここにいたいなら、おれはおれで勝手に出て行くまでよ」「われら三人は義を誓った仲ではないか。離れたりはできぬ。それなら、いっそのことといっしょにここを去ろう」「そうとあれば、おれの腹の虫もいくらかおさまる」

村上译：董卓（とうたく）は字を仲頴（ちゅうえい）という。隴西（ろうせい）臨洮（りんとう）県の産で、河東（かとう）の太守。傲慢極まる人物である。その日、劉備を冷やかに扱い、張飛の怒りを買って、殺す、刺す、という騒ぎ。劉備と関羽とが「董卓はお上の役人だ。勝手に殺せない」と張飛を止めた。「じゃあ」と張飛が「アン畜生の命令に服従か。いやなこった。お二人がここに残るといいなりゃあ、おれ、ほかに行くだけだ」劉備はそこで「三人が義兄弟の生死を共にする中で、離れるというのは困る。行くなら三人一緒」という。結局「だったら、そういうことでがまんするか!」と張飛も納得したのである。

井波译：董卓（とうたく）は字を仲頴（ちゅうえい）といい、隴西（ろうせい）郡臨洮（りんとう）県の出身、河東（かとう）太守の任についていたが、生来、傲慢な人間だった。この日も、劉備をおろそかに扱ったため、張飛が怒り心頭に発して殺そうとしたのである。劉備と関公は慌てて制止した。「あいつは朝廷の高官だ。勝手に殺してはならぬ」。「やつを殺さず、手下になってヘイヘイいうことを聞くなど、とてもがまんできない。」「兄貴たちがここに止まるなら、わしはどこか別のところに行くまでだ」と張飛。「われら三人、生死をともにすると誓った仲ではないか。どうして離れ離れになれようぞ。一緒に別のところに行ったほうがましだ」と劉備。「そういうことなら、わしの腹立ちもすこしはおさまるというもんだ」と張飛。

首先，四位的译文均是「縦書き」排列。对于人名、地名都是直接用汉字表记，然后给它们注上假名。其次，小川、立间、井波的回目翻译，模仿中国章回小说叙事结构，讲究字字对应，用对仗句。每回的开头和结尾，三位译者几乎都套用中国章回体小说的方式，以“却说”（さて或さても）开头，用“欲知后事如何，且听下回分解”（それで次回、まずは次回の分解（ときあかし）をお聞きください、それは次回をお聞きください）收尾。这大概是受18世纪~19世纪中国白话小说的影响之故。中国传统章回小说回目与回尾的叙事结构是密切相关的。尤其是回尾，虽是千篇一律的套话，却对小说的情节结构有相当的约束力，要求每回的故事要在情节发展的紧要处戛然而止，设置悬念，吸引读者继续阅读的兴趣。三位译者用的是直译方法，尽量传译原文的形式和内容，忠实原文。下面我们来具体分析一下四位译者译文的特色，体会译文的语言差异、语感、文体及用词的不同。

小川译：用了「さても」、「自まま」这种在日本一般都不太使用的词汇，给人感觉是在讲评书故事，有评书的味道，属于学者型译文。试图将中国白话演义小说的叙事风格原封不动地移植到译文中来，对日语读者而言稍稍有些生硬，不像日语的「落語」滑稽有趣，反倒显得有些庄重和严肃。这反映了译者的翻译态度：即尊重原著，尽可能模仿原文的文体和评书语调，旨在传译原文的风格和形式，忠实于原文。因为《三国演义》本身就是通俗演义小说，语气带有评书味，并且自宋代以来就产生了专门用于说三国故事的评书形式“说三分”，《三国演义》中的不少故事情节都被用于“说三分”这种体裁形式。对此，译者是很熟悉的，也作了相当的研究。① 当然这种话语方式于日本读者，特别是现代读者而言，突显古雅，阅读该文本时感觉不是那么轻松和爽快。但正因为带有评书语气，要求阅读时要发出声音，如能像这样阅读的话，也许就会感觉不同的。这正体现了吉川幸次郎所言「七世紀人の言語と思考、また言語表現の方法と思考」的方式，② 尊重原著和作者意味着使自己与所研究的那个时代的语言、那个时代的人、那个时代的话语方式接轨，并深入那个时代中去，努力营造一种「漢なら漢、魏晋なら魏晋、唐なら唐，元なら元」③ 的语言氛围。这体现了翻译的共时性变化。让人意味深长的是，中国翻译家丰子恺先生翻译日本文学名著《原氏物语》时，用「説話」这种评书讲故事的话语叙述方式置换日语的「さて」，将《源氏物语》完全翻译成中国的章回体小说，体现了丰子恺先生通过母语来吸取异文化的翻译意识。小川先生用典雅词来传译《三国演义》文学作品，他有自己的看法：

「中国の古典語と近代語（現代語）とのへだたりは、はなはだ大きい。前者が文言、後者が白話であるが、文言文は簡潔を特色とする

---

① 小川环树、金田纯一郎，完訳『三国志』第1冊「解説」，319页，岩波書店，1988年。

② 吉川幸次郎、1970「第八巻唐編1自跋」『決定版吉川幸次郎全集第8巻』筑摩書房，第505页。

③ Ibid，第505页。

のに対して、白話文では委曲を尽くすことができる、というのが常識になっている。文言文では事柄の核心だけを指摘し、白話では事の中心を取り巻く種々の附帯的なものを合わせ示す、ということもできよう。」

译文：中国的古代汉语与现代汉语之间有巨大的差异。前者为文言，后者为白话。文言文简洁，而白话文则详尽，此为常识。文言文指出事件的核心，白话文则围绕事件的中心并对此加以展开。①

《三国演义》的来往书简，基本上是原封不动地照抄晋代陈寿（233~297）《三国志》，其语言属于上古中后期汉语。为了达到传译原语文体和风格的目的，他使用了日本古典的文体“侯文”与之相对应。对此，他是这样说的：

「書簡の訳文は全て候文にした。文山は書簡の場合に原文をそのまま掲げ返り点を付け訓読するだけですませてある。原文は完全な文語体（文言文）であって、作者の地の文あるいは対話の部分が（文言は相当にまざっていても）口語体（白話）を主としているのとまったく違った調子で書かれている。これを区別して訳しわけるためであった。それは私にとっては一つの実験にすぎなかったのだが、一度はじめると最後まで持ちつづけざるをえないこととなった。」

译文：书信的译文，我全部用侯文体。湖南文山在翻译时用的是训读法，将原文加上返点，原封不动地加以移植。原文完全是文语体（文言文）。作者叙述部分或对话部分（混杂有不少文言文）主要以口语体（白话）为主，我则用完全不同的调子，是为了以示区别而这样翻译的。这对我来讲，虽然只不过是个尝试，一旦开始，就不得不坚持到最后。②

可见，从语言及文体的选择和翻译上，他是主张直译的。

---

① 興膳宏编『小川環樹著作集』第4卷，『白話小説の文体』岩波書店，1997年，第32页。

② 小川環樹、金田純一郎訳『三国志』第十冊の「あとがき」，1973年2月，第243~244页。

立间译：译文易懂，所选词多为和语词汇。如「引き止める」「人」「おれ」「腹の虫」「勝手」等，均是日常生活中常用词。译文在阅读方面比井波译文流畅。日本学者高島俊男对立间译本作了如下评价：

「今では『三国志演義』のちゃんとした良心的な翻訳が出ている。立間祥介先生からの訳したものが徳間文庫に入っている。」

译文：现在出版了严肃的、有责任心的《三国志演义》的译本。那就是立间祥介先生的译本，已选入德间文库。①

立间译文还有一个最大的特点，那就是用另起一行的话语方式来改变故事主人公的话语方式，使叙述者回避，让会话主角置前。小川译文没有用此方法，井波译文时用时不用。比如，"「……」と劉備"，(……：表示对话部分）井波仅仅是用符号键「」方式将故事对话者的话语直接放置在里面，不采用另起一行方式，意味着故事中人物的对话部分被当作普通的叙述话语方式来处理，是故事的讲述者在替代对话中的人物在述说。而立间则尽可能将"「と劉備」"等的话省略，将对话部分放入「」括号中，并换成前后两行，为「……」「と劉備は言った」和「……」，另起一行，则述说的效果就不一样了，它将对话人物从幕后推到前台，让故事中的人物均成为话语主角，造成故事人物就在现场，直接面对观众。同时，让听众直接面对故事主角的声音，就像在说「落語」一样，给人身临其境的视觉氛围。在立间译文里，凡是对话部分均采用此种方法。事实上，日语文本一般都是用直接叙述法的表达方法（日语叫「直接話法」）来表达或传递信息的。安西徹雄在『日本文の翻訳』中，认为：

「一般的に言って、日本語は英語より直接話法的な表現を好む傾向が強い。「視点の移動」の結果だ。つまり、話者が他人の言ったことを報告するとき、あくまで報告者としての客観的な視点を貫くのではなく（間接話法とは、つまりはこういう客観的な報告の仕方なの

① 高島俊男『三国志きらめく群像』筑摩書房，2000年，第51页。

だが)、発言した人の立場に一体化して、その人の視点から、あたかも当人が今現に話しているかのような報告の仕方をするのである。」

译文：一般而言，与英语相比，日语倾向使用直接叙述法。这是“视角移动”的结果。总之，说话人在汇报他人的话语时，原则上不是从作为汇报人的客观的视角（所谓间接叙述法，原则上是一种客观的叙述方法），而是与说话人的立场相一致，从说话人的角度，恰似说话者本人正在现场进行叙述似的话语方式，这就叫直接叙述法。①

正如安西所指出的那样，日语文本的信息沟通是将叙述者改变身份，设定为话语主角，并从话语主体角度出发，采用直接叙述法来传递信息的。

「一般に日本語のテクストでは、過去の事を物語っているにもかかわらず、過去と現在の時称が頻繁に交代して、それが日本文の自然な流れやリズムを作っているといわれる。」

译文：一般而言，不论是否叙述过去所发生的事，在日语文本中均频繁交替使用现在和过去时态，人们通常认为这可形成自然的日语和节奏②。

比如，英语文本中的过去时，在日语文本中一般都变为现在时，如果英语文本第三人称过去时态的叙述主体的视点是固定的，而且是间接的、客观的传递信息，其结果势必产生翻译腔日本文，日本人是很难阅读的。日本学者伊原纪子也谈到：

「そこで語り手の視点から客観的に述べられた地の文や間接話法、あるいは自由間接話法が、TT（Target Text）では作中人物の視点で直接話法として表出されているなら、それは同化翻訳であり、ST（Source Text）の三人称視点のまま間接話法として表出されているなら異化と捉えることが出来る。」

---

① 安西徹雄、E. G. サンデンステッカー『日本文の翻訳』スタンダード英語講座 2，大修館書店，1983 年，第 85 页。

② バルバラ. 吉田. クラクト「日本の小説の中の時間」『図書』9 月号，岩波書店，1984 年，第 6 ~ 7 页。

译文：因此，从叙述者的视角，客观地叙述会话以外的部分，或在目的语文本中，以作品中人物的视角用直接叙述法表达出间接叙述法或自由间接叙述法，这就叫同化翻译。而以源语第三人称视角，原封不动地用间接叙述法表达出来，可理解为异化翻译①。

板坂元在『日本人の論理構想』中也认为：

「語り手と主人公の視点移行と時制の変化は、日本人には自然な「時空の遠近法」であるとし、視点を固定して時制を統一し、文末を「……た」で統一した文などは不自然で、読者もそのために非日常的な緊張を強いられる。」

译文：叙述者与主人公的视角移动和时态的变化，日本人将其视为自然的"时空远近法"，而将视角固定统一时态、文末用"……た"的文章结构，是不自然的，为此，读者也被迫感到异常紧张。②

所以立间译文文本作这样的处理是符合日本人的审美心理和语言表达特色的。在原语会话的翻译层面上，采用了归化的翻译方法。这是立间译本不同于其他三种译本的独特之处。

村上译：译文相当随意，添加了原文中所没有的词，如「騒ぎ」「結局」「納得」等，语气上也随意，如「アン」，「じゃあ」，还有在句子的后面没加上句点。这是有意而为。正如在他翻译的『完訳三国志』最后一卷「秋風五丈原の巻」的"あとがき"中，他是这样说的：

「……『演義』の文章には、このような中国の人と、わたくしどもの、ものの考え方の相違により、わたくしどもにとっては不必要な文句がたくさんにある。わたくしは、そのような文句を敬して訳さないことにした。おかげで、ありがたいことに、どんなにか訳文を縮めることができたのである。『演義』の文章が各国の近代文学の文章とひどく違いすぎていること。これもまた翻訳にあたっての障害をなす

① 伊原紀子「文学翻訳における異化．同化」神戸大学国際文化学会、国際文化学第3号2000年9月，第110页。

② 板坂元、『日本人の論理構造』講談社現代新書，1971年，第150页。

ものである。すでに申しあげたとおり、もともと講談の基盤の上に成長した物語であり、その編集者、大成者、改定者である羅慣中にせよ、毛宗崗にせよ、この基盤を崩すことはしていない。したがって、そこには描写というものがほとんどない。特に人間の心理描写に至っては皆無である。一切がアクションを通して語られているし、また、それを語ることばはいわゆる「陳詞．濫調」なのである。ありきたりの型にはまった月並みなことばなのである。しかもそれが極端に使われている。……口演の講談だと、これらの「陳詞濫調」がはなはだ効果的である。すなわち急いでいく場合には必ず「星月……」であり、戦は必ず「大喊……」で始まり、大将の出陣には必ず「領兵……」云うがつく。このほか、怒りは必ず「大怒」または「怒」、笑いは必ず「大笑」、または「笑」。それが何百回も繰り返される。口演の講談だと、これらの「陳詞．濫調」がはなはだ効果的である。第一、誰にもよく分って説明を要しないし、はなしのテンポを速めるうえにも、これほど便利なものはない。したがって中国の講談師は、話の半分以上を平易な文章語——ということは、すなわち「陳詞．濫調」——でやってのけている。そうしないと、冗談になり、聴衆があくびをするのと、また、話に重味がなくなってしまうからである。『演義』の文章は、実にこのような文章である。近代の小説の文章ではないのである。それなら、これを講談口調に訳してみたならどうであろうか? 結構である。しかし、その場合には訳ではだめだ。土台から書き直し、日本の観衆のイキにぴったりあわせなければならない。「……でござる」とか「……であります」調で訳しただけでは講談にはならない。一見に非常に楽に訳せそうに見える『演義』が、実は、このように手におえない文章である。ただし、しかもそれでいて中国の読者のイキには美事にぴったり合っている。わたくしは、あちらに長らく居るあいだに、その点を身にしみて感じ取ったことである。わたくしは、だからして、これを訳すにあたり、もっとも考慮したのは文章の調子を日本の読者のイキに合わすことであった。そして、それがために必ずしも小心翼翼、原文の字句にばかりこだわってはよられなかった。……結局、私は『演義』が中国の読者のイキに合うように、訳文もまた、日本の読者諸氏のイキに合わすことに重点を置いたのである。また原文には一種のリズムがある。私は、その点も考慮した。なぜなら、話のテンポと、文章のリズムとは表裏をなすものなのである。私はまた、会話にメリハリにもっとも注意を払った。メリハリがなくでは会話にならないと思うから。」

译文:《三国演义》中，中国人及其思维方式与日本人有差别，对日本人来讲有许多不必要的套话。对这样的套话我决定不予翻译。这样能缩短不少译文。《三国演义》的文章与各国的近代文学大不相同，在翻译时，这就构成了障碍。正如我在前面已经说过的，《三国演义》是在评书的基础上编撰的，这个大框架是不能拆散的。因此，《三国演义》中几乎没有描写，特别是心理描写近似空白。其描写是通过动作来展现的，叙述动作的语词就是所谓的“陈词滥调”，是司空见惯的套话。《三国演义》并将其发挥到了极致。……因为是口头评书，这些“陈词滥调”极其有效。如，急走时必定是“星月……”、交战时必定是“大喊……”、大将出场时必言“领兵……”等。此外，发怒时必定是“大怒或怒”、高兴时必定是“大笑或笑”等，这些“陈词滥调”反复出现几百次。它们在口头评书中极其有效。第一，不需说明，谁都能懂，可以加快话语的速度，没有比这更便利的话语了。因此，中国的评书人用浅显的书面语即“陈词滥调”将一半以上的话语将就对付过去。如果不这样的话，话语冗长，听众提不起兴趣，话语将失去分量。《三国演义》的文章，实际上就是这样的文章，不是近代小说。尝试着将其译成评书语调，如何呢？是可行的。但在此场合下，仅译是不行的。要整个儿重译，译文必须切合日本听众的步调。仅用“……ござる”、“……であります”调翻译不成其为评书。看上去似乎很容易翻译的《三国演义》，实际上并非如此。不过，《三国演义》却很契合中国人的步调。我在中国呆过很长一段时间，对此深有感触。所以，我翻译时主要考虑的是译文要符合日本人的步调。为此，不必小心翼翼地拘泥于原文的字句。总之，我认为正如《三国演义》符合中国的读者一样，译文也必须符合日本的各位读者，这是我翻译时所考虑的。另外，原文有节奏感。对此，我也加以考虑。这就是为什么话语的速度和文章的节奏表里如一的原因。我更加关注人物会话的声调—强弱及抑扬顿挫。没有了这些，就不成其为会话了①。

从这些表述中，我们可以窥见村上的翻译观：不拘泥于原文字句，重视读者并以目的语文化为依归，译文易懂、流畅，符合日语的语言表达，是典型的意译。这种翻译态度受到了明治时期翻译家们特别是森鸥外的影响。森鸥外翻译了丹麦小说《即兴诗人》，于明治 35 年出版，其译文在日本知识界引起了很大的反响。对此，岛田谨二评论道：

「鴎外の翻訳は原文を読みこなし、すっかり自分のものにしてから打ち出すという方針でいわゆる直訳はしない。あくまで意味を正しく伝え、しかも、それがりっぱに日本文になっているというやり方であった」为达此目的，他在进行翻译时，恪守「原文を崩さないという根本方針を堅く守りながら、ときに彼自身の言葉を原文のようにはさんだり、文勢を蓄えるため、あるいは簡潔なスタイルにするため、あるいは余韻を深めるため、原文の一節（時に数節）をあっさりけずってしまう。」

译文：鸥外采取的翻译方针是透彻阅读、理解原文的基础上，完全变成自己的东西之后提出来的。即不是所谓的直译。总之，是正确的传递原文的意思，并译成自然的日文。为此，坚持在不破坏原文总的原则下，或在译文中加入自己的语言，或为保留文章的气势或为了变成简洁的文体或为了加深余味而删除原文的一段（有时是数段）②。

---

① 村上知行『完訳三国志』五．秋風五丈原の巻のあとがき，社会思想社，1981 年初版，第 392 ~ 394 页。

② 大島真木「谷崎潤一郎の翻訳論」亀井俊介編集『近代日本の翻訳文化』中央公論社，1994 年 1 月初版、第 383 页。

以这种方式进行大胆的处理，达到了很好的效果。

井波译：通俗、易懂，流畅。在选词方面较谨慎，多选用汉语词汇，如「生来」「人間」「心頭」「高官」等，能造成视觉上的冲击力，但是给读者的感觉稍有些生硬。译者的翻译态度是即尊重原著，尽量选用汉语词汇，同时又竭力照顾目标读者的阅读期待，力求通俗易懂，追求“歴史的現在”。译文讲究一字一句对应，字句对译，带有汉文调文体，是学者型译本。这种汉文调的译文文本，是受到了“和汉混交文”的影响。谷崎潤一郎认为：

“和汉混交文”就是汉文调文体，他在『文章読本』中这样说道「漢文調と云ふのは、保元物語や平治物語などの軍記物語からもちいはじめるた文体で、在来の和文に漢語を交え、また漢文を日本流に読み下す時の特別な云いまわしを交えたものでありまして、いわゆる和漢混交文のことであります/

译文：也就是汉文调的文体，是指日本人用来描写日本战争题材的古典作品中（保元物语、平治物语等）所开始使用的文体，它是在日本固有的“和文”中夹杂汉语，或者按日本式阅读汉文的方法改写汉文，其中夹杂有特殊的表达方法」①。

其实明治时期的翻译家们在翻译西方文化时，大量使用汉字或利用汉字的组词方式创造了“和制汉语”来弥补日语词汇的不足，为了调整译文的语调而采用了受汉文训读法影响的汉文体。近代以后的造语「翻訳語」，大多由二字汉字组成，其理由可归结为和汉混交文体。对此，日本学者柳父章作了精辟的论述：

「古代大和の頃以来、日本製の高級な文化用語は漢字二字で作られるようになり、やがてこれらの漢字語を、伝来の大和言葉と組み合わせて、和漢混淆文が作られてきた。そこで作られた文体では、二字の漢字語は意味の中心になるので、字形の上でも四角張った漢字として、付属語などの大和言葉の「かな」の柔らかい字形に対して際立

① 谷崎潤一郎『文章読本』中央公論社，昭和50年一月初版，第28页。

っていた。また，文のイントネーションでも、四拍または三拍で一塊の漢字の音は、一拍または二拍で読まれる「かな」の大和言葉に対して際立っていた。すなわち、こういう和漢混淆文体においては、意味の中心になる言葉は、漢字二字であることが文体から要請されていたのである。」

译文：日本自古代以来，用汉字两字创造了高级文化用语，不久，把这些汉字与世传的大和语汇组合在一起，创造了和汉混合文体。中心含义以二字汉语为主，字形上也是四方形方块汉字，而大和语汇“假名”则是柔软的字形。还有，在文体的语调上，用四拍或三排构成的一组汉字的读音，明显不同于用一拍或二拍发音的“假名”。总之，在这种和汉混合文体中，二字汉字成为意义中心语汇，这是由于文体的要求使然①。

对汉文体的特征，加藤周一作了如下总结：

“第一，继承了古典中国语言中简洁的性质，这是近似口语的日语文体中不具备的特征。第二，语调持独特的缓急，文章蕴有流动。为了把文章写得流畅，多采用定型表现（然而、况且）、对句，引用中国的古典故事、成语、比喻是有效的方法。第三，汉文体是明治初期的知识阶层熟悉的文体，故易懂，起码是给人易懂的印象。但是汉文体却远离日常口语”②。

对汉文调译文，井波是很推崇的。她在「『三国志演義』を訳し終えて」文中，表明了自己的看法：

「日本の『演義』の翻訳の嚆矢とされるのは、湖南文山『通俗三国志』であり、漢文訓読調の荘重にして雄渾なリズムにのせた、古今の名訳として知られる。私自身この『通俗三国志』の語り口には抗しがたい魅力を感じずにはいられないが、原文の語り口はもっとサ

---

① 兆民はなぜ『民約訳解』を漢文で訳したか，『国文学』解釈と教材の研究，学燈社，2001 年 6 月号，第 28 页。

② 加藤周一著《21 世纪与中国文化》，王晓平主编，彭佳红译，中华书局，2009 年，第 177 页。

ラリと端正であり、むしろ淡々としている。詠嘆に流れず、あくまでも淡々と語りながらタイトな緊迫感に満ち溢れた文体といえばよかろうか。」

译文：日本第一个《三国演义》的译本为湖南文山的《通俗三国志》。以庄重的汉文训读调和雄浑的节拍，成为古今名译而闻名日本。在我自己看来，我不能抗拒文山译本的话语方式，感觉魅力无穷。《三国演义》原文的话语方式与其说干净利落，不如说显得平淡。不流于咏叹，可以说是一边娓娓道来，一边充满着紧张感的文体①。

可见，井波译文竭力想模仿《三国演义》的文体，用了很多的汉语词汇，也有不少汉文训读调的译文句子，可以看出其译文显然受到了湖南文山的影响。汉文体也深深地影响着明治时期的翻译家，如中江兆民用汉文来翻译的ジャン. ジャック. ルソー J. -J. Rousseau 的 Du contrat Social『民約訳解』（即现在译为『社会契約論』的日语版），于1882年在日本（明治15年）出版，里面就使用了大量的汉语及表达方式。该书的出版对明治前期的日本民权运动的勃兴及对近代日本的学问和思想产生很大的影响。这样一本宣传民主主义的大众读物，面向大众进行思想启蒙，按理应该使用大众都能读的语言，但译者为什么要反其道而行之呢？柳父章认为：

「兆民は、もちろん日本語でものを考えていたのだが、西洋渡来の言葉を翻訳するのに漢字を使うときには、何よりも漢語でものを考えていたのである。ここで漢語というのは、日本製の漢字、漢語 Sino-Japanese ではない。とくに近代以後における日本の漢字、漢語のことではない。また中国語というのとも違って、中国語の古典文章語 Chinese characters のことである。」

译文：兆民毫无疑问是用日语来思考的，但是使用汉字翻译西方传来的词汇时，用汉语是最好不过的了。此时的汉语，不是日本造汉字、

① 井波律子「『三国志演義』を訳し終えて」特集ちまく文庫の月印，2004年9月刊。

汉语。也与现代汉语不同，是汉语的古典书面语①。

他认为日本在明治初期用汉字、汉语对译西方先进文化词汇而形成的「和製漢語」，与日本人自古以来传统的用法相去甚远，也与从中国母国传来的汉字本来的含义不同，而是与西方语汇的概念很相近似的一种有别于「日本語」和「西洋語」的「第三の言葉としての翻訳語/作为第三种语言的翻译语」②。

另外，井波活用了拟声词“ヘイヘイ”，刻画了张飞直率、嫉恶如仇的个性，达到有声胜语言的效果，让人体味当时的场面，有“于无深处听惊雷”的效果。正如她在翻译《三国演义》时所言的，追求一种“歴史的現在/用现代语言再现历史小说”。她于2008年2月16日，在接受日本京都大学校内杂志《京都大学新闻》（「京都大学新聞」）的采访时，表明了她的这种翻译态度：

「問：昔の中国人が話していた、語っていた言葉を現代の日本語に直すのはとても大変なことと想いますが…/把古代中国人叙述的话语翻译成现代日语，是很难的一件事情吧…」

「答：そこに「翻訳の難しさがあり」。現代の日本に生きる私が読み、訳すのだから、言語感覚をそのまま引き出すのは無理であって、今の時代に現在的な時間として動く演義世界が描けたらいいなと。「いま、ここに」描かれる三国志世界、「歴史的現在」みたいな感じで。海外の歴史物語を翻訳するときに「ござ侯」みたいな日本の時代小説風の訳をする人がいるけれど、あれはよくないと想います。言葉のにおいがぜんぜん違いますから。だって私が中国語の原文を読んでいるとき、たとえば関羽がそんな言葉遣いをしていると読んでいませんからね。だれでもそうだと想うけど、外国語を読むときは自動的に日本語化して今の自分の言語感覚で捉えていると想う。だか

---

① 兆民はなぜ『民約訳解』を漢文で訳したか『国文学』解釈と教材の研究，学燈社，2001年6月号，第22页

② 兆民はなぜ『民約訳解』を漢文で訳したか『国文学』解釈と教材の研究，学燈社，2001年6月号，第25页。

らもしかしたら、三国志の人物が今っぽいおしゃべり方してるな、というところはあるかもしれないね。ああ、一つ気をつけたのはカタカナはやめとこうということですね、三国志の時代の人がカタカナ語を話しているたら、可笑しいでしょう。」

译文：这儿正体现了"翻译的难处"。因为我是生活在现代的人，用现代人的方式阅读和翻译，所以将中国古人的语言原封不动地引导出来是很困难的，我认为，如能在当今的时代中，用我们所处的现实描绘出活生生的演义世界，那将是不错的。有一种描绘成"现在，就是在这儿"的三国时代、"用现代语言再现历史"的感觉。将外国的历史故事翻译成日语时，有人用"ござ侯"这种具有日本历史小说调的文体来翻译，我认为不是很合适。是因为语言风格完全不同。所以，我读汉语原文时，比如，没有读到关羽用了那样的措辞啊。每一个人都是这样认为的，即阅读外语时，自动地将外语转化成日语用自己的语言感觉加以理解。所以，也许三国志里的人物，使用现代人的话语方式来叙述，这种情况或许存在呢。有一件事需要注意，不要使用片假名，因为三国时代的人说片假名的话，感觉是不适合的、有些滑稽呢。①。

我们从中可看出译者的翻译态度是尊重原著，以直译为主，竭力保留原语韵味和文体，同时又照顾到现代日语读者的阅读期待，采用多种手法灵活处理。

1.1.4 中文底本及选择四种日译本的学术依据

《三国演义》也称《三国志通俗演义》或《三国志演义》，是中国四大古典作品之一，凝结着厚重的民族文化内涵，流传极广。现在可以见到的最早版本是1522年明朝刊行的嘉靖本。之后，刊本越来越多，但内容几乎相同。17世纪后半期清康熙年间，由毛声山、毛宗岗父子以嘉靖本为基础，对文字情节做了不少改动等，然后刊行，简称毛本。

① 井波律子，「京都大学新聞」，日本京都大学校内杂志，2008年2月16日。

至今已有300多年，内容上没有多大变化，成为《三国演义》广泛流传的版本。

四位译者依据的中文底本《三国演义》版本，为作家出版社或人民文学出版社以作家出版社版本为基础经过整理出版的版本，均为毛本。四位译者在他们的译后记或解说中对翻译所用的中文底本均作了明确的交代：他们的翻译所依据的底本都相同，均为毛本（毛宗岗本），由人民文学出版社出版。其中小川参考了弘治本，最后形成的翻译文本是两个版本的折中本。其理由如下：

「この訳本は、第一冊のはしがきに記したごとく『三国演義』の毛宗崗を依拠とする。小説の作者羅貫中の原作をそのまま存すると思われるのは、いわゆる弘治本であるが、記述が少しくどく、正史の文をそのまま用いた所も多くて、却って通読に便でないと思われたからである。逆に言えば毛本はまた節略しすぎて物語の委曲を尽くさない恨みも少なくはない。それを補うため、私は弘治本から取っていくらか補った。結局のところ私どもの訳本は二本折衷の形になった。」

译文：本译本正如第一册的序言中所说的，是以《三国演义》毛宗岗本为依据的。通常认为小说的作者罗贯中的原作是毛宗岗本，即所谓的弘治本。其记叙有些冗长，很多地方直接移植正史《三国志》，反而给通读带来不便。反过来说，毛本太简略又未能叙述故事详情。为了弥补这种缺陷，我特从弘治本中拆取一部分加以补充。结果我的译本就是两种汉语原本的折中本①。

我们选择小川、村上、立间、井波四种日译文本的学术依据是：

1. 四位译者均读过《三国演义》第一个日译本，即湖南文山译的《通俗三国志》。他们各自进行再译时，必定受湖南文山翻译态度的影响。罗贯中《三国志通俗演义》的第一个日语全译本是《通俗三国志》，由湖南文山所译，所用底本据小川环树考证为李卓吾本。长尾直

① 小川環樹，『三国志』第十冊の「あとがき」，1973年2月，第245页。

茂最近的研究也证明了小川环树的考证。① 该译本于日本元禄4年在京都刊行。但据日本学者德田武考证，《三国演义》最早的翻译却是在江户时期由著名阳明学者中村藤树翻译的《连环计》和《孔明南征》，收在1662年出版的《为人抄》卷5中。② 关于湖南文山的翻译态度，德田武先生在《李卓吾先生批评三国志》一书作了比较之后，做了总结，归纳如下：

1）訳文は概ね原文に忠実である。

2）訳文における標題は原文を踏まえさらにわかりやすいものになっている。

3）詠史、詩論賛などの文言で書かれた文章、主要登場人物の幼児期の不思議なエピソードは省略される一方、尺犊、上表文などは原文のままにて掲げ、それに訓点を施すという形で訳出されている。

4）きわめて稀であるが、「梅酸の渇きを止むる」逸話など原文にない挿話や注釈を加えている箇所がある、という。

1）译文基本上忠实于原文。

2）译文的标题根据原文且更加易懂。

3）咏史、赞论等用文言文书写的文章，主要人物在少年时期的不可思议的一些故事插曲一概省略，同时对于书简、表文等原样照搬，注上训点，用这种方式译出。

4）在译文中加入原文没有的小故事和注释，如《望梅止渴》逸话等，这种情况很少。③

上田望通过考证，认为：

---

① 長尾直茂「近世における『三国志演義』—その翻訳と本邦への伝播—」，『国語解釈と教材の研究』学燈社，2001年。

② 德田武，「本邦最初の『三国演義』の翻訳—『為人抄』について」，『明治大学教養論集』340号，2001年。

③ 德田武『対訳中国歴史小説選集4 李卓吾先生批評三国志』「解説」ゆまに書房1984年及び「『通俗三国志』の訳者」『日本近世小説と中国小説』所収，青裳堂書店，1987年第211~214页。

「文山は理解しにくい部分、誤訳しそうな箇所については、省略や言い換えし処理していることが見て取れる。」

译文：通过比较，我们可以看到，文山对于难以理解的部分，或是误译的地方采取了省略或换一种说法的处理方式予以解决①。

长尾直茂则指出：湖南文山在翻译《三国演义》俗语时，有不少错误，而且有的地方没有翻译，这说明了湖南文山对俗语含义不了解或没有俗语的翻译意识。② 可见，湖南文山的翻译态度是在忠实于原文的基础上，采取多种灵活的方式来翻译的。日本在相当长的时期内处于文化边缘地带。以中国文化为样本、借助翻译将汉文住上训点改成按日语语序来阅读的所谓"読み下し文"，通过这种翻译方法，从而使私塾的学童都能阅读汉语古典，拓展了汉字及文化的受容范围。日本的知识阶层以能用汉语写作为幸事，同时也证明了自己是知识分子身份。日本人在吸收中国文化时，常常显示出主体性意识，对翻译对象的选择，翻译方法的采用等与自己的风土相结合，显示出了翻译态度，透视出了人文思想。对此，中国古典文学研究专家、日本学者井波律子有如下评论：

「『懐風藻』、『万葉集』の時代から江戸時代にいたるまで、日本文化は中国文化をたくましい咀嚼力によって受容しつづけてきた。しかし、その受容はけっして無限定なものではなく、自らの志向に合わせて、あるいは選別し、あるいは変容を加えるという操作を常に伴うのであった。」

译文：从《懐风藻》、《万叶集》时代到江户时代，日本人借助强大的咀嚼力不断地接受中国文化。但是，这种接受绝非无限制的，而是与自己的趣旨相吻合，或鉴别或加以改变，以这种方式来进行操

---

① 上田望「日本における『三国志演義』の受容（前編）」金沢大学中国語学中国文学教室紀要第9辑，2006年3月。

② 長尾直茂「江戸元禄時における『三国志演義』翻訳の一様相」『国語国文』1996年，第52页。

作的。①

四位译者都看过湖南文山的译本，应该说多少受到了湖南文上译本的影响。法国文学研究者、非常爱读《三国演义》的日本著名学桑原武夫曾断言

「『三国志』はダイジェストや修飾を加えた訳本ではなく、必ず文山訳で読まなければならない/

译文：不读《三国演义》节译本或加以修饰的译本，必定要读文山译本」②。

再者，四位译者的译本有继承性，时间上有先后，按照小川－立间－村上－井波的先后顺序来翻译的，后者必定参考了前者的翻译。日本学者井上泰山有如下论述可为佐证，他说：

「一般に、中国の古典文学作品を日本語に翻訳するにあたっては、それ以前翻訳されたものがあればまずそれを参照するのが通例でして、小川環樹氏の場合も、江戸時代に湖南文山によって翻訳された『通俗三国志』と題する旧訳を参照されたようです。」

译文：一般来说，将某部中国古典文学作品翻译成日语时，如果该作品有日译本的话，通常的做法是参照该译本。小川环树也不例外，他翻译时参考了江户时期湖南文山所译的《通俗三国志》③。

关于此点，也可从译者们的后记或解说中得到应证。

2. 四位译者均是日本有名的汉学家，对中国古代典籍有很高的造诣，对《三国演义》及相关的知识背景相当熟悉，理解和把握得较全面、透切。小川环树、立间祥介、村上知行在上世纪20～30年代都到过中国，且造访过《三国演义》中所描绘的历史遗迹之地，村上因为

① 井波律子「日本人の教養の伝統をめぐって」芳賀徹編『翻訳と日本文化』山川出版社，2000年4月1刷り，第37页。

② 桑原武夫「「三国志」と私」桑原武夫、落合清彦『「三国志」の魅力』聖教出版社，1980年，第29页。

③ 井上泰山「私と『三国志演義』研究」（上）関西大学『文学論集』第57卷第2号，2007年3月，第112页。

自学汉语而于1927年前往中国上海，当时年仅28岁。之后于1934年到北京，直到1946年回国，1976年3月去世，在中国呆的时间相当长。小川环树先生，日本汉学大家，出身书香门第，上世纪30年代在中国留学两年。在少年时代极爱中国典籍，他在其著作『中国小説史の研究』的序文中如是写到：

「中国の小説に私が興味をいただいたのは少年のころからである。中でも『三国演義』の旧訳である『通俗三国志』をはじめ、『水滸伝』及び『西遊記』みな江戸時代の訳が「有朋堂文庫」に収められていたのを愛読し、なんどなく繰り返し読みふけった。馬琴の『八犬伝』『弓張月』などとどちらがさき立ったかは、もう記憶しないが、読み返し回数はおそらく、『水滸伝』などのほうが多かったであろう。」

译文：我从少年时代起就对中国的小说感兴趣。其中，我最爱阅读的《三国演义》的旧译『通俗三国志』、『水滸伝』及『西遊記』，它们均收录在江户时期翻译的「有朋堂文庫」中，经常反复阅读到深夜。马琴的小说『八犬伝』和『弓張月』，最先读的是哪一本我已经不记得了，但反复阅读的次数最多的大概是『水滸伝』等小说吧①。

在大学期间，阅读中国典籍的兴趣更是不减。阅读了平岡龍城氏译、幸田露伴氏加注的『紅楼夢』及胡适的考证，通过阅读，小川先生对原著作者的生平有相当的了解。此外阅读了青木正児发表在『支那学』杂志上、有关『水滸伝』『儒林外史』的论文。② 毕业工作之后，得到了当时的汉学名家倉石武四郎、桑原武夫田、青木正児博士等的指导。③ 受家庭环境的熏陶及自己的刻苦钻研和当时的汉学名家的指导，培养了他丰厚的汉学素养和严谨的学术态度，这为他今后翻译

① 興膳宏编『小川環樹著作集』第4卷，东京：岩波書店，1997年：『中国小説史の序文』，第3~4页。

② 興膳宏编『小川環樹著作集』第4卷，东京：岩波書店，1997年：『中国小説史の序文』，第4页。

③ Ibid，第7页。

《三国演义》打下了坚实的基础。其翻译《三国演义》从1948年开始，历时24年，付出了大量的心血，在翻译中作了大量的注，卷后注多达610余条（还不包括随文注）。为了作好注，他参考了大量的中国典籍，如《三国志》《汉书》《史记》《资治通鉴》《楚汉春秋》等，通过对比考证，作了精当的译注。井波律子先生，毕业于京都大学，曾聆听过汉学大家吉川幸次郎先生的讲义，主攻中国文学，汉学素养丰厚。单独完成《三国志．蜀志》的翻译工作，发表并出版了大量的论文和学术专著，如《三国志演義》、《三国志曼荼羅》、《三国志名言集》、《奇人と異才の中国史》等50余部有关中国古典的专著，可谓著作等身。并且读过《三国演义》第一个日译本—湖南文山译《通俗三国志》，文山的翻译态度对她也产生了影响。①

3. 四位译者对汉语文化语词的处理较一致，不约而同地转化为直录汉字注假名再辅以多种形式的注释（译注，随文注，回目后注，文内注等）。虽然中日均使用汉字，但毕竟是两种不同的语言，汉语对于日本人来说就是一种外语。所以对于日语中的汉字，其读音和中国汉语不同，为了便于日本读者阅读就必须注上假名，日语称为“ルビ付き”标记法或振り仮名标记（即给汉字注假名）；而且日语中的汉字和中国汉字的含义并不总是同一的，且汉字在流变过程中有些含义会发生变化，词义或扩大或缩小。所以为了照顾现代读者阅读和接受，用多种形式的注释来解释说明是必须的，这样注释就构成了译语文本的有机组成部分。

4. 体现了学者型译文文本和大众型译文文本，反映了两种翻译态度。小川、立间、井波三位译者尊重原著，歇力传译原语文本的语言和文化，主要采取了直译的翻译策略，在译语文本中体现为直译加注释，训读法加注释。具体为：汉字加注假名加注释；村上则采取以目标读者为取向的归化策略，即意译。具体为：转化为和语词汇，并用随文注加

---

① 井波律子「日本人の教養の伝統をめぐって中国文学文化受容史」，芳賀徹編『翻訳と日本文化』東京：山川出版社，2004年4月1刷り，第34~35页。

以解释说明。

5. 四位译者对汉字的注假名选择标准并非简单的形式化。而是根据不同的情节及语境，经过个人的判断而作出。均体现了尊重原著、忠实于原著的翻译态度。如第 10 回回目对汉字“師”的选用。

汉语原文：勤王室马腾举义报父仇曹操兴师（第 10 回回目 P80）

小川訳：王室に勤（ちゅうぎ）せんとして 馬騰 義兵を挙げ 父の讎（あだ）を報いんと 曹操 師（いくさ）を興す

立間訳：王室に勤（つと）めんとして馬騰 義兵を挙げ 父の讎（あだ）を報いんとして 曹操 師（ぐん）を興す

村上訳：王室をたてんとして、馬騰が攻め寄せ 父の讎をむくいんがため、曹操が師（いくさ）を興す

井波訳：王室のために勤（つと）めんとして 馬騰 義を挙げ 父の讎（あだ）を報いんとして 曹操 師（へい）を興す

本段回目中的“师”，小川、村上训读为“いくさ”，立间和井波则分别为“ぐん”“へい”。可见，“师”在四位译者的笔下，有三种注音，也就是说有三种译法。上述翻译与原语几乎字字对译，保留了中国古代演义小说的叙事结构，是忠实于原语的翻译。只有村上将“举义”译意为“攻め寄せる”，立间加了一个兵字为“義兵”，但并不影响对原语语义的正确理解，恰恰说明各位译者对《三国演义》回目翻译的态度。小川、立间和井波基本上是直译，尽量用中国汉字，同时运用同字异训法，将汉字或配以训读，或配以音读，传译原语的节奏和风格，即异化翻译策略（日语叫異化訳）。村上则直译与意译结合，偏重意译。对回目中的汉字主要配以训读，过多地考虑目的语文化和日本读者的可接受性，即归化翻译策略（日语叫同化訳）。小川在翻译原语回目时，对原语的理解很准确，所以表达很贴切，他是把选词与具体语境结合在一起的。如本文的语境是：王允用美人计杀了董卓后，朝廷更加混乱。董卓部下李傕、郭汜独揽大权，残虐百姓。朝廷官员任由二人升

降。此时西凉太守马腾，为勤王室，清君侧，亲率大军讨伐二贼，最终以失败告终。而曹操招贤纳士，迅速扩充自己的实力，拥有30万人的“青州兵”。讨贼有功，威名日重，朝廷加封为镇东将军。于是曹操便派人接自己的父亲等一般人来许昌团聚。路过徐州，徐州太守徐谦想和曹操拉上关系，派军队一路护送。不想一家人被护送的军队所杀，于是曹操迁怒于徐谦，发兵讨伐徐谦，并切齿曰：“徐谦纵兵杀吾父，此仇不共戴天！吾今悉起大军，洗荡徐州，方雪吾恨”并令“但得城池，将城中百姓尽行屠戮，以雪父仇。”可见曹操之起兵，并非为勤王，而是私仇。根据这一历史事实，回目中的“师”解读为发动战事、挑起战乱，用“戦（いくさ）”，更契合历史语境。“いくさ”的另外一个汉字为“軍”，四位译者弃而不用，可见是为了尽量忠实原文。日语中用字不同则意思，意象不同，意蕴不同，褒贬也自然不同。同时也反映出译者对原语文本进行解读时的翻译态度和方法。如《三国志.魏志倭人传》中关于日本人名、官名、地名的命名，其用字明显带有对蛮夷之邦的歧视乃至鄙视的成分和色彩。中国自古就称为世界的中心，乃天朝上邦大国，对四方蛮夷之国向来不屑一顾，蛮夷之邦乃化外之地，四夷之民又何以言礼？四位译者均利用汉字的表意功能，采取尽量直接移植原文中的汉字，并配上和训，力求易解、易阅读。尽量仿中国章回小说，追求对仗句，置换成書き下し文；利用同字异训，同字异训即相同的汉字，有不同的日语读法。如汉字“生”，就有“せい”“なま”“いき”“う”“うまれ”等。同字异训这种转换方法在日译文本中大量运用，这一方面反映了译者忠实原文的翻译态度，另一方面也表明了译者对原文的理解。

1.2 研究思路与方法

日本学者对《三国演义》研究取得了许多重要的成果，说明本研究具有一定的现实意义。在对四种文本进行读解比对后，发现译者们均作了大量的注释。小川610条、立间350条、井波700条（他们均不包括随文注）、村上980条（基本上是随文注，仅有8条是文后注）。涉及到史实、典故、修辞、纠误等和职官、人名地名、度量衡、兵器等汉语文化词汇，这引起了我们的关注。沿着这一思路，我们穷尽地考察了译者们在译文中对文化词汇的处理手法，并选择了一部分作为样本，从中日对比角度进行分析，发现四位译者在译语文本中均采用了：或直录汉字加假名加注释或直译加注释或训读法加注释的置换模式，传递了原语的语言和文化信息。这一语际转换模式是日本借用汉字来记录日语，并发明音读、训读和汉文训读法的结果，这无疑是日本现代翻译理论的源流之一，也是中日文化交流的反映，引起了我们的关注；同时对汉字的借用及发明汉文训读法也反映出了日本人对受容中国文化的翻译态度，这必然影响到后世的学者和他们的翻译主张。这引发了我们对日本翻译思想的思考和在多元文化语境下如何将古典作品翻译成现代日本的翻译微观层面的思考。鉴于《三国演义》汉语词汇文化负载信息大，且语言跨越时空，又由于中日语言的特殊关系及文化差异，所以在翻译时，注释是必不可少的重要内容，是古典翻译的有机组成部分，必须引起高度重视。为此，在大量个案的基础上，我们提出了译注法翻译策略。我们以文化语言学为指导，从翻译视角切入，采取定量和定性相结合的方法，通过对四种译本中汉语文化词汇的处理方法的考察，同时利用中日语文工具书进行释义对比，分析译注法的得失，论述译注法在古典作品日译中文化信息保留和传递的重要性。

本文的研究方法，我们借助前辈学者的研究成果，一般采用：一、描写，即语言事实的描述；二、定量和定性分析相结合，统计出日译本的注释数量并取其中的一部分作为样本，分析译者的翻译策略，显示译者如何完整传译原著的语言和文化信息，有利于揭示中日语言文化差异；三、对比分析，通过文本及各种语文工具书词目、释义之间的对比，日汉语言间的对比，发现问题所在。

本文在对4种《三国演义》日语文本的分析对比的基础上，提出了译注法翻译策略，并结合实例进行了考察，这也是我国日语学界很少有人涉猎的课题之一。经过大量个案比对和考察，我们认为：译注法能有效解码语言并传译文化信息，理应成为典籍作品日译的常态翻译策略。

1.3 理论基础

1.3.1 音读和训读

汉字何时传入日本，具体时间已不可考。不过在汉字传入日本以前，日本仅有语言而无文字。公元4世纪，日本人开始学习汉字汉文。在公元7世纪初，日本皇族中已出现能使用汉字行文的人，代表人物就是圣德太子，他亲自拟定了《宪法17条》，全文为汉文体。说明这一时期汉字汉文的学习得到普及，民间的识字人数增多。到了公元8世纪，出现了由日本人编撰的汉文著作，如《古事记》、《日本书记》、《怀风藻》等，汉字在这时期终于为日本人所掌握，并用来记录日语了。为了学习、理解并记录日语，日本人采用了两种方法：音读和训读。音读即借用汉字表日本词汇音来书写日本固有词汇，汉字仅为音标，不具有本身的意义；用音读固然可以朗读汉文，但不能代表能理解汉文含义，还必须对其进行翻译，进而达到解释、说明的作用。这样，取与日语同义的汉字，配上日语读音，成为训读。训读的出现能使日本人熟练运用汉字并按日语表达方式书写文章。音读和训读的集大成者为《万叶集》，称为“万叶假名”，它是日本人创造本民族表音文字的第一步。《万叶集》虽然在某种程度上适应了当时日语表达的需要，但还是有相当的不便和困难。因此，在使用过程中，“万叶假名”中的汉字逐渐被简化和省略，最后演变成了日本文字，即平假名和片假名。

日本通过借用汉字，对其进行音读和训读，来消化、吸收汉字及文化，经过创新，最后发明了平假名和片假名，形成了日本自己独特的文字系统，即汉字假名混用的表记方式。以汉字为代表的中华文化长期浸润着日本民族，催生了日本独特的民族文化。

1.3.2 汉文训读法

汉文训读法发轫于平安时期，成熟并普及于江户时代。14 世纪初日本五山禅僧岐阳方秀、桂俺玄树为《四书集注》作了和训而创立的汉语典籍训读法，该方法成为成为日本中世以后阅读中国典籍的新方法。其基本特点在汉文原著上，按照每一个字的训诂意义标注上日文假名。同时，汉字直接录入，给中国汉字配以日语训读，同时尽量避免汉字音读，即便是日语中没有的汉字也要根据词义配上意义相近的读法。其次，在一些词下面添加日语助词以表明语法关系，然后调整阅读顺序。① 经过这三项加工，其结果是使汉语典籍在训读法中基本保持原文字形态上的完整性，从而使汉文程度不高的一般大众也能理解原著的内容，是日本汉文化翻译史上的一件大事。后来日本人教授、讲解经典时多采用这种方法，把汉文加以训读，即把汉文颠倒过来，按日文的顺序来来解读中国典籍，并加上助词或送假名等符号，称之为“返り点”和“送仮名”；二者合称为“訓点”。

日本的江户时代相当于中国的明、清朝，中国的白话小说如《三国志演义》《水浒传》《西游记》《金瓶梅》等作品大量输入日本，并为广大的普通民众所阅读。因为白话小说的文体是白话，所以用汉文训读法是无法读解的。以狄生徂徕为代表的汉学者对此提出了疑问，主张

---

① 中国学者马歌东就汉和相互训译转换的语言机制做了精辟的总结。内容参见马歌东，训读法：日本受容汉诗文之津桥［J］，陕西师范大学学报（哲社科版）第 31 卷第 5 期第 82 ~ 83 页，2002 年 9 月。

直读法，以便真正理解中国古典的原意。在上世纪30~40年代吉川幸次郎、竹内好等汉学者也曾提出过批评。尽管训读法本身存在着局限性，但我们不能据此否认它在日本文化摄入外来文化的过程中所扮演的不可或缺的巨大的历史作用。可以说，训读法反映了日本吸收中国汉字及文化的历史影像，在日本文化史上值得大书特书。时值今日，在日本的初中、高中课程中仍开设有汉文训读课程，便是明证。加藤认为：

「もし江戸時代の日本で漢文訓読が普及していなかったら、どうなっていたろう。おそらく中流実務階級の形成が遅れ、近代化への道のりは、より困難なものになっていたかもしれない。」

译文：如果汉文训读法在日本江户时代没有得到普及的话，那会是什么样呢。或许日本的中产阶层的形成会推迟，日本迈向现代化的步伐将变得更加困难吧①。

就是在现代日语中也有不少训读表达方式，如，「不得已」训为「已むを得ず」，「不得不~」训为「~せざるを得ず」，「駅で待つこと20分」，「独走すること3キロ」，「行くこと30キロ」即为句型「V+時間/距離」，训为「~すること~」等。为此，古田島洋介在论文「現代における漢文訓読の意義」中，特别总结了汉文训读在现代日本的意义有三点：

「1. 漢文の解釈手段としての有効性。2. 訓読表現の重要性。3. 現代中国語の学習における漢文訓読の重要性。/

译文：1. 作为解读汉文的手段，很有效。2. 训读表达方式的重要性。3. 汉文训读法法对学习现代汉语的重要性」②。

同时，日本在明治时期也利用汉文训读解读西方文献，用汉语对译了大量西方文化概念词汇，使他们能顺利吸收西方文化，为日本步入近代化国家行列产生了巨大的作用。柳父章认为：

---

① 加藤徹「明治維新を可能にした日本独自の漢文訓読文化」中央公論，2008年6月号，第207页。

② 古田島洋介「現代における漢文訓読の意義」明星大学研究紀要【日本文化学部.言語文化学科】第8号』，明星大学青梅校舎，2000年。

「日本では漢文訓読という方法で漢文を日本語式に読むという翻訳が成されてきた。近代以後中国にかわって西洋諸国の文化が入ってきてからも、漢文訓読式に言語を置き換えていく影響が強かった。当然西洋文化には等価物、等価概念のない物、従って意味の分からないものがある。しかし訓読方式では、言葉の形式を置き換えの方が意味より先あり、まず漢字による翻訳語に置き換えられた。この漢字的受容文化は今日では外来語に継承され、それは理解できなくてもカタカナ語として受け入れられ、中身はさておき何かすばらしい物が入っているはずのカセット（宝石箱）として存在するのだ。」

译文：日本用汉文训读法把文言文解读为日语—这种翻译方法随之而生。近代以后，西方文化取代中国进入日本后，语言转换受汉文训读影响更加强烈。当然在西方文化中，没有等价物或等价概念的事物，因此，也有不知道意义的事物。但是，在训读法中，语言形式的置换优于意义的置换，西方词汇首先被置换成汉语译词。用训读法来接受汉字文化—这种方式至今为外来语所继承，即使不能理解也可以当作片假名词汇接受进来，暂且不论内容，它是作为理应装有出色物品的宝石箱而存在的①。

马歌东认为“训读法是一种双向处理汉语、和语，使二者相互训译转换的语言机制”。② 中国学者高宁对训读法的历史作用给予了中肯的评价，“当然，我们并不能据此简单地否认汉文训读法对中国文化在日本传播所引起的正面、积极的影响。它对包括汉诗在内的中国文化在日本的流布，对促进日本文字、文学，尤其是日本汉学的产生和发展功不可没，有着举足轻重的作用。即便在当代日语中，也不难发现汉文训读法所留下来的语法痕迹，更不用说它直接带给日本人民成百上千的中国成语典故。”③ 可见，对汉文训读法的巨大的作用，中日学者是有共

---

① 柳父章『翻訳語を讀む』东京：丸山学芸図書，1998 年，第 167 ~ 174 页。

② 马歌东、训读法：《日本受容汉诗文之津桥》，载《陕西师范大学学报》，2002 年 9 月第 31 卷第 5 期，第 82 ~ 83 页。

③ 高宁：《越界与误读》，宁夏人民出版社 2005 年版，第 85 ~ 86 页。

识的。

1.3.3　汉字注假名（振り仮名）

注假名叫“振り仮名”表记法或ルビ付き标记法，就是给难读的汉字注上假名的一种日语表记方法。它与正文文字并列，其位置是：横写则标记在文字的上方，纵写则标记在文字的右侧。是一种辅助性的说明，其作用相当于给汉字或假名加上注释。

注假名的源流可追溯到《古事记》，是太安万侣发明的。他在序言中说：“已因训述者，词不逮心。全以音连者，事趣更长。”① 说明了当时用汉语记录日语的苦衷。为解决这个难题，对需要特别指明是音读还是训读的汉字，以注的形式来标示其发音。其目的是让人们能分辨出不同场合下的汉字读音，以便学习和理解汉字的含义，接受中华文化。其特点是尽量保留原语中的汉字。除了人名、地名、官职汉字用音读外，其余汉字的读音用训读。即便是日语中没有的汉字也要根据原文词义为其配上意义相近的读法。这种方法对小川译本、立见译本、井波译本的回目翻译有极大的影响。

江户时代输入日本的大量中国白话小说，促使了注假名的普及。翻译者们在学习中国口语及翻译中国白话小说时，倾向于多用汉字、汉语，并给其注上假名。因为汉文训读法在很多方面是无能为力的，所以以荻生徂徕为代表的汉学者，提倡“直读”以学习纯正的中国语言。他们认为要学习真正的汉语，必须按照汉语的本来发音及本来顺序来阅读和理解汉语，只有这样来能真正习得华音和华语。这样，通过提倡汉文直读学习唐话并对中国白话小说进行翻译和“翻案”，也是激发注假名产生的原因之一。

注假名在明治时期广泛使用。在上世纪20~30年代，对其存废曾引起过激烈的讨论，但最终为日本人所接受并一直保存在现代的大众传

① 新增日本古典文学全集『古事記序』岩波書店，1997年，第24页。

媒中，显然是人们学习汉字的有效途径之一，显示其强大的生命力。只不过很多一般的日本人习以为常，不认为是一种翻译和注释方式了。

1.3.4 江户时期的翻译观

日本江户时代相当于中国明清之际。该时代汉学（儒学）兴盛，町人阶层发达，且对通俗文学的要求欲望强烈，特别是从中国流入大批汉籍，于是有一批汉学者积极从事中国典籍的翻译。狄生徂徕（1666～1728）是古文辞学派创始人。虽然他自己不直接从事翻译，但他曾跟从他的老师长崎通事岡島冠山学习唐话，以直接用汉语来解读中国典籍。在阅读过程中，他注意到了汉语和日语是本质不同的两种语言，以往的汉文训读法对白话小说的翻译是有局限的。他从比较语言学的视角出发，对汉文训读提出了质疑，进而阐述了他的翻译主张，是比较有代表性的，并且对后世的翻译态度有很大的影响。比如吉川幸次郎先生就受到他的影响，在上个世纪30～40年代提出了自己翻译中国古典作品的翻译观。在这里，我们以狄生徂徕为代表来考察江户时期的翻译观。

汉文训读法在平安时期已经很发达，而后持续了一千多年，在此期间日语不断吸收汉语词汇，从而使这种阅读中国古典的方法在德川时代逐步得到了普及。德川时代的教育主要是以训练汉文训读法为主就是一个明证。狄生徂徕认为用以往的“汉文训读法”并不能理解中国典籍的真正含义，是有缺陷的。他把这种方法称为“和臭”。他清楚地认识到词义的历史性变化和书面语和口语的差异、以及汉语和日语根本性的不同。特别是日语中有同训异义字，造成了可能偏离原典的含义。如“静”和“闲”这两个字，日语均训读为「しずか」。但这两个字在中国古典中含义是不同的。为此，他在《译文荃蹄》中，对训读法进行了批判，他说“此方学者以方言读书，号曰和训，取诸训诂之义，其实译也，而人不知其为译也……是以和训回环之读，虽若可通，实为牵强”①。

狄生是第一个明确意识到汉语是外语的日本汉学者。他说：

「われわれの読んでいる『論語』『孟子』というのは外国語で書かれている。われわれは昔から翻訳で読んでいるだけだ。」

译文：我们所阅读的『論語』『孟子』是用外语书写的。从古以来，我们是用翻译来阅读中国古典的②。

汉语与日语在本质上是不同的语言，语法也大不相同。为了真正理解中国古典，他主张用“汉文直读法”，即按汉语的发音和语序来阅读中国古典，这样才能化解歧义，达到对古典的真正理解。他的这种翻译态度受到了他的汉语口语翻译、长崎通事岡島冠山的影响（1625 ~ 1721）。冠山是日本第一位正式翻译中国白话小说《水浒传》的日本人，他是狄生的汉语老师。他直接从冠山处学习唐音，并将日语和汉语进行了比较，对创立他自己的翻译理论产生了直接的影响。据日本著名学者杉本つとむ考证：兰学翻译的著名学者中野柳圃、前野兰化及其学生宇田川玄随，均认可狄生的翻译理论对他们自己的影响。③ 他还是日本第一位从日汉语言比较的角度来揭示中日语言差异的汉学者，显示出了比较语言学的研究态度。他在『訓訳示蒙』中这样说道：

「訳文トハ毕竟唐人ノ語ヲ日本の語に直スナリソコニ唐人詞ト日本詞ノ大段違アリソレハ唐土ノ詞ハ字ナリ日本ノ詞ハ仮名ナリ日本バカリニアラズ天竺ノ梵字胡国ノ胡文韃子ノ蕃字安南ノ黎字南蛮ノ蛮字朝鮮ノ音文皆仮名ナリ仮名ハ音ハカリニテ意ナシ仮名をイクツモ合セテソコデ意出来ルナリ字ハ音アリ意アリタトヘバ日本ニテハアキラカト四詞ニ言フ処ヲ唐デハ明ト一詞ニテスマスナリ。」

---

① 吉川幸次郎他編，漢語文典叢書第三巻『譯文筌蹄』（初編），东京：汲古書院，1982年。

② 丸山真男、加藤周一著『翻訳と日本の近代』岩波書店，1998年10月，第24页。

③ 杉本つとむ「徂徠とその言語研究」—蘭語学との関連を主として—『国文学研究』第57集，昭和50年10月，早稲田大学国文学会，第1页。

译文：译文毕竟是把汉语译成日语。而汉语和日语是相差很大的两种语言。汉语的词即字，日语的词即假名，不只是日语，印度的梵语，西域的胡文，满族的满语，安南的黎字，南蛮的蛮字，朝鲜的音文均为假名。所谓假名是借音而不借意，而汉语既表音又表意，比如日语用四词二言的地方而汉语则为一词表达就可以了①。

这显然是把汉语和日语进行比较，作者指出了字（中国）与假名（日本）具有本质的区别，即表意性和表音性。更进一步将日语与其它的语言进行比较，凸现了狄生具有多文化比较的视野，难能可贵。他立足于中日语言差异，在此基础上提出了自己的翻译观：直翻和义翻。他认为：

「一訳文ニ直翻義翻ノ二ツアリ直翻ハ一一メノコ算用ニ唐ノ文字ニ日本ノ詞ヲ付ルナリ義翻トハ倭漢風土ノ異アルユエ語脈モソレニツレテカワルアリ故ニ直翻ニナラヌ処ヲハ一句ノ義ヲ以テ訳スルヲ義翻ト云ナリ。」

译文：译文有直翻和义翻两种。直翻即将汉语一一对应转换成日语。同时，由于汉语和日语风土各异，语境不同，故不能直翻的地方，可将该句的意思翻译出来，称为义翻②。

用现代的观点来看，直翻即直译，義翻即意译。他还强调要根据具体的语境（不只是上下文），因为不同的语言是根植于不同环境中的，翻译结合日本的风土来操作，不要拘泥于字字对应，不能直译时，可以在理解全句的意思后，用译意的方法将其译出。其翻译观同现代的翻译理论同出一辙，具有划时代的意义。徂徕的翻译观为兰学者们和明治时期的翻译家所继承。如杉田玄白在『解体新書』［凡例］（永安三年，1774 年刊）中提出了翻译有三种方法：

「一訳有三等。一曰翻訳。二曰義訳。三曰直訳/翻译有三种，一

---

① 杉本つとむ「徂徠とその言語研究」一蘭語学との関連を主として一『国文学研究』第 57 集，昭和 50 年 10 月，早稲田大学国文学会，第 4 页。

② 杉本つとむ「徂徠とその言語研究」一蘭語学との関連を主として一『国文学研究』第 57 集，昭和 50 年 10 月，早稲田大学国文学会，第 7 页。

为翻译，二为义译，三为直译。」即“翻译（对译），意译，音译”；

森鸥外1889年从德国留学归来，出版了译诗集《于母影》，提出了翻译方法的四个方面：意译，句译，韵译，调译；二叶亭四迷则主张直译，移植原文的风格和情调等。这些翻译家们提出的主张均得益于前辈学者之功。

1.3.5　明治时期的翻译观

明治时期，由于日本实行开国政策，大量吸收西方先进文化，借助翻译获取信息，来了解外部世界，以图富国强兵，迈向现代化。翻译理所当然地成为当时日本社会的必然选择之一。明治时期堪称日本的翻译时代，涌现出了一大批翻译家，他们在翻译实践中提出了自己的翻译主张，其影响波及到日本现代社会。此时的一个显著的特点是，充分利用了汉字的表意性和抽象性特征，并借助汉字的造字法来对译西方大量的、日本所没有的抽象词汇，汉字的功劳是空前的。因为西方许多词汇如法律、政治、历史等均为抽象词汇，对于当时的翻译家来说，必须将它们用日语表达出来。但日语本身没有这些概念，且日语词汇多为日常生活用语，所以翻译这些抽象词汇就感到很棘手。而汉语词汇具有抽象性特征，正与之相切合。当时很多翻译家均具有扎实的汉学修养，于是活用汉字来对译这些西方抽象概念就成了明治翻译家们的必然选择。再者，明治时期的翻译家们有不少是从兰学转为英学的，他们具有翻译荷兰语文献的经验，这对他们翻译西方文献有着不可或缺的重要作用。因为从荷兰语转到英语，从英语到法语都不很难。因为词汇、语法以至文化背景颇相近。在翻译兰学的科技术语时，兰学者们下了相当的功夫，创造了许多译词。所以要找出和荷兰语对应的英语不是难事，所以明治时期的兰学家们能顺利地从兰学过渡到英学，进而接受其译词。翻译态度如下：

1. 直译，强调通俗易懂而用口语翻译。代表人物如福泽谕吉

(1834～1901)。他倡导：①用意周到，一字不苟，如实翻译。这得益于他的兰学老师杉田成卿对他的教诲。他说先生是“一位极有修养的学者。他在翻译西方著作时，用意周到，一字不苟，根据原文如实翻译。由于有此文风，致使文章字句极为高雅。”“先生恳切周详的教导犹如父亲训子，我一直铭记在心，不曾忘怀。”① ②不拘原文，但求通俗易解，用口语翻译。这得益于另一位兰学老师緒方洪庵的言传身教。緒方不拘泥于原文词句，翻译时不重视原著，修改时也不看原著。他告诫福泽写文章要通俗明白。福泽自己也说；“我的著译所以始终保持平易二字，诚为先生所赐。……以后从事各种著译，……力求避免费解之词。”② 这是因为要普及新思想、新观念，他必须照顾读者的阅读期待，必须重视读者的需求，所以其译文力求浅显易懂，以达成思想启蒙之目的。再如二叶亭四迷（1864～1909），主张移植原作的风格和情调。他看重风格，追求清新的文体；原文若是明快，活泼的口语，他就用日语类似的口语对译，力求使译文读者读译文时获得的感受、效果等同于原文读者读原文时的感受、效果一致。③

2. 意译，根据不同情况对原文进行增减，强调译文通俗易懂。如森鸥外（1862～1922），是明治中后期最重要的翻译家。他留学德国 4 年，从 1889 年起开始译介大量的欧洲作品，小说、诗歌共 105 种。其译诗对日本现代诗歌发展起了很大的作用。森鸥外翻译注重原作整体风格姿致，强调译文通俗易懂。因此，他在翻译时常常对原作进行增减，为了易于读者接受，有时又添加自己的话语使译文流畅，通俗易懂。他认为这样做是适合的，他反对字句对译。④

3. 翻译手法。明治时期的翻译家广泛翻译西方文献，接触到许多西方概念，而这些概念是传统学问和日语中没有的，并起着决定性的作用。翻译家们在翻译这些概念时，不是用音译的方法，而是把几乎所有

① 吉武好孝『明治大正の翻訳史』研究社 1959 年，第 195 页。
② 吉武好孝『明治大正の翻訳史』研究社 1959 年，第 197 页。
③ 吉武好孝『明治大正の翻訳史』研究社 1959 年，第 115 页。
④ 吉武好孝『明治大正の翻訳史』研究社 1959 年，第 199 页。

的概念词都翻译成了汉语词，日本人称之为“和制汉语”。明治时期的翻译手法可分为以下四种：①借用兰学的译词，大部分是有关自然科学的专业用语。比如人体器官及组织结构，有关物理和化学的词等。②借用汉语译本的译词。③转用古典汉语的词，不用原意而赋予其新意作为译词。比如“自由”的翻译，即为一例。此语原出中国典籍《后汉书》卷23.《五行志》第13中有“百事自由”之说，原意为“无论何事都听任己意”。福泽在《西洋事情》卷3中，注解为“自主任意”，他写道：

「本文、自主任意、自由の字は、我儘放蕩にて国法をも恐れずとの義に非らず。総て其国に居り人と交て気兼ね遠慮なく自力丈け存分のことをなすべしとの趣意なり。英語にて之を「フリードム」又は「リベルチ」と云ふ。未まだ的当の訳字あらず。」

译文：本文，自由任意之义，自由之字并非任性放荡不惧国法之意。有与任何居住其国之人交往须不拘束尽自己的可能去做之意境。英语将此叫做‘freedom’或‘liberaty’。至今仍未有适当的译词①。

由于没有适当的译词，便把“任意”之意转用于“自由”了。利用汉字的构词法，新造译词。

1.4 章节安排

本书共分为五章。第一章为绪论，重点叙述本研究的缘起，论述所选译本的学术依据，分析四位译者的翻译态度，并就本研究的思路和方法进行了描述。同时，就本文的理论依据进行了阐述，为后续的论述打下基础，作理论上的铺垫和准备。第二章就中日文化翻译现状进行了梳理。在文化多元化的背景下，我们主张采取异化加注释策略，来彰显文化身份，提升文化软实力，促进世界文化多元化。第三章介绍了四种译

① 亀井俊介编『日本の翻訳文化』，中央公論社，1994年1月，第24页。

本，发现译者在译文中有大量的注释。通过进一步考察，发现四位译者在译语文本中对文化词汇的翻译模式为：直录汉字加注假名加注释。据此，我们提出了译注法。就译注法的定义、适用范围、方式和译注法的必要性和可能性进行了论述。接下来的第四章和第五章是本文的重点。我们结合四种文本，并利用中日工具书，就《三国演义》日译本中文化词汇的翻译模式进行定量和定性考察，总结出了日译本处理文化词汇的主要模式：汉字加注假名加注释，其显现方式为：汉字加假名加注释，直译加注释，训读法加注释三种。这三种可以充分传递原语的语言和文化信息，保留异域文化的原味，呈现出异化色彩，我们将日译本的这种模式称为异化加注释文化翻译策略。进一步论述了在古典作品翻译成现代日语的过程中使用译注法的益处和未使用译注法所造成的文化信息的流失和缺失。分析和描写了译注法使翻译和注释相辅相成，改变了注释在译语文本中只是起着招之即来，挥之即去的起辅助作用的固有观念。彰显了译注法在现代翻译实践中传递原语文化信息中的重要意义，理应内化为译语文本的有机组成部分。我们认为译注法既能解码原语语言，保留比喻义和形象义，又能保留原语的文化信息，在古典作品日译中应该成为常态翻译方法。

第2章

文化语言学视角下中日文化翻译研究现状

2.1　中国译界文化翻译研究现状

自从上个世纪七十年代西方翻译研究出现“文化转向”以来，对翻译中文化的处理以及文化与翻译关系的探讨成了翻译理论界的热门话题。语言体现文化，翻译再现文化，翻译是用语言表达异族文化的重要的一环，如果没有翻译，也就不会有交际和交流，语言、乃至文化，都会消亡的。所以，翻译在跨文化交流中起着不可或缺的重要作用。人类发展史表明：文化具有渗透性、开放性和包容性，使语言间的相互借鉴成为可能，并没有因为不同文化之间存在差异而造成隔绝。美国当代翻译理论家奈达在探讨功能对等时较深入探究了文化与翻译的关系问题。他认为，要真正做好翻译工作掌握两种文化比掌握两种语言更为重要，词语只有运用在特定的文化中才具有意义，否则，就难以准确领会词语意义。

目前在中国翻译界，对文化翻译主要采取两种方法：异化和归化。有学者认为外译中采取异化策略，可以“更好地促进文化交流，增加译入语读者对异域文化的了解，更能满足读者对翻译文学的审美期待，更有利于汉语的丰富和发展”① 而中译外采用归化策略是因为“中文文本中常见经典名句、诗句或典故翻译的策略必须是要让外国读者一看就懂，译文要尽可能地通俗。”②“强调在目的语中寻找源语的对等语，优

---

① 孙致礼：《再谈文学翻译的策略问题》，载《中国翻译》，2003年第1期，第49~50页。

② 何刚强：《简谈单位对外宣传材料英译之策略》，载《上海翻译》，2007年第1期，第20页。

点是减少了异质性，不受源语语言形式的束缚，译者为读者铺平了阅读道路；缺点是源语中精彩的异域文化特色没有了，语言特点也丧失殆尽。这种状况将不利于源语文化的弘扬，同时也低估了读者的接受能力，消除了目的语读者获取异域文化的快感，某种程度上也可以说是欺骗了读者。另一方面，如果我们在中译外时一味地屈从于强势语言，而不是对自己的文化充满信心，担心外国人不能理解我们的民族特色文化，只追求在目的语中寻找对应词语，中国文化在目的语中则会处于隐形和流失状态。长久下去，中国文化有可能在对外传播中丧失自己的文化身份，这种情形不但不利于世界多元文化的形成，而且我们也会在文化交流中始终处于弱势的地位"① 因此翻译不仅要满足读者的异质享受，同时还肩负传播民族文化的使命。

从上世纪90年代中后期，日语界的翻译研究也渐渐转移到文化层面的探讨，出现了语言与文化翻译研究共生的格局。具有以下特点，1. 翻译文化史研究，王克非《汉字与日本近代翻译》（外语教学与研究，1991（4））、《日本明治时期翻译史概论》（外语教学与研究，1993（2）），论述了汉字在日本明治维新所起到的巨大作用并概述了日本明治维新的翻译，具有翻译史的性质，涉及到了翻译与意识形态的关系；2. 重视日语教学中的文化因素，陈岩《谈汉语母语日语学习者常见的误用——以母语及本国文化干扰为例》（日语学习与研究，2007年06期）以汉语母语日语学习者较常出现的误用为例，从语言、文化两个层面对干扰的产生进行分析，陈岩《谈中日跨文化交流中摩擦的主要原因》（日语学习与研究，2002年01期），以中日跨文化交流角度，探讨了产生摩擦的主要原因：定式思维、偏见、心理、习惯不同等，并简明地提示了对策；高宁《"和文汉读法"与翻译方法论》（中国翻译，2002（4）），在肯定"和文汉读法"历史作用的前提下，从方法论的角度对它进行新的梳理，指出并分析了它给我国的日汉翻译以及日语教育所带来的负面影响；3. 从译界学视角探讨文化翻译，高宁《译学主体、

① 魏耀川：《中译外策略分析与文化彰显》，载《上海翻译》，2008年第4期，第5~6页。

译学对话和译者主体性地位》（中国比较文学，2006 年 01 期），从发生学的角度考察了译学主体、译学对话和译者主体性地位等问题，指出译学主体的研究应该结合具体的口、笔译实践进行，并把它视为一种动态概念，分析其流变过程，揭示作者、译者和读者在翻译中的不同功能及多维度、多层次译学对话的存在，并由此去重新认识译者主体性地位的真实内涵，给出一个实事求是、符合常识的界定和解释。高宁《翻译发生学及其相关理论研究》（上海科技翻译，2004 年 01 期），从认识论角度考察译学的产生机制及其相关问题，指出翻译对象不仅处于不同层面之上，而且始终处于不确定状态之中；译学研究的任务就是思考、解决盘桓其间的认识论问题，从发生学视角探寻翻译基本规律。高宁《论译介学与翻译研究空间的拓展》（中国比较文学，2002 年 01 期），从译介学的视角探讨了翻译研究空间的拓展问题，认为译介学不仅有别于传统文本层面上的翻译研究，而且从方法论的角度看，它的最大特点是跨学科的交叉研究。它的研究对象不再是译文本身的质量，而是文本给社会、历史、文化、哲学、经济、法律等领域带来的各种正负面影响。4. 重视语境的作用。高宁《论翻译的宏观层面》（日语学习与研究，1999 年第 4 期），强调语境在翻译中的作用，陶振孝《翻译过程中文化词语的选择——以《雪国》的译本为例》（日语学习与研究，2006 第 1 期）说明文化词语与语境的关系，指出语境对文化词语的翻译具有重要作用。高宁《词语意义与翻译》（高宁，外语研究，1994 年第 1 期），强调把词语意义置于整个社会文化背景之中，并从语用学、语义学角度考虑翻译，这样就能把握词汇的含义并进行准确地翻译；5. 提出文化翻译的课题即文化传真。陶振孝《文化翻译的课题》（日语学习与研究，2007 年第 2 期）认为对文化内涵的理解与表达，就是文化的翻译。从这种意义上讲，翻译就是翻译文化，陶振孝《翻译三题》（日语学习与研究，1999 年第 4 期）指出文化空白，文化误读，文化传真是文化翻译的课题。

以上论文，着力于文化内涵，强调翻译是语言文化的双重转换，提出了文化翻译的课题及文化翻译的原则和策略；其中高宁先生的一系列论文表明，中国日语翻译学界尝试着从多角度，多视角探讨翻译发生的渊源，及其在西方当代语言学，文艺美学理论，文化理论和翻译研究理论（语用学、语义学，读者接受理论、解构主义、后殖民主义，动态/功能对等、翻译研究学派等）指导下的翻译研究的最新动向，涉及诸如语境与翻译，翻译与语用学，翻译是再创造、是艺术，翻译中译者的主体性地位，文化翻译策略，翻译批评等。说明日语界在上世纪 90 年代，随着翻译研究的“文化转向”后也加强了对翻译中的文化转化研究的关注。对中国日语界这种从文本层面过渡到对翻译的过程、翻译结果、译者的主体性研究，译入语文本在译入语文化中的接收问题，译入语文化对译者及译语文本的制约，翻译与权力、意识形态等的外部研究，这样扩大了翻译研究的疆域。使我国的翻译研究在“文化转向”的影响下，借助西方的文化理论，也注重对影响文本的外部因素进行研究。在此，可借用谢天振先生在评论当代西方翻译理论发展特征时，指出了“3 个根本性的突破”来说明中国翻译研究的现状：第一是，自 50 年代以来，“西方翻译研究开始从一般层面上对两种语言转化的技术问题的研究，也即从‘怎么译’的问题，深入到了对翻译行为本身的深层探究，提出了语音、语法、语义等一系列的等值问题”；第二是，“当代西方的翻译研究不再局限于翻译文本本身的研究，而是把目光投射到了译作的发起者（即组织或提议翻译某部作品的个人或群体）、翻译文本的操纵者（译者）和接受者（此处的接受者不光是指译文的读者，还有整个译语文化的接受环境）身上”；第三是，“研究者开始关注翻译研究中语言学科以外的其他学科的因素”，而“把翻译放到一个宏大的文化语境中去审视”。①

当代翻译研究的一个最本质进展就是越来越注重从文化层面对翻译进行整体性的思考。正如谢莉．西蒙指出的“80 年代以来，翻译研究中最激动人心的一些进展属于‘文化转向’的一部分。转向文化意味

① 谢天振：《翻译研究新视野》，青岛出版社 2003 年版，第 24～26 页。

着翻译研究增添了一个重要的纬度。不是去问那个一直困扰翻译理论家的传统问题——‘我们应该怎样去翻译?’‘什么是正确的翻译?’——而是把重点放在了一种描述的方法上：‘译本在做什么?’‘它们怎么在世上流通并引起反响?’……这种转向使我们理解到翻译与其他交流方式之间存在着有机的联系，并视翻译为写作实践，贯穿所有文化表现的种种张力尽在其中。”① 在这种情况下，翻译成为一种政治意识形态言说，转化为“翻译的政治”。翻译作为跨文化交际的桥梁和纽带，在沟通文化交流，丰富人类文化，促进文化趋同和融合的过程中正起着不可或缺的作用。“翻译实质上是文化翻译”,②“翻译活动始于语言，又终于语言；它以语言为形式，以文化为内容，以文化的交流与沟通为目的。因此，语言翻译过程中文化因素的理解与处理便成为十分重要的课题”,③ 对异化翻译的需求也是人们求新求异心理的客观体现。翻译作品要保留“外国的文化传统、风土人情、习俗时尚、宗教、地理、使用语言的习惯”,④ 而“归化的译文却要改造外国上述的客观事实，抹杀其民族特点，使它们就范，同化于归宿语言，因此也就必然是对原文的歪曲”。⑤ 20世纪末，由南京大学翻译研究中心发起的关于《红与黑》几个译本意见的调查也表明：读者希望能够读到原汁原味的外国文学译本，以便能够领略到外国文学作品中特有的韵味和情调。⑥ 了解文化差异，并不意味着放弃我们的民族特色和文化身份。在多元文化的今天，我们不必唯强势文化是从。在文化移植过程中，应该在平等的基础上进行对话交流，这样才能跨越因文化差异而造成的障碍，实现真正意义上的双向跨文化交际。

---

① Sherry Simon，Gender in Translation，Routledge，1996年，第7页。

② 赵元任、丁邦新译：《中国话的文法》，中国现代学术经典·赵元任卷，河北教育出版社1968/1996年版。

③ 包惠南、包昂编著：《实用文化翻译学》，上海科学普及出版社2000年版。

④ 包惠南、包昂编著：《实用文化翻译学》，上海科学普及出版社2000年版。

⑤ 范东生：《文化的不同层次与翻译标准》，载《外国语》，2000年第3期。

⑥ 许钧：《文字·文学·文化——《红与黑》汉译研究》，南京大学出版社1996年版。

2.2 日本译界文化翻译研究现状

2.2.1 战后日本文化身份的重构及翻译态度的转变

日本战败后初期，经济萧条，整个国家成为废墟。与此同时，日本民众对日本文化的自信产生怀疑，甚至丧失。因此，恢复文化认同，寻求日本文化的特征，重塑文化身份，是重建日本的重要课题之一。进入上世纪50年代后，战争带来的混乱平息了下来。1952年4月迎来了独立，进入了重建日本的新时代。因朝鲜战争及美国的支持，日本经济走上了繁荣之路。从1955年至70年代，日本经济高速成长，成为世界经济大国，对外贸易急速扩大，日本人渐渐找回了自信心。随着政治稳定、经济繁荣，日本知识界也异常活跃。人们开始尝试对日本人及日本文化进行各种定位，为此展开了大讨论。这些讨论涉及到日语的特征、日本人的审美意识和精神、日本风土、社会原理、工作和大脑的特性等，构成了“日本文化论”的基础。斯坦福大学的别府春海教授曾评论道：日本文化论乃是一种意识形态，是大众消费品。① 最有代表性的论文是加藤周一《日本文化杂种论》（思想，1955年6月刊）和梅倬中夫《文明的生态史观序说》（中央公论，1957年2月刊），前者主张日本文化是“杂种文化”，后者则主张是与西欧文化平行进化的。两篇论文均为战后的普通日本人广泛地接受，主张日本文化的独特性，强调日本文化与欧美发达国家之间具有类似性。这样的定位促进了日本人精神上的安定，对重建文化身份大有裨益，战败国日本从此走出丧失自信的阴影。

进入60年代后，由于日本社会财富激增和政治上的安定，成为了富裕社会。加之，对日本文化的特殊性持肯定态度，在国民之间催生了对文化身份的强烈诉求。这种诉求的表现形式就是中根千叶的论文

① 别府春海：《作为意识形态的日本文化论》，思想之科学社1987年版。

《日本式社会结构之发现》(中央公论，1964 年 5 月刊)，这是日本人来阐述日本人的集团主义原理，并指出其特殊性的论文，引起了巨大的反响。70 年代后，主要从心理学、精神医学角度关照日本文化论，代表作有土居健郎的《依赖的构造》(弘文堂，1971 年)和木村敏的《人与人之间 - 精神病理学的日本论》(弘文堂，1972 年)。"日本文化论"成为 70 年代的"流行语"，进而成为"大众消费品",① 基本上确立了日本人的文化和身份。

在确立了自己的文化独特性和身份后，日本人在文化的取舍就恢复了自信，不再像战后初期那样全盘吸收欧美文化，而是有选择地吸收外来文化。同时随着 50 ~ 70 年代西方语言学的发展，很多翻译理论被译界到了日本，这些理论对日本翻译界也产生了很大的影响。特别是尤金. 奈达(E. Aナイダ)的"动态对等"的翻译观广受欢迎。强调翻译不是一字一句的形式对等，而是着重传达其内容和意义，使译语读者阅读译语文本所产生的感受等同于原语读者阅读原文的感受。在此背景之下，日本翻译界也异常活跃。学者别宫贞德(『翻訳を学ぶ』八潮出版 1975 年，河野一郎(『翻訳上達法』，講談社 1975 年)，中村保男(『翻訳の技術』、中央公論社、1973 年)分别推出了自己的著作。上述三位学者指出日本翻译界对「原文に逐一忠実なだけて、日本語として不自然で分かりにくい翻訳は受け入れられない。もっとも読者の側に立って、日本語として自然な翻訳を目指すべきだ。」②

译文：仅仅逐字逐句忠实于原文，译文日语就不自然、令人难以理解 - 这是不能接受。应该更多的站在读者的立场考虑，以自然的日语译文为目的的呼声高涨。

从上世纪 70 年代起，日本翻译界就翻译中应该使用怎样的日语进行了广泛而深入的探讨，这些探讨无疑对日本翻译态度的改变有重大影

① 青木保：《日本文化论的变迁》，王敏主编，杨伟、将葳译，中国青年出版社 2008 年版，第 107 页。

② 古野ゆり Japanese translation in the 1970s：A transitional period. Interpretation Studies, No. 2，December 2002 年，第 114 页

响。由于对外贸易的扩大，需要许多应用型的翻译人才，这也对日本翻译标准的变化产生影响。

2.2.2 1970年代后的翻译观－以直译为主，兼顾读者的可接受性

战前和战后初期。日本的翻译一般是忠实于原文的直译，就是将日本人不熟悉的外国语表达法以忠实于原文的方式原封不动地移植过来而不管译文是否自然，是否为本国人接受。因为看重的是信息和文化，这关乎到国家的生死存亡。因此，将外国信息表达出来的日语本身是不考虑自然和能否为人所理解，也就是说是处于次要位置。经过战后30多年的发展，日本成为世界经济强国，日本民族又找回了国家自信心。加之成功地举办了东京奥运、大阪世博会，其国际地位迅速提升。由于国际贸易的拓展，对外语人才的需求急剧增加。在学术界，以日语语言和文化为主题的研究也日益盛行，代表人物为铃木孝夫，他于1973年出版了『言葉と文化』一书。同时，由于现代语言学的发展，导致了翻译研究日新月异，西方语言学翻译理论被大量译介到日本，如ルーベンA.ブロワー的『翻訳のすべて』(1970年)，セイウアリー的『翻訳入門』(1971年)，ナイダテバー共著『翻訳ー理論と実際』(1973年)等，这些译介的翻译理论盛行一时，对当时日本学界开展的关于翻译与日本语、日本人、日本文化论的讨论和日本翻译态度的改变，产生了很大的影响。日本译界就翻译中应该使用的日本语这一问题，从语言和文化的视角对翻译进行了广泛的探讨，专家、学者各述己见。认为:

「直訳調の不自然さで読み難い翻訳でなく、読みやすく自然な日本語で翻訳する方針が好ましい。」

译文：因为是不自然的直译腔，译文难读，但希望采用通俗易懂、自然的日语来翻译①。

---

① 古野ゆりJapanese translation in the 1970s：A transitional period. Interpretation Studies，No.2，December 2002年，第115页。

与此同时，提倡重视日语、日本文化的讨论也连接不断的展开，形成高潮。出版界也起了推波助澜的作用，出版了不少关于日本文化论的专著，如岩波讲座系列『日本語』（1978），日本人论『ユダヤ人と日本人』等。在日本翻译界，柳父章（翻訳と日本文化）、成瀬武史（ナイダの翻訳論紹介）、別宮貞徳（翻訳批評）、河野一郎．中村保男（翻訳の方法）等，从日本语、日本文化的存在形式角度对翻译问题展开了讨论。以翻译作为职业的人，他们的社会地位得到空前提高，翻译成为热门职业之一。一些从事翻译教学的学校也应运而生。如「翻訳者養成講座」（1974年、简称バベル），「通訳教室」（1975年），「東京教室」（1979年）。此外还创办了有关翻译的杂志，如『季刊翻訳』（1973年），『翻訳の世界』（1976年）。伴随经济的高速成长，翻译职业受人追捧，各种翻译学校的设立，翻译杂志的创刊，加之日本学术界的推波助澜，势必影响人们对翻译的态度，导致日本翻译标准的变化。追求与原文等值（equivalence）的翻译并不是翻译研究的方法，探寻翻译文本在目标文化中的可接受性才是翻译研究的目的。其中以色利著名翻译理论家Toury的描述性翻译理论很受日本翻译界欢迎。他在1995年出版了其专著《Descriptive Translation Studies and Beyond》，① 主张翻译研究的方法是“寻求在目标文化中翻译文本的可接受性”。“忠实于原文”这一传统的翻译观是以源语（起点语言）为出发点来考虑翻译的。Toury认为现代的翻译研究方法应该是描述性的（Descriptive Translation Studies），而传统的翻译研究则是规范性的。所谓描述性的翻译研究即翻译者在翻译时，要受到社会制约（文化的、语言的），这种制约成为一种准则，通过该准则来决定翻译的标准。也就是说译者必须寻求什么是为社会准则所认可的翻译。日本的许多译者，一般是在翻译文本的「あとがき」中，将其翻译的态度、方法，翻译原则等表述出来。日本学者古野ゆり以「戦後1950年から1979年の間に出版された文学、フィクション以外の一般向けのノン．フィクション（評論．エッセ

① Toury, G. Descriptive Translation Studies and Beyond. [M]. Amsterdam/Philadelphia

イ.ドキュメント.新書など）/以1950年至1979年间出版的文学作品、小说以外的面向一般大众的非小说（评论、随笔、纪实文学、新书等）」① 作为考察对象，她认为：

「訳者が読者に読みやすい翻訳にするように心がけた」（受け入れ側の許容性（acceptability）に考慮した）旨の記述があったものは、1950~60年代では全体の15%だったのに対し、1970年代になると2倍以上の33%に増えている。これは、訳者の読者に対する許容性を気遣う態度が1970年代になって、より一般化したことを示している。」

译文：译者“要努力做到译文易读”（考虑接受方的可接受性）这一观点在上世纪50~60年代，占有15%的比例，而到了70年代，达到了33%，增长了一倍。这表明上世纪70年代，译者在翻译时，更加注重读者的可接受性了②。她还认为：

「訳者あとがき」が原書、著者紹介などのみに終始して翻訳方法を述べていない場合には、実際の翻訳が「原文に忠実」を心がけたものだったのか「読者の読みやすさ」を心がけたものだったのかは翻訳そのものを読むまで分からないことになるが。」

译文：译者后记一直限于介绍原著、原作者，而不论及翻译的方法情况下，那么实际的翻译是“专注于忠实于原文呢”还是“忠实于读者的易读性”这个问题，不去读译文本身是不会明白的。③ 因此，她主张：

「過去の翻訳の「読みやすさ.自然さ」はその時点での文化、社会状況の中で評価されたものでなければならず、現在の判断基準を当てはめることはできない。過去の翻訳を今の基準で判断するのではなく、当時の翻訳批評.翻訳関係者の意見を幅広く調べて、当時の翻訳

① 古野ゆりJapanese translation in the 1970s：A transitional period. Interpretation Studies，No. 2，December 2002年，第117页

② 古野ゆりJapanese translation in the 1970s：A transitional period. Interpretation Studies，No. 2，December 2002年，第117页。

③ 古野ゆりJapanese translation in the 1970s：A transitional period. Interpretation Studies，No. 2，December 2002年，第117页

ノームを探すことが重要である。」

译文：以往翻译中的译文易读、自然流畅的观点必须在当时的文化、社会状况下进行评价，不能套用当今的评判标准。不用当今的标准去判断过去的翻译，而要广泛地调查当时的翻译批评状况、听取翻译当事方的意见，从中寻找出当时的翻译标准，这才是关键。①

柳父章，是日本以文化翻译论作为研究领域的为数不多的学者之一。早在上个世纪70年代，就从日本语、日本文化角度对翻译问题进行了专门的研究，出版了系列专著（『翻訳とは何か一日本語と日本文化』法政大学出版、1976，『翻訳の問題』『日本語．別巻一日本語研究の周辺』岩波書店：（129～145）『比較日本語論』日本翻訳者養成センター、1978）等，取得了有目共睹的学术成果。柳父氏在『翻訳の問題』论文中，就翻译的日本语问题，指出：

「逐語訳が原文の意味を正しく伝えていると信じられていることが問題だ。」

译文：可以认为逐字翻译对于能否正确传达原文的含义是一个问题②。

并对传统翻译观进行了批判。认为：

「原文に忠実な翻訳は、読み難いのが当たり前とする考えも問題。」

译文：忠实于原文的翻译，理所当然难于阅读。这种想法也成问题③。

其根源在于日本人认为战后的欧美英美语言文化比本国语言文化优越之故。因而「翻訳は高度で分かりにくくて当然と考える傾向/产生

---

① 古野ゆり、Japanese translation in the 1970s：A transitional period. Interpretation Studies，No. 2，December 2002年，第117页。

② 『翻訳の問題』『日本語．別巻一日本語研究の周辺』東京：岩波書店，1968年，第147页。

③ 『翻訳の問題』『日本語．別巻一日本語研究の周辺』東京：岩波書店，1968年，第142页。

了认为翻译是高深的、难以理解的倾向」。①

柳父氏更进一步指出当时的主流翻译观是“直訳文”，所以译语文本自然是翻译调，是「あきらかに自然な日本文とは違った翻訳日本文だ/很显然是与自然的日本文不同的翻译调日本文」。②

日本翻译理论评论家别宫贞德从1978年开始，20多年的时间里，在月刊『翻訳の世界』中的「人気コラム」栏目中连载『欠陥翻訳時評』。后将上述内容加以整理出版了『翻訳と批評』（1985年）、『翻訳の落とし穴』（1989年）等著作。在著作中，他结合日本语言和文化，不但指出了译文的误读，而且对「欠陥日本文」也即翻译日本文的实质进行了批判。他呼吁：

『「翻訳は起点言語だけでなく目標言語にも気を配らなければならない。原書の理解だけに集中するのではなく読者に向けて分かりやすい翻訳を心がけなければならない」，③ 也即倾向于译文要考虑读者的喜好，显示出了重视读者可接受性的接受美学的观点。

可以说从上世纪70年代以来，由于学者们对欧美翻译各种学说的译介，引发了日本学术界从语言、文化、社会等角度，对翻译进行更加深入地探讨，译文的倾向是：

「原文だけを重視するのでなく、受け入れ側の読者への配慮ー自然で読みやすい翻訳文を提供するべき」④，日本翻译界由此进入了崭新的时代。

译文：不仅仅重视原文，也要关注译文的接受方读者，而应为他们提供自然、易读的译语文本。

---

① 『翻訳の問題』『日本語．別巻ー日本語研究の周辺』東京：岩波書店，1968年，第142页。

② 『翻訳の問題』『日本語．別巻ー日本語研究の周辺』東京：岩波書店，1968年，第142页。

③ 別宮貞徳『翻訳の落とし穴』講談社，1989年，第58页。

④ 古野ゆり、Japanese translation in the 1970s：A transitional period. Interpretation Studies，No.2，December 2002年，第119页。

2.2.3 21世纪日本的翻译观－以归化翻译为主，异化翻译为辅

由朝日新闻社举办的、2007年9月号『論座』杂志上，以「深化する『翻訳』」为标题的讨论特集，很多著名翻译家及研究家参与其中。指出了当今日本翻译界提倡同化翻译，而不再青睐异化翻译了。在日本出现了众多的「新訳」文本，如，『戦争と平和』（全6巻、藤沼貴訳、岩波文庫、06年），『国富論』（上下巻、山岡洋一訳、日本経済新聞社、07年），チャンドラー『ロング.グッドバイ』（村上春樹訳，早川書店、06年），『コフカコレクション』（全8巻、池内紀編訳、白水Uブッケス、06年）等，翻译界出现「新訳ブーム/新译热」。与会者们认为这一「新訳ブーム」是为了「新しい読者を獲得したいことで弾みがついたこと/获得新的读者群」、「その兆しは90年代後半からすでにあったと見ることも出来ること/上世纪90年代后期已经出现，并可以看出这种征兆」。①为此，他们列举了两个事例作为佐证，プルースト『失われたときを求めて』（全3巻、鈴木道彦訳、集英社、96年）和ヘーグル『精神現象学』（長谷川訳、作品社、98年），指出了「新訳」的共同特征「平易な言葉で訳し直されていること/用通俗易懂的语言重译」，总结出了：

「日本の翻訳市場の全体的傾向はDomestricationが進んでいるのは事実だが、原著者への敬意を表したForeignization 戦略の翻訳も、少なくとも訳語のレベルでは依然として存在する。」

译文：日本翻译市场整体倾向是走归化的道路，但也存在对原著者表达敬意的异化策略，至少在译语层面依存在这种现象。

说明对于具有异域色彩的文化词汇仍然保留其“洋味”，用异化方式转换。对此，柳父章作了如下评述：

「今、翻訳に分かり易さを求める若い読者が増えています。高名

---

① 朝日新聞社、「深化する『翻訳』」，『論座』，2007年9月号，第184页。

な学者による翻訳調がそっぽをむかれるようになってきた。そういう時代の変わり目なんですね。翻訳はもともと学者がやるものだったけれども、大学の研究とは離れた岩波文庫が典型ですが、大先生が記しているから変訳でもいい、読者はそれをありがたがるという時代では、もうなくなっているんですね。」

译文：现在寻求通俗易懂的翻译的年轻读者在增加，他们不支持著名学者翻译的、具有翻译腔调的译文。这是时代变化使然。以前的翻译是由学者们来做的，与大学的研究相分离的岩波文库即是典型。因为是著名学者翻译的，即便是改译也行，读者因此还得感谢那些学者和译文－这样的时代已经一去不复了。①

当今日本的读者倾向于用同化方法翻译的外语文本，同化翻译方法成为翻译的主流。这与时代的变化，日本国际地位的提升，读者的期待视野是相关联的。说明了多种译语文本的出现是社会历史潮流的反映这一客观事实。

「日本では、信頼のおける専門家を通して海外のを受け入れる時代から、読者重視の時代へと移ろうとしていると考えていいだろう。」

译文：可以认为，日本文学翻译经历了由著名专家的翻译而接受外国文学作品时代转向重视读者阅读期待了。②

2.3 本章小结

通过对中日文化翻译现状的梳理，我们可以看到中日译界均重视文化翻译，也树立了文化翻译观，二者基本上是同步的。从重视原文到重视读者，重视译语文化对翻译的操纵。特别是20世纪70年代后，均受到了西方翻译理论的影响（日本相对于中国要早些），在西方翻译界掀

① 朝日新聞社、「深化する『翻訳』」，『論座』，2007年9月号，第215页。

② 小倉慶郎「異化と同化の法則」，大阪府立大学『言語と文化』第7号，2008年3月。

起文化转向后，文化翻译备受关注，中日均主张异化/归化并重策略，并重视接受者这一现实。这些是和外部社会语境的变化相关联的。文化翻译成为在多元语境下的流行词，在国际政治中转化为话语权的标志，学者们称其为“翻译的政治”。随着世界文化多元化的形成，毫无疑问，在今后相当长的时期内，文化翻译势必成为翻译界的热点和显学。

我们主张文化翻译采用异化+注释。这是因为根植于民族文化土壤，具有显著差异特征的民族文化。翻译时不能想当然地以目的语文化归化掉的，以取悦于目的语读者；也不能以等值或等效来追求原文与译文的相同或相似效果，因为身处异质文化的不同读者，由于思维方式、审美情趣等的差异，他们阅读文本的效果是不尽相同的，而且效果是否相同或相似也很难量化，很难把握。所以，对于原语的文化信息是不允许创造或改变的，否则只能导致文化信息遗失。文化信息缺失势必导致对原语文本的解读走样，进而剥夺译文文本读者了解原语文本文化信息的权利，引发文化误读，造成交流中理解的障碍—这显然不是跨文化翻译的目的和归属。没有带洋味的翻译，往往就使人看不到异域文化的另一面，就不能很好地了解异域文化的真面目，那么，文化交流中的融合、吸收也就无从谈起。再者，读者阅读翻译过来的外语文本，意图之一就是扩大文化视野，增加对异质文化的理解，因而对原文的文化信息应该尽量地予以传译，做到与原文保持一致。人类历史已经证明，多元文化是有其优越性的。不同文化的对话、取长补短、融合，促进了人类的繁荣和进步。如果我们对于不同文化的异质性不加以译介的话，那何谈吸收和创新呢？不同文化的兼收并吸才能促进世界多元文化的共生，才能使使异质文化具有强大的生命力的。

第3章

文化语言学视角下译注法的可能性和必要性

3.1 本文提出的译注法定义、适用范围及基本方法

我们通过《三国演义》4种日译文本的研读和比对，发现译者均以直译为主，采用多种补偿手法进行翻译。特别是对于职官名、人名地名、历史典故、成语谚语、度量衡、称呼语等体现汉民族文化的语汇，广泛采用直录汉字并注上日文假名再加注释，既很好地保留了原语语言特色，如形象义、比喻义等，又传译了原语文化信息。4种译本中均用了大量的注释，这些注释不包括相当数量的随文注（村上译本后注少，仅有有限的8条，几乎全是随文注约980条）。据我们统计：小川译本有译注约610余条，立间译本约350条，井波译本约为700余条。以注释的方式或对职官名进行置换，或提供原语的历史文化背景，或指名了典故成语、谚语等的含义及出典，为读者理解原著提供大量有关中国文化的信息，这是日译文本的一大特色。尽管中日同属汉字文化圈，两国特殊的汉文化交往历史渊源流长，但仍有许多汉语词汇及负载的文化信息在日语中无对等语，即使有，它们的所指也是不尽相同的（如秀才等）。所以必须在译入语中加以再现，以示区别。

3.1.1 译注法的定义

译注法这一学术名称作为一种翻译方法提出正式见诸于学术专著是张键著《报刊语言翻译》① 在第4章第4节“中式菜名英译”中，列举了四种翻译方法：直译法，音译法，译注法，意译法。见诸于论文是熊启煦的《从文化因素浅谈“归化”和“异化”的运用》②，这是译界正式提出“译注法”，是作为一种翻译方法而提出来的。而本文中的译注法，是一种文化翻译策略，其表现形态是直录汉字，配上日文假名再辅以注释。给汉字注上日语假名，转化为日语阅读方式，亦即音读和训读，本身就是一种翻译方法，也可以作为广义的注释。译注法广泛用于《三国演义》的日译文本中，在当代的中日文化交流层面具有不可或缺的重要意义。

本文提出的译注法作为一种文化翻译策略，主要用于中国古典作品翻译成现代日语。其基本模式为：汉字加注假名加注释。借用英语翻译界已有译注法名称，我们可将译注法定义为：在中国古典作品翻译成现代日语过程中，对于承载民族文化信息的汉语文化词汇，采用：一、直录汉字并注上假名，然后用注释的形式加以解释或说明，用于职官翻译、人名地名、称呼语翻译等文化词汇；二、直译加注释或训读法加注释，用于历史典故等特定民族词汇。译注法既传译原语语言和文化信息，又利于读者的理解，具有翻译和注释的双重特性。

3.1.2 译注法适用范围及基本方法

官职名、人名地名、称呼语、兵器名、历史典故等文化词汇。有三

---

① 英语专业翻译系列教材，普通高等教育115国家规划教材，高等教育出版社，2008年5月，著者张键，编者冯庆华。

② 《西南民族大学学报》（人文社科版）2009年，外国语言文学与文化。

种基本方式：其一，直录汉字，注上假名并以注释（随文注、段后注、卷后注等）解释或说明；其二，直译加注释；其三，训读法加注释三种。

3.2 译注法提出的理据

3.2.1 在汉字文化圈中，汉语词汇形同义不同

在汉字东传后，为了用汉字来记录、书写日语语言，古代日本人实际上是先把日语的意思变为汉文，然后记录下来。为了使这一过程顺利进行，通过给汉字加上“音”和“训”，经过这样一番转换过后，使之符合日本人的话语方式。音本是中国音，但进入日本后，发生了变形，是日语化了的音。一个汉字基本上至少有一个意义，也即有一个“训”。古代日本人通过给汉字注上或“音”或“训”来阅读中国古典，吸收中国汉语文化，为创造本民族的文化打下了坚实的基础。经过“音”和“训”的转换后，古代日本人至少是可以读懂中国古代典籍了。明治以后，在是否使用汉字的过程中出现了一些或废除汉字论，或限制汉字论，或日语文字英语化，或拉丁化等议论，但是日本人并没有选择与汉字分道扬镳，而是一直沿用大量的汉语词汇，一些汉语的表达方式也可以在日语中找到身影。其原因“由于在政治制度、思想文化、生产科技、宗教等方面，日本仍然大量倚重中国汉文书籍而获取精神资源，儒家经典和佛教典籍仍然是他们的主要文化源。”① 这无疑是日本人长期使用汉语和不断地翻译汉语文献的结果。

日语和汉语毕竟分属不同的语系，中日之间的汉字及其文化生发于不同的历史地理及民族文化心理，其含义毕竟不能等量齐观，所以必须

① 钱婉约：《从汉学到中国学》，中国书局 2007 年版，第 61 ~ 62 页。

对不同的汉语词汇含义进行解释或说明，“要求语际转换完全消除本来就是属于外域人文事物的‘异国情调’是既不可能，也无必要的，是违反语言事实的”,① 这样就必须用某种方式加以消解这种差异。

3.2.2 日本学界有汉字研究学术传统

日本人研究日语，首先就必须研究汉字及汉字词。《篆隶万象名义》、《新篆字镜》、《倭名类聚抄》、《类聚名义抄》、《色叶字类抄》、《下学集》、《和汉三才图会》、《雅言集览》、《俚言集览》等古辞书，《言海》、《言泉》、《大汉和辞典》、《广汉和辞典》、《日本国语大辞典》等近代辞书，充分反映了古今日本学者对于日语汉字词汇的研究水平。② 就日语中汉字词汇的专门研究而言，山田孝雄的『国語の中に於ける漢語の研究』（宝文馆，1958年）和佐藤喜代治的『日本の漢語』颇具代表性。『国語の中に於ける漢語の研究』于1940年初版，1958年修订版，在学术界产生广泛而深远的影响。该书从宏观和微观的角度研究日本“汉语”的特点、类型、流变，全面展示日本汉语的各种面貌，是研究日本汉语的奠基之作。『日本の漢語』（角川书店，1979年出版）是继『国語の中に於ける漢語の研究』之后汉语研究的又一力作。该书采用引证和事例分析的方法，对许多“汉语”的产生、发展和变化作了细致的描述，并附有词汇索引，具有很高的参考价值。另外，日本文字学者大槻文彦所编写的工具书『言海』把词头汉字分为三类:「和漢通用字」: 指该字的字义在日汉两语言中基本相同。「漢の通用字」: 指该字的字义仅在汉语中可通用。「和の通用字」: 指该字的字义仅在日语中可通用。“大槻从通用字角度区分中日汉字之异同，具有十分重要的价值与意义。他不但继承了江户时期日本汉字学家的固有

① 刘宓庆:《当代翻译理论》，中国对外翻译出版公司2005年版，第251页。
② 谢联发:《日本语文词典综述》，载《英俄德西日语文词典研究》，商务印书馆1992年版，第366~417页。

传统，而且对明治以后的国语辞书及汉和辞典的编撰产生了重要影响。"① 近年来，日本学者在传统的汉语词汇研究领域进展不大，但在明治时期用汉语词汇来对译西方的新概念而形成的译语（和制汉语词）方面，则取得了不少的成果。如沈国威『近代日中語彙の交流史』（笠間書院、1994 年）、荒川清秀『近代日中学術用語の形成と伝播』（白帝社、1997 年）等。意大利学者马西尼著《现代汉语词汇的形成》(汉语大词典出版社，1997 年)，由黄河清翻译出版后，在中日学界产生了较大的影响。

3.2.3 中国典籍中对日本人名、地名、职官名均用汉字表记

日汉翻译缘于中国典籍有关日本史料的记载，这种记载同时也意味着日汉翻译历史的滥觞。其历史可追溯至魏、晋时期。中国典籍最早记载日本的典籍是《山海经．海内北经》："盖国在钜燕南倭北，倭属燕。" 最早有完整记载的是《三国志．魏志．倭人传》，它对弥生时代后期的日本列岛作了详尽的记载，是研究古代日本弥足珍贵的重要史料。"这是一篇中国人最早研究日本的文字，不仅是研究中日交通史中唯一可据的资料，而且也是研究日本古代史的仅有的文字资料"② "有关日本地名人名等固有名称的汉音译词最早出自《倭人传》，也可以说，汉籍的和名汉译乃发端于《倭人传》，日汉翻译的技法运用始于此，日汉翻译的历史亦自此始"③ 日汉翻译经历了以下三个阶段：

1. 以汉字表日语发音，即完全用汉字谐音，称为音释法或音译法。日本学者上田正昭称之为"和音汉字表记法"。如，埼玉县行田市稻荷山出土的辛亥年铭铁剑的铭文"多加利足尼"；群马县高埼市山名町辛巳埮山上碑的碑文"多多弥足尼"；和歌山县桥本市隅田八幡宫所藏的

① 何华珍：《日本汉字与汉字词研究》，中国社会科学出版社 2004 年版，第 2 页。

② 汪向荣：《关于日本考》，中华书局 1983 年版，第 13 页。

③ 王铁均：《关于日汉翻译史研究视阈重构的思考》，载《解放军外国语学院学报》，第 29 卷第 3 期，第 74 页。

癸未年人物画像镜铭文中的“意柴沙加”，这些日本古代地名和人名即采用“和音汉字表记”法。① 此种方法也见之于中国魏、晋典籍有关日本的撰录。《三国志．魏志．倭人传》有大量的关于日本人名、国名、官名的表达法均是用音释法来表记的。如，“始渡一海，千余里至对马国。其大官曰卑狗，副曰卑奴母离。东南陆行五百里到伊都国，官曰尔支，副曰泄谟觚、柄渠觚。南至投马国，水行二十日，官有弥弥，副曰弥弥那利，可五万余户。南至邪马台国，官有伊支马，次曰弥马升，次曰弥马获支，可七万户。倭女王卑弥呼与狗奴国男王卑弥弓呼素不和，遣倭载斯，乌越等诣郡说相攻击状。”上述字均为以汉字翻译人名、地名、官名等日本固有名称，据日本学者石原博道考证，均系日语古音的汉字译名。② 此等译法又名音释法，即纯粹的以字谐音，汉文字在此种译法中仅作为表音记号。③ 之后的《后汉书》、《南齐书》、《晋书》等典籍的日本撰述中，有关日本人名地名等固有名称的译名处理均采用了汉字谐音并以汉字录之。“因为唐、宋以前中国典籍对日本的了解并非是靠真凭实据，大多仅凭虚实难辨的风闻和传言，因而日本的固有名称仅是闻其音而已。音释法的选择便在所难免，也是情理之中。”④

2. 唐宋时期，典籍中有关日本的记叙是采用直接录入日本汉字。如《旧唐书》“贞元二十年，遣使来朝，留学生橘逸势、学问僧空海”；《新唐书》“长安元年，其王文武立，改元曰太保，遣朝臣真人粟田贡方物”上文中的橘逸势、僧空海和粟田人名均为地道的日语汉名。《宋史》（外国．日本国传）：“畿内有山城、大和、河内、和泉、摄津，凡五洲，共同五十三郡”上述地名全是直接录入日本汉名。其原因在于，由于汉字和汉籍的传入，对汉字和汉文的学习普及到了相当的一部分识字阶层。另一方面，唐、宋时期中日交流渠道得到进一步的拓展。不少

---

① 上田正昭，『古代日本と渡来文化』，学習社、1997年。

② 石原博道，『中国正史日本伝』，岩波書店，1993年，第39~53页。

③ 陈福康：《中国译学理论史稿》，上海外语教育出版社2000年版。

④ 王铁均：《关于日汉翻译史研究视阈重构的思考》，载《解放军外国语学院学报》，第29卷第3期，第74页。

日本人携带日本文献前来中国游学，这些人精通汉文，能用笔谈的方式与中原大陆人进行交流。《旧唐书》《宋史》均有相关记载。故而唐、宋时代对日本的认识是凭借文字资料和与对方笔谈来客观地认识日本。

3. 意译法。唐、宋时代，虽普遍使用日语汉名直录的方式取代魏、晋时的音释法，但直接辑录法在用于官职上则有意思不明之缺憾。如《旧唐书》："长安3年，其大臣朝臣真人来贡方物。朝臣真人者，犹中国户布尚书。"《新唐书》："建中元年，使者真人兴能献方物，真人盖因官而名。"《宋史》："周然衣绿，自云姓藤原氏，父为真连，真连，其国五品官也。"由于日语汉名朝臣真人，真人，真连，用直接辑录法毕竟意思不明，故不得不在每一名称后加上说明，使含义明确。"这就迫使人们探寻一种既非魏、晋史籍常用的汉字释音法，亦非唐、宋二代沿袭的直接辑录法，而是真正的具有技巧可言且使用性强的翻译手法。"① 这就是意译法。中国明朝，倭寇扰边甚为猖獗，为打击倭寇，此时的翻译要符合抗倭的需要，翻译日本地名、官名等要通俗、实用、易懂，于是意译法应运而生。《关于日本考》② 开了意译法的先河。据《日本考》卷4《君臣篇》载有以下官名：文正官——コノエ（近衛）、文左官——カンバク（關白）、文右官——クワサンイン（花山院）、武左官——ホソカワ（細川）、武右官——ハタケヤマ（畠山）。"近衛"、"細川""畠山"乃是日本室町时代三个显赫家族的姓氏。故此，有些学者认为是误译，如日本的渡边三男，他认为这是《日本考》一大讹谬之处。③ 中国学者汪向荣亦是对此存疑，认为有可能是误译，并称"在探讨明代中国人对日本研究的著作时"，这一点"是需要特加注意，而且应该深入探索的"。④ 王铁钧认为这恰恰是译者"经过斟酌之后巧妙地进行了转译处理，逐个对应地冠以既可为国人理解和接受且不悖日本社会及历史时状的官名"，认为"译者藉此成功地对中日两种不

① 王铁钧：《从音释法到转译法》，载《中国翻译》，2004年第5期，第66页。

② 汪向荣：《关于日本考》，中华书局1983年版，第13页。

③ 渡辺三男『訳注日本考』大東出版社.1943年，第74页。

④ 汪向荣：《关于日本考》，中华书局1983年版，第27页。

同的文化进行了折中和调和的尝试，这就使它不仅具有翻译学的，同时还具有文化学方面的意义”。[①]可见译者用意译法成功地进行了文化信息置换。

3.3　注释法

3.3.1　注释的定义

《现代汉语词典》[②] 对“注释”的解释是：（1）解释字句的文字；（2）用文字解释字句。《语言大典》[③] 解释较为详细，它包括：（1）note：通常为字体较小的，在正文以外印刷的评注或付注；（2）comment：评述解释材料的整体（每页原文有两页注释）；（3）decipher：考察并查明或揭示某些难理解的事物的含量或说明注释（comment）给作品加注解；以评注说明或解释。

3.3.2　注释的作用

在我国翻译界，注释一般是在直译或意译之后，或提供历史背景信息，人名地名的负载文化信息，历史典故义，或解释原语中的字句，或阐释原语的文化习俗，或介绍著者的相关信息等，通常是作为一种辅助性翻译方法，常与直译、意译、音译、解释结合在一起，构成“直译加注”、“意译加注”、“音译加注”。其目的是从读者的视角度出发，便于读者更好的理解原语，使译语读者获得与原语读者同样的艺术感染

① 王铁钧：《从音释法到转译法》，载《中国翻译》，2004年第5期，第67页。
② 中国社会科学院语言研究所词典编辑室：《现代汉语词典》，商务印书馆1998年版。
③ 王同亿：《语言大典（下）》，三环出版社1990年版。

力，传译作品的艺术魅力，有利于更好的交流和沟通。国内翻译界有人提出过“注释法”，如刘宓庆著《新编英汉对比与翻译》[①] 第十五章“汉英词的比较与翻译”一节中提出了“注释法”翻译方法，并定义为“注释法也称为‘exegesis（原指对《圣经》的释义）。’最常用的注释是音译加注，即将音译与汉语范畴词（category word）合成，做到以形补义，比如迪斯科舞（disco）、汉堡包（hamburg）、奔驰车（Benz）、泰晤士报（The Times）等。注释法也用于汉词英译中。如春秋战国—Spring and Autnmn Period and the Period of Warring States，铁观音—Iron Guanyin tea 等。所以注释法是以语音与语义符号的代偿式并用”；熊友奇在论文《试论文学翻译中对形式信息的处理》中，[②] 将注释法定义为：“原文中多义词或同形结构的两个意思在上下文中都很重要，但译文只能传达出一个意思，因此不得不用注释方能传达另一个意思；或者相应地在译文的正文中把原文的两层意思都传达出来，再用注释说明两个意思之间的关系。这种用注释传达原文形式信息的方法我们称为‘注释法’”。勒极苍先生 1991 年则提出了“注释学”，并构思了主要内容。[③] 倪永明在其博士论文《中日〈三国志〉今译与中古汉语词汇研究》中，提出了“古籍注释学”。[④]也有人提出过“注释性翻译”，并定义为：“注释性翻译，就是直译加注释，主要用于某些地名、人名、事件、典故、特殊文化现象以及习语等的翻译”。[⑤] 张新民等认为“注释性翻译的核心，是不拘泥于原文语言形式，给译文加上必不可少的注释或注解，从而达到完整而忠实地再现原语的文化信息或思想内容之目的。其关键是让译文在译入语的文化背景中产生原文在原语文化背景中

---

① 刘宓庆：《新编英汉对比与翻译》，中国对外翻译出版公司 2006 年版，第 474 页。

② 熊友奇：《解放军外语学院学报》，1996 年第 6 期，第 59～63 页。

③ 勒极苍：《应把“注释学”建为一专门学科》，载《晋阳学刊》，1991 年第 5 期，第 37～41 页。

④ 倪永明：《中日三国志今译与中古汉语词汇研究》，复旦大学 2005 年版。

⑤ 申雨平：《西方翻译理论精选》，外语教学与研究出版社 2002 年版，第 367 页。

的相应的效果。"①

可见，学者们从不同的视角诠释了注释在跨文化交流中的重要作用和意义，并提出根据不同的文本、不拘泥于形式，尽可能地以注释这种形式传译出异域民族文化。但仅指出是一种重要的补偿性翻译方法，未能上升到文化翻译策略的高度，或许是限于英汉互译。但不管怎么说，注释法在现代翻译中已得到广泛应用，昭示着注释在文化传承和交流中的特殊重要意义。学者们认为注释通常可以用来补充诸如背景材料、风土民俗、文学常识、译者说明等相关信息，便于读者理解。所以应合理选用脚注、附注、尾注，根据不同的需求选用最佳的加注形式。尽管也涉及到了原语文本的社会历史背景、民族风俗习惯等文化信息的阐释，但不够深入。

3.4　注释法的先行研究

国内对注释研究提出较为系统意见的是袁可嘉先生。他认为，注释应体会作者的意图、照顾读者需要、使用明确畅达的文字、控制适当的字数、使用醒目的注释符号，并且要注意注释位置适当。② 曹明伦先生提出六点意见，即：1. 当注则注，不可偷懒懈怠；2. 点到为止，不画蛇添足；3. 准确精当，不误导读者；4. 客观合理，不为注而注；5. 随文注释，方便读者；6. 标记清楚，体例统一。③

注释研究可分为以下几类：1. 具体个案研究，如，夏登山《《红楼梦》姓名翻译与注释译法》④ 指出音译、意译都不能译出《红楼梦》

---

① 张新民、杨国燕：《从〈尤利西斯〉的语言特征看注释性翻译》，载《华中科技大学学报（社科）》，2004年第6期。

② 袁可嘉：《论译注和加注的原则》[C] //翻译研究论文集，外语教学与研究出版社1984年版，第91~97页。

③ 曹明伦：《谈谈译文的注释》，载《中国翻译》，2005年第1期，第88~89页。

④ 同济大学（社科版），2004年4月，第120~123页。

中人名的丰富文化内涵，必须用注释译法译出其中的含义。注释可以祥尽地表达音意译所不能译出的内涵来，脚注也不会使译文失去原文的简洁和含蓄；张新民、杨国燕《从尤利西斯的语言特点看注释性翻译》①运用尤金．A. 奈达的动态对等翻译理论来阐述注释性翻译在文化翻译中的重要作用。并认为注释性翻译就是直译加注。用于某些人名、地名、事件、典故、特殊文化现象以及习语等的翻译。2. 阐述注释的作用，如胡志辉②提出应根据实际需要和效果来加注；王忠亮③认为注释的作用为：释源、深化、追加，并防止三类注释：到处设防类，多此一举类，莫名其妙类；叶子南④论述注释的作用及注释与说明的关系；李思农⑤将注释分为三种即句中注释、句后注释和文后注释，并阐述它们的作用；3. 阐述必要性，如袁履庄的《翻译加注很有必要》⑥，从五个方面来阐明加注的必要性：①首字母缩语必须加注；、源语中的新词在目的语中"亮相"之初期务必加注；②重要的人名、事件需要注释；③直译不加注令人不知所云；④直译不加注会有碍整体理解。毛凡宇《异化与注释：信息时代翻译的策略》⑦ 结合信息化时代，从异化与注释角度阐述传译异域文化的必要性和重要性。认为对异域文化情调，应采取"异化加注"翻译策略传达异城文化。4. 从文化交流角度：郑声滔、郑声衡《从文化交流角度研究注释法在翻译中的使用场合》，从文化交流角度，分10种情况研究注释法在翻译中的使用场合，指出注释法是一种最重要的补偿性翻译方法。⑧ 傅新宇的《论解释性翻译法及其应用》着重从宏观方面研究论解释性翻译法及其应用。⑨

---

① 华中科技大学（社科），2004年第6期。
② 略谈文学翻译中的注释［J］，外国语1980年，第6期：第41~42页。
③ 关于文学翻译中的注释问题［J］，外语学刊1991年，第2期：第56~59页。
④ 注释与说明［J］，中国翻译，2009年第5期。
⑤ 翻译与注释探析［J］，佳木斯大学学报社科版，2003年4月第21卷，第2期。
⑥ 上海科技翻译，2004年第3期，第27~28页。
⑦ 江西财经大学学报，2003年第3期。
⑧ 祥见第18届（上海）世界翻译大会论文集。
⑨ 兰州学刊，2005年第6期。

3.5　译注法的必要性

语言是文化的载体，语言反映文化。由于各民族间的生活习惯、风土人情、思维方式和社会形态不同，翻译时，常常找不到对应语。作为译者，就要研究用什么方法才可能地保持原文的丰富内涵和社会文化信息，让读者正确地把握原语的字面义和文化信息。否则，单纯的文字翻译可能导致文化信息流失，达不到文化交流的目的。基于此，注释是必须的，是翻译的有机组成部分。

张谷若先生认为“注释是翻译的必要工作，是翻译的一部分，是译者应尽的职责，也显示出译者所下功夫是否足、学养是否够、态度是否认真。未作翻译先要作注释，注释也就是研究工作成果，译得好的也可以成为所译之文的经典译作”①因为注释内容丰富，涉及范围广，包括原语典故、背景、习语、社会历史，修辞等，所以要做好注释不是一件容易的事。对于文学经典作品的传译，注释是传递原语文化信息，达到交流而不可缺少的重要一环。由于异质语言文化的差异，加之译语文本的读者与源语文本的读者分属不同的语言文化语境，不能等量齐观，若无注释的桥梁作用，确会妨碍理解和欣赏。

《三国演义》是中国古典名著的代表，具有浓厚的民族文化色彩，凝结着中华民族的智慧。大量负载文化信息的汉语词汇，如不及时地加以注释，读者对译语文本的理解上可能会遇到障碍。我们在对比了 4 个日译本关于汉语词汇日译的手法时，发现译者们在翻译中作了大量的注释。注释范围涉及人名、地名、职官名、称呼语、历史典故、典章制度、成语谚语等汉语词汇，或采用直接用汉字表记，注上假名，再加注的翻译转换手法；或对历史典故、对典章制度、成语、谚语等负载文化信息的汉语词汇取直译，然后加注的置换手法，较好地传译了民族文化

① 孙迎春编：《张谷若翻译艺术研究》，中国对外翻译出版公司 2004 年版，第 86 页。

信息，在日译本中这是一个普遍现象。

3.6 译注法的可能性

译注法之所以可能，这是因为，其一，中日之间有着近2千年的交流史，汉字汉文化对日本文字系统及文化的形成所起到的作用是有目共睹的，是不争的事实。中日共处汉字文化圈，共享东亚文明，客观来讲，对汉字日本人是有一种亲近感的。汉语对日本人来讲已不是外来语，而是内化为本民族的语言了。因为在日本人心中，并不把汉字看作外来语。其二，中日有汉语词汇交流的互动。在汉字传入日本后的相当长的时间内，日本是纯粹用汉文来作为本民族语汇和书写工具的，是全盘吸收中华文化的。即使是在假名文字发明之后时期，其古代文献也有相当多的使用汉文写书的。就是在现代，日本的文字系统就是汉字假名混合体。进入明治时期后，虽对汉字持不少的反对意见，但并不能阻止日本人利用汉字的造词功能创造大量的和制汉语以对译西文文化词汇，从而吸收先进文化，促进了日本民族的现代化，可以说汉字之功不可灭。新造的所谓“和制汉语”，随着清末留学生赴日留学而输入国内，因而相当多的和制汉语词汇已经在现代汉语中固定下来而成为汉语词汇了，丰富了汉语语汇的表达方式。今天没有人会认为它们是外来词。其三，随着经济全球化步伐的加快和文化多元化世界的形成，国际间的交流和接触的机会会愈来愈频繁，异质语言在各个民族之间的交流和使用也会随之频繁，对双方语言的熟悉和接受就会增多，异质色彩就愈来愈淡化，异民族的语汇被视为正常的现象就会增大，此时就容易接受对方的语言而进入己方的词汇系统，久而久之，异质文化就易被认同可接受。例如，日本词汇“寿司”一词，在改革开放、国门打开之初，中国与外界交流、接触的机会有限，许多人就得新鲜。翻译时就采用同化翻译法，译为“四喜”或“饭团”等。但到了上世纪90年代，由于与日本的交流不断地扩大，与日本文化的接触也越来越频繁，中国的许多饭店都经营日本料理，这样服务业就率先直接取日本寿司的汉字名来命名，同时我国的新闻传媒的报道中也直接取其汉字名而用之，就这样“寿司”这个反映日本文化的词汇在中国已不再陌生了，成为口语词汇了。再比如“刺身”料理名词。在中国改革开放初期的 20 世纪 80 年代，进入中国时，被翻译成“生鱼片”。在 90 年代，“生鱼片”和直接用日本汉字“刺身”同时存在。随着中国改革开放的力度越来越大，中国的国际实力得到大幅提升，中国经济与世界经济一体化程度越来越高，互联网的普及，中国与国际社会的交流合作达到前所未有的高度。在此背景下，人们的观念也会发生一些变化，对外来文化不再排斥，而是以一种开放的视角来理解并接纳异域文化。

3.7　本章小结

《三国演义》中的汉语词汇，有相当多的负载民族文化信息，如头饰词汇帻、袍、纶巾，酒具斛，兵器名钺，官职名录尚书事，历史典故、成语等无不浸润着民族文化，在翻译时就应该把它们原原本本地传译给异域读者，让他们体会和欣赏原汁原味的中国传统文化，加深对中国文化的认识。此类汉语词汇与日本汉字形同而音义不同，是中国传统文化特有的表达符号。如对原语的语言和文化没有详细、准确地把握和理解，是不能做好翻译的。文化词汇的表达是译者在准确、透彻、全面理解的基础上，用译语将其意义，文化信息内容和神情风格恰当、充分而自然地传达给读者。对于典籍作品中的文化词汇，有时连我们母语读者也只可意会而不能言传。因此，如何表达文化词汇的内容并为目的语读者所接受，又不能丧失文化信息，是译者在表达中必须认真对待的大问题。“表达阶段的一个大问题，也是自有翻译以来的就出现的古老问题，即如何正确地认识和解决两种语言、两种文化以及在不同时空条件下的两种受众的差异。"① 解决两者的差异实际上就是翻译中的表达问题。这就涉及到使用何种翻译策略问题。由于中日不同的生活环境和民族文化心理，在对方的语言中，难以有对等词相匹配，即使有，其含义也不尽相同，必须用某种方式加以消解。

通过文本比对研读，发现译者在文本中对上述词汇的翻译模式为：汉字加注假名加注释。这种转换方式既保留了原语语言特色，如形象义、比喻义等，又传译了原语文化信息。我们借用翻译界有译注法翻译方法，称之为译注法翻译策略。并就译注法的定义、适用范围、方式和译注法的必要性和可能性进行了论述。

① 沈苏儒：《论信达雅—严复翻译理论研究》，商务印书馆 1998 年版，第 206 ~ 207 页。

第 4 章

文化语言学视角下译注法在日译本中的表现形式

4.1 职官词汇翻译与译注法

《三国演义》中有大量的体现中国制度层面的文化语词，如职官词汇，它们反映了中国官僚体制文化的高度发达和完备。我们对 4 种译本进行了穷尽的考察，总结出了译者所采用的如下翻译置换方法：直录职官汉字词汇并注上音读，然后或用随文注，或用文内注，或用卷后注进行或置换，或解释，或说明，转换成现代的、熟悉的、易为读者所接受的职官来置换原语，追求文化信息上的相对等值，传译了原语的语言和文化信息。因为大部分职官名在日语中没有对应的词汇，或虽有对应的，如三公，但中日含义是不一样的，必须做注加以转换。

汉语原文：操曰“袁本初四世三公，门多故吏，汉朝名相之裔，可为盟主。”（第 5 回 P40）

小川訳：曹操「袁本初どのは、四代ひきつづき三公の要職にあって、その門下にあったものが数多い、漢朝の名宰相の末であるから、盟主となられるにふさわしいと存ずる」。

立間訳：曹操、「袁本初殿は四代つづけて三公（さんこう）の位に登られ、その恩顧の臣も数多く、漢朝名宰相の後裔におわせば、盟主とするにふさわしき方と存ずる」

村上訳：操が「袁紹は四代にわたる名誉の家筋だ。漢朝の名宰相の末である。縁故の人も多いことだ。盟主にはぜひともかれを……」と言う。

井波訳：「袁本初の家は四代つづいて三公を出した名門であり、恩義を受けた人も多い。漢王朝の名宰相の子孫なのだから、彼こそ盟主にすべきだ」と曹操。

“三公”为中国汉代的官职名，周代有两种说法：一指司马、司徒、司空；一指太师、太傅、太保。秦代在皇帝之下设丞相府、太尉府和御史大夫寺组成中枢机构。丞相禀皇帝懿旨辅理国政；太尉执掌军事；御史大夫是皇帝的秘书长监管监察。前汉沿袭秦制，以丞相、太尉、御史大夫为三公。丞相官位最高，尊称为相国，通称为宰相。武帝后，丞相地位虽尊，权力却逐渐缩小。如霍光以大司马大将军领尚书事，辅理国政，其权势就远在丞相之上。东汉以太尉（改称大司马）、司徒、司空为三公，又称三司，都是宰相。但到武帝时“虽置三公，事归台阁”（《后汉书．仲长统传》）“三公”仅处理例行公事，台阁反成了实际上的宰相府了。唐宋以降虽仍有此称，已无实权可言。① 对“三公”这一职官词汇的翻译，四位译者作了不同的处理。小川、立间、井波均直接用汉字“三公”表记，三者都作了译注，其中小川、立间在汉字“三公”后加上“要職”和“位”，一看即明白“三公”是官职的代表符号。村上则置换为“名誉の家筋”，此为意译，语义明了。

小川译注为：

「太尉、司徒、司空を三公とする。司徒は百官の最上位にある三公の一、民政一般および教育などをつかさどる。わが国の左右大臣などに近い。太尉は司徒と同じく、三公の一人で、天下の兵事をつかさどる。参謀総長のごときもの。司空は土木行政をつかさどるのである

① 古代汉语大辞典［Z］，新一版（辞海版），上海辞书出版社2007年版，第26页。

が、三人とも実務よりも、むしろ人臣の最高位として、功労あるものをこれに任ずるのが常であった。」

译文：太尉、司徒、司空称三公。司徒为三公之一，掌管民政及教育事务。与我国的左右大臣等近似。太尉与司徒同为三公之一，掌管天下兵马大权。相当于总参谋长职务。司空掌管土木行政大权，三人作为百官最高位官职，常常是有功劳者居之。立间译注为：

太尉—三公の最上位にあり、天下の兵馬をつかさどる。司徒—太尉、司空とともに三公の一人。民政、教育をつかさどる。/太尉—三公之首，掌管天下兵马大权。司徒与太尉、司空同为三公之一，掌管民政、教育事务」。

井波译注为：

「臣下として最高の三つの位（三公）。後漢では太尉、司徒、司空。大尉は軍事、司徒は教育、司空は行政の最高責任者。」

译文：官职中的最高三个官位。后汉时期，为太尉、司徒、司空。太尉主管军事、司徒主管教育、司空主管行政，三者均为最高首脑。

中日两国关于官职的最早翻译可见之于《三国志．魏志倭人传》。《倭人传》不论对中国还是对日本，都是千年珍宝。它是日语最早的史料，也是中国日语翻译的巨大结晶。《三国志．魏志倭人传》收录了大量用汉语表达的日语官名译词，如“卑狗、卑狗母离、尔支、多模、弥弥、伊支马、狗古智卑狗、大夫、大倭、大率等”。其中的“大夫”很可能是日本从中国借用的官职，是为了出使中国的方便。① “卑狗”这个官名，据日本学者考证，日语为“ひく”或“ひこ”，日语汉字为“彦”，意指太阳，男子的美称。故为“大官”；副官“卑狗母离”，应为日语的“ひなもり”，汉字写为“夷守”，古代日本守卫边境的官吏；“多模”，应为日本的“とも”，在古代日本的官职中有“伴造”其名。日语写作“とものみやつこ”，大化改新以前执掌“品部”，奉任国家。至唐代，派遣遣唐使，全面学习中国文化。603年，圣德太子亲自制定

① 吕元明：《中日翻译史上的〈魏志．倭人传〉》，载《日本研究》，1987年第3期。

了《冠位十二阶》，通过官服颜色，区别了上下尊卑，据此也制定了相应的礼仪。604年，制定了《宪法十七条》，当作为政的指导思想。701年制定了《大宝律令》，到718年的《养老律令》，标志着律令制国家在日本正式形成。可见日本的官职受中国文化影响甚大。在古代日本，也有“三公”的说法。据《大辞泉》释义为“律令制における太政大臣、右大臣、左大臣。のちに、右大臣、左大臣、内大臣の称。三槐。”日译本在翻译“三公，如用日语的“三公”说法来对应，则有可能使读者误以为中国的“三公”等同于日本的“三公”，况且，一般日本读者对“三公”这个官职名也不是很熟悉。

汉语原文：华雄遣人赍鲍忠首级来相府报捷，卓加雄为都督。（第5回P41）

小川訳：「都督の官」卷后译注：

漢の末から三国時代にかけての都督は、たんなる部隊長をさしたようで、必ずしも大部隊の長とは限らなかった。このところ、小説の作者も後世の都督（総督にあたる）と混同しているのではないかと思う。

译文：汉末至三国时期的都督，仅指军队的将领，未必是各军之首。此处是小说的作者把它与后世的都督（相当于总督）混同。

立間訳：「都督」回目后注：魏の文帝のとき始めて置かれた職で州総督ないし各軍の司令官に相当する。したがって、ここでは後の制度によっている。

译文：三国时期魏国的文帝时设置的官职，相当于州总督或各军的司令官。因此，在这儿，是沿用后代的制度。

村上訳：「都督」随文注：司令官/司令官

井波訳：「都督」随文注：司令官/司令官

“都督”一词，村上、井波以随文注的方式，进行了文化转换，用“司令官”来置换“都督”，便于读者理解。小川和立间则用译注作了详细的说明。其中小川的考证犹为详细，指出，从汉朝末到三国时代的都督这一官名仅相当于部队长，但未必是大部队（方面军）的总指挥官。他认为可能是作者将这一官名与元明时期的都督这一官名（相当于总督）搞混淆了。而立间则认为这一官名是从三国时期的魏文帝时设置的，相当于州的总督或是方面军的司令官。他也认为这一官名是后世设立的。"'都督'这一官名，有两种。一种在东汉为为太尉、将军的属官，统领一支军队，与司马的职位相当。三国时为第7品。另一种为是三国时所创置，亦称领军刺史，临时因军事需要而以统军将领或地方军政长官任之。将领督十军或二十军，才能称之为都督。第四品。此种都督有三等，使持节都督为上，可以斩杀二千石以下官吏；持节次之，可杀无官位之人，战争时，权同使持节；假节为下，只在战争时，可杀犯军令者。"① 唐代被废除，经元、明两代恢复使用。近代，中华民国初期，在中国各省也有设置。"都督"译成日语为"太宰帥（だざいのそち）或いは太宰大弐（だざいのだいに）"。日本政府在1906年为了控制、管理关东州，而设置了"关东都督府"，"都督"即指"关东都督府"的长官。日译本没有直接用与之对应的日语译法，是充分考虑了上述历史语境，直接用汉字"都督"，并用译注传译了文化信息。

汉语原文：次日，太后命何进参录尚书事，其余皆封官职。（第2回 P18）

小川訳：「録尚書事（ろくしょうしょじ）」卷后译注为：録尚書事一尚書令はもともと少府卿の属官で、殿中にあって文書をつかさどるものであったが、天子の秘書官として詔勅の起草にあたり、次第に行政上もっとも重要な権力を握るようになった。何進は大将軍であったから、それが録尚書事の命を受けたことは、一般行政にも参与せしめられたことを意味する/録尚书事－尚书令原来是少府的属官，设置

① 沈伯俊、谭良啸编著：《三国演义大辞典》，中华书局2007年版，第325页。

在宫中负责管理君臣之间的来往文书，作为皇帝的秘书，相当于承担起草诏书之责。后来慢慢演变成掌控行政事务重要职权。何进是大将军，接受録尚书事之职意味着能让他参与一般行政事务。

立間訳：「録尚書事（ろくしょうしょじ）」回目后注为：録はすべる意味で尚書令は政治の機密に参与する重要な地位にあるので、これを管轄することは行政の権を握ったことになり、内閣総理大臣のごときものである/録是所有的意思，尚书令处于参与机密政治重要位置，所以对所有机密之事行使管辖也就是掌握了行政权，相当于内阁总理大臣。

村上訳：「録尚書事（ろくしょうしょじ）」随文注为：総理/总理。

井波訳：「録尚書事（ろくしょうしょじ）」随文注为：すべての政務を統轄する要職/统管所有政务的要职。

"'录尚书事'又称领尚书事、平尚书事，即总领尚书台事务。在东汉三国期间，为最高的文职官。该职官自有一番历时变化。从汉武帝始，尚书成为直属于皇帝的枢机之职，尚书台则为主管国家事务的专家中枢。皇帝大凡机密之事，全部交予尚书办理。三公也只是奉命行事。所有国家大事均以录尚书事的名义掌控尚书，总揽朝政，实际上是掌握实权。"① 对此，四位译者显然是了然于胸的。所以，均做了译注来传递文化信息，以达到文化信息传译上的对等。等值翻译理论是美国著名翻译理论家尤金·A·奈达在总结前人经验的基础上提出来的。他对翻译下的定义为："所谓翻译，在译入语中用最切近而又最自然的对等语再现原语的信息，首先是意义，其次是文体。"② "'切近'是指'切近原语的信息'；'自然'是指译语中的表达方式；'对等'把上述两者结合起来，是'对等语'（equivalent）而不是'同一语'（identity）。从

① 沈伯俊、谭良啸编著：《三国演义大辞典》，中华书局2007年版，第307页。

② Nida, E. Language and Culture [M], Shanghai: Foreign Language Education Press, 2002年第69页。

某种意义上说，强调的是信息对等，而不是形式对等（formal correspondence）”① 为了传译原语的文化信息，必须在形式上有所调整，用译注明示原语的文化信息。而读者通过阅读译注，加深了对中国历史文化的了解，无疑对理解原文本大有裨益。

“翻译的宗旨是文化移植、文化交融。但文化移植是一个过程，语言仅是翻译的操作形式，文化信息才是翻译操作的内容。”② 译文只有把原语的文化信息完全传递了，译语和原语才会达到动态对等或功能对等。所以四位译者用译注的形式做了调整，既照顾了原语文本的异域特征，又考虑到了译语读者的可接受性和便于读者理解，传译出了原语的语言和文化信息。

4.2 文化负载词汇翻译与译注法

文化负载词汇也称文化空缺词，词汇空缺，文化内涵词。③ 文化负载词是指“标志某种文化中特有事物的词、词组和习语。这些词汇反映了特定民族在漫长的历史进程中逐渐积累的、有别于其他民族的、独特的活动方式”④ 它与民族特色的思维方式、价值标准、审美取向和社会历史习俗等文化信息相关联，是理解一个民族不可或缺的重要语词。在语际翻译时，如不能准确、完整地传译出来，就必然有障理解和交流，甚至导致误解。“对于汉语文化负载词，从文化传播的角度出发，英语界应该主要采取两种翻译方法，一种是汉语拼音加注或者加解释性

① 何自然：《语用学与英语学习》，上海外语教育出版社1998年版，第186页。
② 谭载喜：《西方翻译简史》，商务印书馆1991年版，第173页。
③ 参见以下论文：朱哲：《从文化角度论述“文化负载词”的汉译英》，载《中国矿业大学学报》，2004年3月，第2期；刘卫东：《略论翻译中的文化转换》，载《郴州师范高等专科学校学报》，2001年第3期，第92页；包惠南、包昂：《中国文化与汉英翻译》，外文出版社2004年版，第11页；徐珺：《论文化内涵词—翻译中信息传递的障碍及其对策》，载《解放军外国语学院学报》，2001年3月，第24卷。
④ 廖七一：《当代西方翻译理论探索》，译林出版社2000年版，第232页。

的译语；一种是直译加注或者解释性的译语，其实这两种方法往往杂糅在一起，直译中有音译，音译中有直译。但都是有解释性的译语在里面”① 例如杨宪益翻译的《红楼梦》里的一个句子“难道这也是个痴丫头：又像颦儿来葬花不成?”因又笑道，“若真葬花，可谓‘东施效颦’了”中的“东施效颦”，他是这样翻译的：“If so，she's Tung Shih imitating His Shih. . . ” His Shih was a famous beauty in the ancient Kingdom of Yueh. Tung Shih was an ugly girl who tried to imitate her way。通过直译加解释性译语（美女和丑女），译者把“西施”和“东施”所蕴涵的文化韵味展现无余。② 夏季奥运会的吉祥物“福娃”最终译为 Huwa。其好处在于彰显和弘扬了博大精深、内涵丰富的中国文化。③

人名地名从广义而言，也可纳入文化负载词汇里，但本节的文化负载词汇不包括历史典故和成语。我们通过研读 4 种译文本，发现有以下 3 种表现方式：直录汉字注上假名加注释、直译加注释、训读法加注释。现分别举例说明如下：

汉字加注假名加注释

汉语原文：合受魏公之位，加九锡以彰功德。(第 61 回 P505)

小川訳：「魏公の位を受けたまい、九錫（きゅうしゃく）を加えさせられて、おん徳を明らかにしたもうてこそ、ふさわしかるべしと存ぜられます」。

立間訳：「よろしく魏公の位をお受け召しされ、九錫（きゅうしゃく）をいただいて、その大功を天下に示されべきかと存じまする」。

村上訳：「あなた様を魏公とされ、『九錫』（きゅうしゃく）を加えさせられ、あなた様の偉勳を表彰されなければなりますまい」と

① 包惠南、包昂：《中国文化与汉英翻译》，外文出版社 2004 年版，第 12 页。

② 转引肖洪兵：《中小企业管理与科技》2009 年 8 月上旬刊。

③ 张芳芳：《从“福娃”英译名看文化负载词的翻译》，载《中华现代教育》，2006 年第 6 期，第 16 ~ 18 页。

言い出したものである。

井波訳：魏公の位を受け、『九錫』（きゅうしゃく）を加えられて、功徳を顕彰されるべきです。

“九锡”，是古代帝王赐给有大功或有权势大臣的九种器物，是作为臣子的最高礼遇和荣宠。① 享受这种待遇的人，实是一人之下，万人之上，光宗耀祖，这是作为臣子的一生最大的追求。本文的语境是曹操认为自己立了大功，一心想成为魏王。他自己一贯标榜是忠臣，且爱面子，又不好迫胁汉献帝封自己为魏王，于是其部下们心领神会，乘机向汉献帝上奏，请皇帝册封曹操为魏王。魏王的标志就是授予九种器物，即“九锡”。四位译者均保留了原语的汉语“九锡”，并注上假名为“きゅうしゃく”，然后用注释方式传达了原语语义和文化信息。

小川注为：

「九錫—漢代の学者の間でも、この九つに何々を数えるかは異説があった。このとき曹操に与えられた九錫のことは、『後漢書』などの史書に見え、またそのときの勅命が「冊魏公九錫の文」の名で、『文選』巻三十五にのせられる。潘勖の作。その中にも列挙してある。今、おおむね弘治本の原注に従って注を加える。そのうち納陛については、『漢書』(巻九十九、「王莽伝」上、元始五年の条の補注に引く清の陳景雲の説を参考にした。」

译文：九锡—在汉代学者之间，九锡是哪九种东西存在着分歧。曹操被授予九锡的事，《后汉书》可见，以“册魏公九锡之名”的圣旨，记载在潘勖之作《文选》卷35上。里面列有九锡的具体内容。如今原文中的“九锡”大概是根据弘治本的原注而添加注释的。其中有关纳陛的情况，可参考清代学者陈景云的《汉书》卷19王莽传，元始5年条的补注。

作了精当的考证，显示了日本汉学家广博的学识和对中国典籍的熟悉。

---

① 沈伯俊、谭良啸编著：《三国演义大辞典》，中华书局2007年版，第304页。

立间注为：

「九錫—天子より功労のあった諸侯に賜るものを「錫」という。九錫を賜るのは譲位の前提とされた。ただし、曹操が魏公に封ぜられたのは、本文では建安十七年のごとくなっているが、じつは翌十八年である。」

译文：九锡—天子赐给有功劳的诸侯的物品，称为“锡”。人们普遍认为赐给九锡是让天子位的前提。但是，曹操被册封为魏公，原文说是在建安17年，实际上是在第二年的建安18年。指出了时间上的缪误。井波则加了一随文注为：

「魏公に任じ、九錫を加えることを命じた全文は『三国志』「魏書」武帝伝に見える。また『文選』巻三十五にも、「魏公九錫を冊する文」という題で載せられており、作者を藩勗とする。」

译文：册封为魏公、赐给九锡的全文见正史《三国志 . 魏书》武帝传。也以“册魏公九锡之文”为题，记载在潘勖之作《文选》卷35上」。

该译注点明了其典出何处，交待了背景知识等文化信息。

汉语原文：昔刘胜之子刘贞，汉武时封涿郡鹿亭侯，后坐酎金失侯，因此遗这一枝在涿县。(第1回P4)

小川訳：「そのむかし劉勝の子劉貞は、漢の武帝の時涿鹿亭侯に封ぜられたが、のち、賂を取った事件に連座して知行を召し上げられた、このため涿県にこの一筋の家が残ったのであった。」

立間訳：「そのかみ、漢の武帝のい御代、劉勝の子劉貞、涿鹿亭侯に封ぜられたが、のち皇室に規定の祭祀料を差す出すことを怠って官を召し上げられたことがあり、その血筋を涿県に残ったものである。」

村上訳：「むかし劉勝の子の劉貞は、漢の武帝の時、涿鹿亭侯に封ぜられた。その後、宗廟の祭祀のときに献納の金の質が規格にあってなかったとかで、侯をしくじり、民間に落とされ、その血筋の一族が涿県に残っていたのだ、と言う。」

井波訳：「むかし、劉勝の子の劉貞は、前漢の武帝の時代に涿鹿亭侯に封ぜられたが、後年、酎金（ちゅうきん）の制度に違反し、侯の位を召し上げられた。このため、劉貞の末裔はそのまま涿県に移住することになったのである。」

“酎”原指长时间、经多次酿制的酒。《说文．酉部》：“酎，三重醇酒也。”《广韵．宥韵》：“酎，三重酿酒”段注：“味用酒为水酿之，是再重之酒也。次又用再重之酒为水酿之，是三重之酒也。”无疑，酎是陈酿的酒。汉代的饮酎则是一种祭祀，酎酿成时皇帝用以献于宗庙。《汉书．景帝纪》：“高庙酎，奏《武德》、《文始》、《五行》之舞。”颜注引张晏曰：“正月但作酒，八月成，名曰酎，……至武帝时因八月尝酎，会诸侯庙中，出金助祭，所谓‘酎金’也。”酎金的规定自汉武帝时实行以来，几乎成了中央政府消弱诸侯势力及封地的借口。《史记．平准书》：“至酎，少府省金，而列侯坐酎金失侯者百余人。”《集解》引如淳曰：“《汉仪注》：‘王子为侯，侯岁以户口酎黄金于汉庙，皇帝临受献金以助祭。大祀日饮酎，饮酎受金。金少不如斤两，色恶，王削县，侯免国。’”① 《古代汉语大词典》② 收有“酎金”词条，释义为“汉律，诸侯于宗庙祭祀时献金助祭，叫“酎金”。《史记．平准书》：“至酎，少府省金，而列侯坐酎金失侯者百余人。”，可见“坐酎金失侯”中的“酎金”为汉代特有的文化词汇。“据汉代法律，犯没按法规上缴酎金的罪，被革去侯爵职位。坐，因犯法而获罪。酎，汉代祭祀宗庙时用的一种优质酒。西汉文帝规定，祭祖献酎饮酎时，诸王侯要按食邑人口数献黄金助祭；若所献黄金分量或成色不足，则将免去其爵位，叫“坐酎金失侯”③。

① 叶娇编著：《古代文化知识》，浙江大学出版社 2007 年版，第 117 ~ 118 页。

② 古代汉语大辞典［Z］，辞海版，上海辞书出版社 2007 年版，第 2366 页。

③ 沈伯俊、谭良啸编著：《三国演义大辞典》，中华书局，2007 年版，第 282 页。

井波氏则译为“酎金（ちゅうきん）の制度に違反し”，并直接用汉字表记，注上假名，译注为：

諸侯が皇帝に対して祭祀用の黄金を献じる制度。酎金律として法制化され、規定に違反した場合には処罰された。」

译文：中国古代祭祀时，有诸侯向皇帝献上礼金的制度。违反这种制度或未按规定纳礼金，将受到削去爵位等的处罚。

用译注进行了文化信息转换。

汉语原文：玄德见孔明身长八尺，面如冠玉，头戴纶巾，身披鹤氅，飘飘然有神仙之概。（第 38 回 P318）

小川訳；玄徳が見ると、孔明は身の丈八尺、面は冠の玉の如く、頭（かしら）には綸巾（かんきん）を戴き、身には鶴氅（かくしょう）の衣をつけて、まことの神仙のようであった。

立間訳：見れば孔明、身の丈八尺、顔は冠の白玉の如く、頭（かしら）には綸巾（りんきん、綸子で作った頭巾/用丝线织成的头巾）を戴き、身には鶴氅（かくしょう、鳥の羽根で作った衣/鸟的羽毛织成的衣服）をまとい、飄々として神仙の観がある。

村上訳；身の丈八尺、冠のかざりの玉のような顔である。頭には編み物の頭巾—綸巾（かんきん）—を戴き、体に鶴のはごろも—鶴氅（かくしょう）—をはおり、いかにも浮世離れのかっこうである。

井波訳：見れば、諸葛亮は身の丈八尺、顔は冠につける玉の如く、頭には綸巾（かんきん、隠者がかぶる青糸で作った頭巾/古代的隐者用青丝带编制成的头巾）をのせ、身には鶴氅（かくしょう、鶴の羽で作った上衣/用鹤的羽毛制成的衣服）をつけ、飄々としてまるで神仙のようである。

“纶巾”，古代以青丝带编成的头巾。此头巾因诸葛亮常戴而出名，后世又称诸葛亮巾。① 苏轼《念奴娇．赤壁怀古》词：“羽扇纶巾，谈

① 沈伯俊、谭良啸编著：《三国演义大辞典》，中华书局 2007 年版，第 290 页。

笑间，强虏灰飞烟灭。"① 被赋予浓厚的文化意象，让人一下子就联想到诸葛亮"出师未捷身先死，长使英雄泪满巾"的悲壮情怀。"鹤氅"鸟羽制成的外衣。"纶巾"和"鹤氅"是诸葛亮常穿的服饰，这种装扮已经固化在诸葛亮身上，凝固成世外高人的智者形象。因而负载丰富的文化内涵。所以四位译者均直录汉字"綸巾"，并注假名为"かんきん，りんきん"，将诸葛亮的形象传译给日本读者，为了让日本读者对这词汇的含义有所了解，立间、井波加了随文注。事实上，在日本，谈三国故事都是以孔明为中心的，比如成书于 13 ~ 16 世纪的日本军记物语小说《太平记》中刻画的理想人物楠木正成，就是借鉴了《三国演义》中的诸葛亮形象；明治时期汉学家、汉诗人竹添井井的一首汉诗"三吊忠魂泣凑河，定军山下又滂沱。人生勿作读书子，到处不堪感泪多。"②，也借诗将诸葛亮与《太平记》中的楠木正成作比。柴田炼创作的小说《三国志》（英雄在此），1966 ~ 1968 年以连载的方式在《周刊现代》上发表。作品于《三国演义》第 91 回"伐中原武侯上表"处搁笔，此后的四分之一篇幅仅「余章補筆」中稍稍交代。他这样说道：

「出師の表を草して、成都を出て行くところで、筆を擱くのは、いかにも筆者の自分勝手に思われるよう。実は、私は、『三国志』を書こうとしたとき、すでに、そのとき、筆を擱くべき最後の場面を思い浮かべているのである。成都を出発する場面を描きたいために、『三国志』を書き始めた、といえるのである。」

译文：上出师表，出成都伐中原，到此搁笔看似作者的任意而为。实际上，我在撰写《三国志》时，就决定了要在此最后场面搁笔。可以说，我就是为了写孔明上表、出成都伐魏这才提笔创作的③。

1992 年由光荣社出版、伴野郎著的《孔明未死》也是以孔明为中心人物进行创作的现代三国作品。据已故作家司马辽太郎介绍，明治初

① 古代汉语大辞典［Z］，辞海版，上海辞书出版社 2007 年版，第 1425 页。

② 王福详编：《日本汉诗与中国历史人物典故》，外语教学与研究出版社 1997 年版，第 416 页。

③ 喉雑潤著『三国志と日本人』，東京：講談社、2002 年 12 月，第 194 页。

年大阪城内颇多说书场，常年演说《太平记》和《三国演义》等。由于故事太长，听者往往虎头蛇尾，逐渐走失。但只要门口贴出“正成或孔明今起登场”的纸条，听众便又骤然增加。① 可见无论是小说或是散文，中心人物都是诸葛亮。就其原因“或是因日本文学尤其是日本古典文学中缺乏为诸公出谋划策的谋士—知识分子形象之故；”②。真正使诸葛亮这个人物成为让日本人家喻户晓，广受欢迎的，有两位日本人是功不可没。一位是内藤湖南，另一位是日本作家土井晚翠。内滕湖南的《诸葛武侯》和土井晚翠的长篇叙事诗《星落秋风五丈原》，一同在日本文艺界掀起了最初的孔明热。③《诸葛武侯》是长篇论说随笔，正如书名所标明的那样，它是以诸葛亮为中心来论说三国的。该书原计划分上下两卷，共 14 章，系统论述孔明及其所处的时代，后因故只出了上卷，下卷 7 章未写，仅留有标题。作者的创作态度严谨，立场鲜明，言孔明必称武侯，说刘备必记昭烈，而对曹操、孙权则直呼其名；所用史料极多，都是正史，因而言之有据，被认为是“反演义”的，即不虚构，追求历史真实。④ 内滕湖南的《诸葛武侯》有着不可磨灭的历史意义，因为它是日本人以日本人的独特视角撰写而成的第一部论说型长篇随笔。正如喉雑潤在『三国志と日本人』所言：

「この『諸葛武候』が著された歴史的意義は大きなものがある。それは三国志の時代に取材した、日本人として始めての長編エッセイだからである。『三国志演義』の翻訳は江戸時代に出たが、このエッセイは『演義』によらず、あくまで正統史料を踏まえながら三国の時代相を明らかにし、その中から諸葛亮の人間像を浮き彫りにしようとした野心作である。亦現代における三国志ブームの大半は諸葛孔明ブームで、孔明に関する出版物は、それこそ山ほどあるが、その先鞭

① 今川了俊『难太平記』，载山崎正和译『白話日本古典 15. 太平記』河出书房新社，1979 年，第 7 页。

② 邱岭：《三国演义在日本》，宁夏人民出版社 2006 年版，第 67 页。

③ 喉雑潤著『三国志と日本人』，東京：講談社，2002 年 12 月，第 128 页。

④ 喉雑潤著『三国志と日本人』，东京：講談社，2002 年 12 月，第 112 ~ 115 页。

をつけたのは湖南だった。先覚者としての業績は、大いに評価すべきであろう。」

译文：撰写『諸葛武候』具有历史性的重大意义。这是日本人首次取材三国历史题材的长篇随笔。在江户时代，就有了《三国志演义》的译本问世，我写的长篇随笔不依据湖南文山的译本《三国志演义》，而是在考察正统史料的基础上，辨明三国时代的历史真相，从中来刻画历史人物诸葛亮的真实形象，这是一篇充满雄心之大作。在现代日本，三国热的大部分是诸葛孔明热，有关孔明的书籍堆积如山，其中对孔明热起先鞭之功的当推湖南。作为先鞭者的伟业，值得大书特书①。

土井晚翠（1871～1952）的长篇叙事诗“星落秋分五丈原”最初发表于1898年的《帝国文学》上，后载于1899年出版的《天地有情》处女诗集中，以感性的诗歌形式哀叹了孔明的悲剧命运。土井从小就喜欢三国、水浒等故事，据他回忆：

「私は小学校時代から父に八犬伝、水滸伝、三国志に対する興味を鼓吹された。孔明に対する崇拝はその頃からである。大学卒業後『星落秋風五丈原』を書いたのも思えば父の教えからであった。」

译文：从小学时代起，我就受父亲的影响，对八犬传、水浒传和三国演义产生了兴趣。也就是从那时起，对孔明产生了崇拜。大学毕业后，一想起撰写『星落秋風五丈原』，就联想到我的父亲的教诲②。

其主旨是抒发对孔明壮志未酬命运的哀叹。“中国人也热爱诸葛亮，但更钦佩他的忠诚和智慧；日本人对孔明的崇仰和热爱，乃是对其想实现而没能实现的悲剧命运寄予物哀（物哀れ），借以表达日本民族文化传统对悲美的追求和歌唱”③

汉语原文：那张角本是个不第秀才，因入山采药，遇一老人。（第

---

① 喉雑潤著『三国志と日本人』，東京：講談社，2002年12月，第122页。
② 喉雑潤著『三国志と日本人』，東京：講談社，2002年12月，第123页。
③ 邱岭、吴芳龄：《三国演义在中国》，宁夏人民出版社2005年版，第69页。

1 回 P2）

小川訳：張角というのは、もともと国家試験の秀才（しゅうさい）の資格までとりながら、その上の試験にはついに合格できない男であった。山の中で薬草を探しているうちに、一人の老人に出会った。

立間訳：張角は由来挙人たり得ずにいた秀才（しゅうさい）で、山に入り薬草を採って、老人に出会った。

村上訳：張角はもと落第の書生だった。山に薬草を取りに入り、一人の老人にであった。

井波訳：張角はもともと秀才（しゅうさい）に落第し、山に入って、薬草を取っていたが、このとき、たまたま一人の老人と出会った。

“秀才”，先秦指才识出众、拔萃者。《管子．小匡》：“是故农之子常为农，朴野而不嫟，其秀才之能为士者，则足赖也。”阎昌峣校释：“是农民之秀出者为士也。”《汉书．贾谊传》：“河南守吴公闻其秀材，召置门下，甚幸爱”① “到中国明清时期，对参加最初一级科举考试及格后所取得的资格，正式称呼是生员，又叫诸生、痒生，俗称秀才。不过和汉唐时期的秀才含义已大不相同。在没有取得生员资格以前的应试考试，不论年龄大小，从十几岁到五六十岁，一律称为童生，所以有‘白发苍苍老童生’之笑话。”② 童生考秀才，要经过 3 次考试：县试、府试、院试，院试合格，就取得了秀才资格，身份变为县学生员或府学生员，文雅的说法为“游泮”，通俗的说法叫“进学”。进学之后就换上了秀才的制服，明代戴方巾，清代帽顶用银顶，身着蓝袍，俗称蓝衫。据《古代汉语大词典》③，列有两个义项：“1. 优异的才能 2. 别称茂才。本系通称才之秀者，始见于《管子．小匡篇》。汉以来成为荐举

① 汉语大词典［Z］（简编），汉语大词典出版社，1998 年 12 月，第 2969 页。
② 叶娇编著：《古代文化知识》，浙江大学出版社 2007 年版，第 283 页
③ 辞海版，上海辞书出版社 2007 年版，第 2085 页。

人员科目之一，后渐废去，仅作为对一般读书人的泛称。明太祖曾采取荐举之法，举秀才数十人，任以知府等官。后即专用以称府、州、县的生员”。现代汉语中的“秀才”与现代日语中的“秀才”，其含义是不同的。日语“秀才”指优秀人才，沿袭了古汉语语义。汉语“秀才”本指在中国封建社会，以科举考试方式选拔人才，只有取得“秀才”资格的人，才能参加下一轮的科举考试，未取得资格者，称为落第秀才，不能参加下一轮的考试。反映了中国封建选拔人才的科举文化。现代汉语“秀才”词义发生了变化，元明以来，泛指读书人。对此，小川、立间、井波均用汉字“秀才”进行移植，并注上假名（しゅうさい），为反映出文化信息，并与日语“秀才”义相区别，都加了译注。

小川译注：

「後漢では光武帝の忌み名が秀であったから茂才と称した。初めは孝廉（注10）と同じく、単に「すぐれた才能を有するもの」で官吏に推挙されるべき資質ある人を指したのであるが、次第に特別の資格を指すようになった。後世では（明以後）文官試験の第一段階を通過して州県などの生員の資格を得たものを秀才と呼ぶ。ここは「不第の秀才」とあるから、無論後世の用法に従っている。不第というのは、第一段階は通過したが、第二の段階たる「挙人」の資格（注10）を得られないことを言う。」

译文：后汉，避光武帝的讳，称茂才。开始与孝廉一样，仅指因是“非常优秀的人才”，而应当受到官吏推举取得做官资格的人，后指特别的资格。明朝以后，通过了文官考试第一阶段、取得州县生员的资格的人称为秀才。此处“不第的秀才”，当然是后世的用法。所谓不第，指通过了第一阶段的考试，但没有取得第二阶段“举人”的资格。

立间译注：

「前漢より各地方で殊に才能のすぐれた者を郡太守が中央の官吏候補者として推薦する制度ができ、その推薦されたものを秀才と称した。後漢では世祖光武帝の忌み名が秀であったところから、これを避けて「茂才」と称した。明以後文官任用試験制度が確立されるに及び、試験の最初の過程を通過して府，州、県学の生員たる資格を得、次の挙人試験受験のできる者を秀才と称するようになった。ただし、後漢当時は、後出注11の孝廉が重んじられて秀才は影が薄かった。本書で「不第の秀才」と使っているのは、明らかに本書の成立した明代の制度によったものである。」

译文：前汉，在中国各地存在郡太守可以推荐才能优异的人作为中央官员候补的制度。被推荐的人称为秀才。至后汉，为避汉光武帝的讳名秀，称为“茂才”。至明朝以后确立了文官考试选拔制度，通过考试最初阶段，取得府州县生员的资格，可以参加下次举人考试的人，称为秀才。但在后汉时期，由于重视孝廉而致秀才的影响微弱。在本书中作者使用“不第的秀才”，很显然是沿袭本书撰成时的明代的制度。

井波译注：

「官吏登用科目の一。光武帝の名が「秀」であることから、秀の字を避け、後漢では茂才と称される。漢代では、各州長官の推薦によって人材を登用する制度。ただし宋代以降、秀才は科挙を受験する者の一般的呼称となり、明清時代には、郷試（科挙の地方試験）の受験資格を持つ府州県学の生徒である生員の俗称となった。ここでは『三国志演義』成立時期の社会背景を反映して、張角が科挙の受験資格を取得できなかったという意味に用いる。」

译文：官吏考试选拔的一种科目。因为光武帝的名为“秀”，后汉时期为避讳称为茂才。根据各州行政长官的推荐而擢用人才的制度。但是，宋代以后，秀才成为参加科举考试者的一般性的称呼，明清时代成为取得乡试资格的府州县生员的俗称。在这里，反映了《三国演义》成立时的社会背景，用于张角没能取得参加科举考试的资格之意。

可见三位先生的译注大同小异，比较完备。体现了以读者为本位的学术品性和态度。

汉语原文：忽见一道人，青袍白巾，手执长竿，上缚布一丈。（第9回 P75）

小川訳：一人の道士、青（くろ）い上衣に白い頭巾を被り、手に長い竹ざお、その先に一丈ばかりの布をくくりつけた。

立間訳：突然黒い道袍に白い頭巾を被った一人の道士が、長い竿を捧げ、その先に一丈ばかりの布をたらして現れた。

村上訳：突然道士——道教の坊主——が現れた。黒いきもの、白い頭巾、手に長い竿を捧げもっている。竿には一丈の布が下がっていた。

井波訳：ふいに一人の道士が出現した。黒い袍に白い頭巾をつけ、手には長い竿を持っている。

立间和井波译文保留了汉字“袍”，其中井波注上了假名（うわぎ），既保留原语语言，同时又归化为日语读者可接受的和语。小川和村上分别置换为“上衣”和“きもの/衣服”。“袍”体现了中国古代特有的体衣服饰文化，它与上衣不同，一般是长袄，长至小腿处，“袍”是御寒之服。《说文．衣部》：“袍，襺也”。《论语》曰：‘衣蔽组袍’”“襺，袍衣也。以絮曰襺，以缊为袍。”《礼记．玉藻》：“纩为茧，缊位袍。”郑注：“衣有着之异名也。纩谓今之新棉也，缊谓今纩及旧絮也。”《说文．糸部》：“缊，绋也。”“绋，乱麻也。”① 可见，袍于襺的区别在于絮在衣服里子与面子之间的东西不同，絮新丝棉的叫茧（襺），絮乱麻和旧丝棉的叫袍。袍是比较低级的服饰。《论语．子罕》：“衣蔽缊袍，与衣狐者立而不耻者，其由也与?”缊袍而且破，跟之裘形成了鲜明的对比。据《后汉书．羊续传》记载，汉灵帝想让羊续当太尉。按照当时的惯例，羊续应该献上一千万钱，而且对皇帝派来的人也要送大笔钱，但羊续“乃坐使人于单席，举缊袍以示之，曰：‘臣之所资，惟斯而已。’左驺白之，帝不悦，以此故不等公位”。羊续一向清廉简朴而不贪。他在南阳太守任上时，即“常蔽衣薄食，车马羸

① 叶娇编著：《古代文化常识》，浙江大学出版社2007年版，第67页。

败”，“其资藏惟有布、蔽裯，盐麦数斛而已”。① 袍里面铺的是乱麻（缊），所以叫缊袍。它既非贵族人士所穿，加上价格便宜，便成为普通、没地位人的代称，打上了贫富的烙印。《送东阳马生序》：“同舍生皆被绣，艳然若神人，予则缊袍蔽衣处其间，略无慕艳意。”朱熹注：“缊袍，盖衣之贱者。”“袍”经过不断的演变，到汉代后出现了“绛纱袍”、“皂纱袍”、“蟒袍”、“龙袍”等，发展成为朝服。“龙袍”是“衮”的遗制。“衮”则是古代帝王或三公等穿的礼服。因为上面绣有卷曲的龙，所以叫龙袍。②

汉语原文：松辞去，玄德于十里长亭设宴相送。（第60回P493）

小川訳：張松がいよいよ辞去すると、城外十里の駅亭で送別の酒宴が設けられた。

立間訳：張松が暇を告げると、城外十里離れた駅亭において送別の宴を張った。

村上訳：いよいよ出発のときには、劉備が城外十里まで見送って、そこで送別の小宴を張る。

井波訳：張松が辞去すると、劉備は十里先の長亭で宴会を催し、別れを惜しんだ。

“长亭”，据《古代汉语大词典》③，释义为：古时于道路隔十里设长亭，隔五里设短亭，供行旅停息。也常用作饯别之所。庾信《哀江南赋》：“十里五里，长亭短亭。”小川、立间用“駅亭”对译，村上则省去不译，释义为“城外十里まで”处理。不管是省译抑或是用“駅亭”置换，文化信息缺损。井波保留了原语“长亭”，并用随文译注解释了文化信息，译注为：

「街道に設けられた旅行者用の休憩所。十里ごとに長亭を設置

① 叶娇编著：《古代文化常识》，浙江大学出版社2007年版，第68页。
② 叶娇编著：《古代文化常识》，浙江大学出版社2007年版，第69页。
③ 辞海版，上海辞书出版社2008年版，第91页。

し、五里ごとに短亭を設置する。」

译文：在街道两侧设立的供旅行者用的休息场所。每十里设一长亭，每五里设一短亭。

汉语原文：帝只得从之：封李鹤为车骑将军、池阳侯，领司隶校尉，假节钺。(第10回P81)

小川訳：献帝はぜひなく、かれらの思いどおりに、李鶴は車騎将軍．池陽侯とし司隷校尉を領せしめ将軍のしるしの節と鉞を下された。

立間訳：帝はやむなく李鶴を車騎将軍池陽侯に封じて、司隷校尉に任じ、節と鉞を賜った。

井波訳：帝はやむなく要求を呑み、李鶴を車騎将軍．池陽侯に封じ、司隷校尉に任命して節（わりふ）と鉞を与えた。

"假节钺"，授予符节和黄钺，作为加重将帅权力的标志。即授予该将领总统诸军的大权。假，本意为借，在此为授予之意。假节，有权杀触犯军令者；假钺，总统内外诸军。① 可以行使"将在外，军令有所不受"的权力。三位译者均用直译手法，小川将"假节钺"加译为"将軍のしるしの節と鉞"并作了译注为：

「節は前出（注四一1）。鉞（えつ）は大おのであって、この二つを賜るのは大将軍として軍事を委任されたことを意味する。」

译文：节，参见第一册第4回译注一。钺为大斧，被授予这两种兵器意味着拥有大将军的权利。笔者译。立间、井波则译为"節と鉞"，并加了译注为：

「「節」については第4回注1参照。「鉞」はまさかり、昔、天子より征討の大将軍へ賜ったもの。この二つを賜ったことは、軍事を委任されたことを表す。」

译文：节，参照第4回译注一。钺，即板斧，古时天子授予出征的

① 沈伯俊、谭良啸编著：《三国演义大辞典》，中华书局2007年版，第303～304页

大将军的两件兵器，代表拥有军事上的决定权。

村上加译为“大元帥の権威のしるし—節（はた）．鉞（まさかり）”。三位译者均传译了原文语义及文化信息。

4.3 典故、成语翻译与译注法

《三国演义》中汉语词汇的文化内涵极其丰富，这是由汉语所代表的民族心理意识、审美取向、思维方式、风土人情、宗教信仰、历史和地理等因素所致。同时，《三国演义》中又有大量的典故，或源自中国历史上著名的故事或事件，如成王杀周公，微子去殷、阳货轻仲尼等；或从文学作品中直接或移植或摘引或为表达简洁而减缩而成，如，南柯一梦、蓝田生玉、割席分坐等；或源自动植物名称的，如，龙肝凤髓、如虎添翼、鸠夺鹊巢等。也有因战争而产生的军事术语，如背水一战，四面楚歌，兼弱攻昧，添兵减灶等。由于中日两种语言的渊源关系，两者存在不少互借性，对这些典故的翻译，我们认为既要保留原语的语言形式，如用词和比喻等修辞手段，又要传达原语文化信息，达到与原文近似的语言效果。所以，译者对原文的理解和是否尊重原文的态度显得尤为重要。理解准确，最大限度地尊重原语，就会使用相应的翻译手法，传译原语的意义和文化信息。

我们选择了具有代表性的历史典故来考察，发现日译本是使用了直译加注释和训读法加注释来传达原语语言和文化信息的。

汉语原文：汉朝自高祖斩白蛇而起义，一统天下，后来光武中兴，传至献帝，遂分为三国。(第 1 回 P1)

小川訳：漢朝は、高祖が白蛇を切り捨て、旗を揚げたのに始まり、ついに天下を一統した。のち光武皇帝の中興より、つづいて献帝まで伝わったが、ここに分かれて三国となった。

立間訳：漢朝は、高祖が白蛇を斬って義兵を興し、旗を揚げたのに始まり、ついに天下を統一したのに始まり、のち光武帝の中興あって、以来献帝まで伝わり、ついに三国に分れた。

村上訳：漢は高祖が白蛇を斬り、革命の戦を起こして天下を合わせたものであるが、のちに光武帝の中興を経、献帝のときに至り、このときに乱がおきて三国に分裂した。

井波訳：漢王朝は、高祖劉邦が白蛇を斬って、旗揚げしたのを皮切りに、天下を統合した。その後，後漢の光武帝が中興し、伝えて献まで至ったとき、分裂して三国となった。

"高祖斩白蛇"和"光武中兴"两则历史典故，刘邦为亭长时，押送民夫去骊山，途中，多数民夫逃往，他无法交差，也只得逃命。一天夜里，他正前行，见一大蛇拦路，便挥剑将蛇杀死。后面的随从者看到一老妇人在哭，问其故，老妇人说"我儿是白帝之子，变成蛇躺在路上，今被赤帝之子杀了。"众人不信，想再问，老妇人已不见踪影。后来，刘邦逃到芒荡山，开始起兵反秦。故事载于《史记》、《汉书》等史书。高祖，指刘邦，西汉的开国皇帝，公元前 206 ~ 前 195 在位，高祖是他死后的庙号。西汉衰亡，刘秀利用农民起义，又建立了汉朝，史称东汉。他在位时，在军事、政治、经济等方面采取一系列措施，使刘氏汉王朝复兴，史称"光武中兴"。光武，即光武帝刘秀，公元 25 ~ 57 年在位。光武是他死后的庙号。译者采用了直译，忠实地传译了原语文化信息。在译文中，井波加了"劉邦"和"後漢"，使语义明确，同时又加了译注为：

「前 247 ~ 前 195 年。楚の項羽と天下の覇権を争った、前漢王朝の初代皇帝。蛇に姿を変えて道に横たわっていた白帝の子を、劉邦が斬り殺したというエピソードが『史記』高祖本記に見える。前 57，劉邦の九世の孫で、後漢王朝の初代皇帝。」

译文：公元前 247 年 ~195 年，汉朝第一代皇帝高祖刘邦与楚国项羽争夺天下。白帝之子变身为蛇，横卧道旁，刘邦挥剑斩之。这则典故见于《史记．高祖本纪》。公元前57年，光武帝为刘邦的九世孙，后汉王朝的第一代皇帝。

通过译注，使一般的日本读者能了解到中国的历史典故，增加了对中国文化的兴趣。

汉语原文：操曰："五关斩将之时，还能记否？大丈夫以信义为重。将军深知《春秋》，岂不知庾公之斯追子濯孺子之事乎"（第50回P414）

小川訳：曹操「御身が五関にて大将たちを打ち果たした時のことは、御記憶であろうな。古より大丈夫たるものは信義を重しとなす習い。将軍は春秋の大義を明らめられたと承るが、庾公之斯が子濯孺子を追うた故事を、よもやお忘れはあるまい」。

立間訳：「貴殿が五箇所の関にて守将を斬られたときのことを、まだ覚えておいででござるか。大丈夫たる者は信義を重んずるもの。『春秋』のご造詣深い貴殿のことゆえ、庾公之斯が子濯孺子を追ったことをご存じでござろうが」

村上訳：「あなたは五関に将を斬られた、あのこともご記憶でしょうか？男児、信義を重しとなす。あなたは『春秋左伝』をご愛読だが、むろん庾公之斯が子濯孺子を追った話はご承じであろう」

井波訳：五関の守将を斬ったときのことを、お忘れか。立派な男は信義を重んじるもの。将軍は『春秋』に深く通じておいでなのだから、庾公之斯が子濯孺子を追ったことの故事を、まさかご存じないわけはあるまい」と曹操

"庾公之斯追子濯孺子"，为历史典故。春秋时，卫国派大夫庾公之斯去追击子濯孺子。他俩的射箭本领都很高超，但当时子濯孺子生病，无法拉开弓射箭。庾公之斯就对他说："我向尹公之他学射箭，尹公之他又向您学射箭，我不忍用你的箭技转过来伤害您。"于是，庾公

之斯把箭头敲掉，射出四支没有箭头的箭回去了。① 四位译者均是直译，虽然用词处理不同，但都传达了典故的内容。为了达意，都在《春秋》后加了必要的词，小川为“大義”，立间为“ご造詣深い”，村上把书名写出“『春秋左伝』をご愛読”，井波为“深く通じておいで”。《春秋》相传是孔子据鲁国史官所编《春秋》一书加以整理修订而成的一部编年体史书。记载了春秋时期周王朝、鲁国和其他诸侯国242年的史事。文笔简练，其主旨为君子重情重义，以信义取信天下，统治天下，虽是“微言”，却显“大义”，是符合君主治国之道的儒家经典。中国自古就有“舍生取义”的历史传统，“中国人重义轻财，重义还是重利一直是传统文化中君子与小人的分野”② 这种思想已形成了强大的文化传统观念，深刻地烙印在人们的潜意识里。我们认为小川加译“大義”一词，比其他三位译者更能凸现原语语境中的含义。曹操在赤壁被周瑜用火攻击败，仓惶逃命，在华容道遭遇关羽埋伏，此时曹兵人皆饥倒，马尽困乏，跟随曹操的人马仅有300余人。此时只有束手就擒，别无他法。这时，谋士程昱建议曹操向关羽求情，放曹一马。说“某素知云长傲上而不忍下，欺强而不凌弱；恩怨分明，信义素著。丞相昔日有恩于彼，今只亲自告之，可脱此难。”于是曹操就听从了他的建议。而关羽是个“义重如山之人，想起当年曹操的许多恩义，与后来斩五将之事，如何不动心？又见曹军惶惶，皆欲垂泪，一发心中不忍”。于是谓众军曰“四散摆开”放了曹操。可见曹操是抓住了关羽重情守义的心理，动之以情，晓之以理，躲过了大难。联系这段语境，无疑小川的加译“大義”，使历史典故“庚公之斯追子濯孺子”的语义更加明确，也使读者能更好地理解典故的含义。为了完整地传译这一中国历史典故文化信息，四位译者均给“庚公之斯追子濯孺子”加了译注。

小川译注：

---

① 沈伯俊、谭良啸编著：《三国演义大辞典》，中华书局2007年版，第272页。

② 廖七一：《文化观念与翻译》，见郭建中：《文化与翻译》，中国对外翻译出版公司1999年版，第184页。

「庚公之斯と子濯孺子—庚公は春秋時代の衛の国の大将、子濯は鄭の国の大将である。両国が戦を交えたとき、子濯は病気のため弓を手に取ることができなかった。しかし庚公は弓術を子濯の弟子から学んだものであったから、庚公は「われは夫子の道をもって反って夫子を害するに忍びず」と言い、鏃を抜く取った四本矢を放って帰った。『孟子』離婁下に見える話」

译文：庾公之斯与子濯孺子—庾公为春秋时代卫国的大将，子濯为郑国的大将。两国交战时，正值子濯孺子生病，无法拉开弓射箭。但是，庾公的箭术是从子濯的弟子处学来的，庾公对子濯说“我不忍心用您教我的箭术来害您”，于是庾公之斯把箭头敲掉，射出四支没有箭头的箭回去了。见《孟子．离娄下》。

立间译注：

「庚公之斯が子濯孺子を追ったことのこと—弘治本原注。昔、春秋のとき、鄭の国矢弓を芸に精通した子濯孺子という者があった。鄭の国王は子濯孺子をして軍勢を率いて衛の国を犯させた。衛の国王は大将の庚公之斯に命じてこれを迎え撃たせ、鄭の軍勢をさんざんに打ち破った。衛の国王は庚公之斯をしてさらに追い打たせた。子濯孺子の従者が子濯に、「衛の軍勢が近づきました、弓で防いだらよいではござりませぬか」というと、孺子は、「わしは今日身体が悪く弓は取れない。追いつかれたら、わしの命も終わりだ。」という、車に乗って逃げた。衛の軍勢が迫ったとき、孺子が「追ってきているのは誰か」とたずねとところ、左右のものの言うのに、「衛の大将庚公之斯にござります」すると孺子が言った。「わしは死なずにすんだぞ」「庚公之斯といえば、衛国第一の弓の名手、しかもあなたさまと存よりもないはず、しなれずにすむとはなにゆえにござりまするか」「確かにわしは面識はない。だが、彼はかつて伊公之他のもとで学んだ。伊公之他というものはわしの弟子で、気持ちの正しい男だ。その男の朋輩であるかぎり、悪い奴であるはずはない。彼がわしに手を下さないのを知ったればこそ、死なずにすんだと言ったのだ」と左右のものがなお信じかねているところへ、庚公之斯が追いついてきて、「いさぎよく矢弓をとられよ」と呼ばわった。孺子が「わしは今日、臂を傷めておって、弓を取ることが出来ないのだ」とこたえると、庚公之斯は、「わしは昔弓を伊公之他殿に学んだが、伊公之他殿はそれを貴公より学ばれた。わしは貴公の伝えられた射法で貴公を射るようなことはできぬ。とはいえ、今日のことは君命であり、私情をさしはさむこともできかねる」と言い、かくて鏃を抜き去った矢を四本射かけて引き返し、子濯孺子は命をまっとうして鄭に戻ることが出来た。天下はこの仁義の行いを称えたものである。『孟子』（離婁章句）に見える」

译文：庚公之斯追击子濯孺子之事出自弘治本原注。春秋时，郑国有一位精通箭术的人，叫子濯孺子，郑国的国君叫他带兵攻打卫国。卫国国王命大将庚公之斯迎击，大败郑军，并命令追击庚公之斯。子濯孺子的随从对子濯说“追兵逼近了，用弓箭防御吧”，孺子说“我今日身体不适，举不起弓箭，被追上的话，吾命休矣”，乘车而逃。卫国军队追上时，子濯问“追上来的人是谁?”左右的人回答说“是卫国的大将庚公之斯”,“我不会死了”子濯说道。左右问到“庚公之斯是卫国第一弓箭名手，又不认识您，为什么不会死呢?”，子濯回答说“确实没有见过面。但是，庚公之斯是向伊公之他学箭术的，伊公之他又是我的弟子，他是位胸怀正直的男人。既如此，必不是坏人，我知道他不会向我下手的，所以我死不了。”左右均不相信。此时庚公之斯已经追了上来，对子濯大喊到“痛痛快快地举起弓箭，来决斗吧”，子濯回答道“我今天手背有伤，举不起弓箭”，庚公之他回答道“我跟从伊公之他学习箭术，伊公之他又从您处学习箭术，我不能用您教的箭术来射杀您。虽然如此，但受君命，不拘私情”，于是庚公之斯把箭头敲掉，射出四支没有箭头的箭回去了。子濯孺子得以活命，回到了郑国。后人称赞这种仁义的行为。见《孟子．离娄章句》。

村上译注：

「春秋時代の故事である。衛の国が、庚公之斯に子濯孺子を追跡させた。二人とも弓の上手である。子濯孺子はその頃病気で弓がひけなかった。庚公之斯は己の矢の鏃を折り、鏃なしの矢を射て相手をいためずに戻ったという」

译文：这是春秋时期的故事。卫国让庾公之斯追击子濯孺子，二人均为弓箭高手。当时，子濯孺子有病不能拉开弓箭，于是庾公之斯把箭头敲掉，射出四支没有箭头的箭回去了。

井波译注：

「春秋時代、衛と鄭の両国が戦ったとき、鄭軍の大将子濯孺子が病気で弓を手に取れなかったところ、かつて彼の弟子から弓術を学んだ衛軍の大将庚公之斯は、病んだ孺子を射殺するに忍びず、やじりを抜いた矢を四本放って、戦場を離れたとされる」

译文：春秋时期，郑国和卫国交战，郑国的大将子濯孺子因病不能拉开弓箭，而卫国大将庾公之斯曾经跟随子濯孺子的弟子学习箭术，他不忍心射杀病中的子濯。于是，庾公之斯把箭头敲掉，射出四支没有箭头的箭离开了战场。

上述译注中，立间的最长，指出了该条注的原注，说明了整个典故的来龙去脉，其他三位译者只是做了大概的说明。对想了解中国历史故事的读者及研究者来说，立间译注是比较全面的。还有四位译者使用的话语方式来翻译曹操此时的心境也耐人寻味。根据原语语境，此时的曹操显然是在求情，所以态度应是卑谦的，只有这样才能得到关羽的同情，达到脱离险境的目的。四位译者都意识到了这个问题，所以均使用了不同的待遇表达方式，或直接表示尊敬的敬语表达方式，或用自谦的间接表达方式，旨在传译出曹操当时的心情和处境。小川、井波分别用“ともや”“まさか”，使语气加重，言外之意有教训的味道，小川的“ともや”是比“まさか”还要显古味的说法，语感郑重。村上用“あなた”让人感到有种疏离感，不符合曹操和关羽之前的友好关系这一

事实，立间的处理较好，用了“貴殿”“斬られる”“ござる”“ご造詣深い”“ご存じでござろう”，将曹操当时的求情之态和恭维关羽重情守义的个性凸现出来，符合原语的语境。

汉语原文：此孙膑“围魏救赵”之计。(第 30 回 P257)

小川訳：これこそ古の孫臏が『魏を囲んで韓を救うた』計（はかりごと）でござる。

立間訳:「これ孫臏の『魏を囲んで趙を救う』の計にござる」

村上訳:「孫臏の『趙を救うのに、魏を囲む』とう作戦に学ぶわけだ」。

井波訳；これぞ孫臏の『魏を囲んで趙を救う』の計です。

孙膑，战国时齐国的著名军事家。有次魏国派军队攻打赵国都城邯郸，赵国向齐国求救，齐王派田忌和孙膑领军救赵。孙膑认为魏国的军队在攻打邯郸，其国内兵力空虚，于是率军直攻魏都城；魏军回救本国，齐军乘其疲劳，发动攻击，大败魏军，遂解邯郸之围，史称“围魏救赵”。① 四位译者均直译并加了注。

小川译注：

「孫—戦国時代の人（前 4 世紀)。斉の国の兵法の師となり、魏の国が趙の国を攻めたとき、魏の国の都である大梁を攻めて、趙の包囲を解いた。今伝わる孫子の兵法 13 篇は彼の作だとする学者もある。孫も、元以来戯曲．小説でおなじみの人物であった。」

译文：孙膑 – 战国时代的人（公元前 4 世纪)，齐国的军事家。当魏国攻打赵国时，他率兵攻打魏国的都城大梁，解了赵国之围。有学者认为如今流传下来的孙子 13 篇是他的作品。孙膑也是元朝戏剧、小说中经常出现的人物。

立間译注：

「孫臏の『魏を囲んで趙を救う』の計—孫臏は戦国時代の斉の国

---

① 沈伯俊、谭良啸编著:《三国演义大辞典》，中华书局 2007 年版，第 270 页。

に仕えた有名な兵法家。魏の国が趙の国の都邯鄲を攻めたとき、孫臏は斉王より趙を救うように命じられたが、彼は魏の精鋭が趙国にあり、本国が手薄になっているに違いないと考えたので、魏の都大梁を攻め、魏の軍が本国の危急を救おうと帰ってきたところ、その疲労に乗じて散々に打ち破り、趙国の包囲を解いた。」

孙膑的"围魏救赵"之计－孙膑是战国时代齐国人，有名的军事家。魏国攻打赵国的都城邯郸时，齐王命孙膑率军救赵，孙膑认为魏国的精锐部队在赵国，本国一定兵力空虚，于是攻打魏国的都城大梁，魏国军队急回兵解救之际，乘机出击，击败魏军，解了赵国之围。

村上译注：

「戦国時代の故事である。魏の兵が趙の都を囲む。斉の兵法家孫臏は、斉王から趙を救えと命ぜられた。かれは直後、苦戦の趙にはむかわなかった。守りの手薄になっている魏の国境内に兵を進め、趙を攻撃中の魏の兵があわてて戻ってくるところを、一撃して粉砕した。」

战国时期的故事。魏兵包围赵国都城，齐王命军事家孙膑救赵。孙膑没有直接攻击魏兵，而是向兵力空虚的魏国境内进攻，攻打赵国的魏军获知后慌忙撤军回救，此时齐军乘机出击，击败魏军，解了赵国之围。

井波译注：

「戦国時代、魏の軍勢が趙の首都邯鄲を包囲したとき、斉王は田忌と孫臏に命じて軍勢を率いて趙を救援させた。このとき、孫臏は魏の精鋭部隊が趙国に集中し、魏の国内の守りが手薄であるのを見抜き、軍勢を率いて魏に攻め込んだところ、魏軍は邯鄲の包囲を解いて本国の救援に戻った。」

战国时期，魏国军队包围了赵国都城邯郸，齐王命田忌和孙膑率军救赵。此时，孙膑获知魏国的精锐部队集中在赵国，魏国内的守城兵力一定空虚，于是率军攻打魏国，魏军遂放弃包围邯郸而回国救援。

四位译者用直译加译注，保留了原语语言和民族形象，进行了文化信息转换。其中，村上将“趙を救うのに”作为结果前置，是目的，来突出“魏を囲む”这种手段，强调了孙膑的军事才能，同时添加逆接上助词“のに”，符合了日语读者的阅读习惯，这也反映出村上的翻译态度，即以读者的可接受性和日语表达方式为归依进行《三国演义》的日译，也就是归化的翻译。

汉语原文：休等此人开言下说词，责以郦食其说齐故事，效此例烹之，看其人如何对答（第86回P704）

小川訳：彼に弁舌の口を開く暇を与えず，郦食其が斉の国へ説きすすめに行った故事のためしの如く、煮殺してくれんと仰せられまして、何と答えるかご覧なされませ。

立間訳：鄧芝が口を開かぬうち、郦食其が斉に説客として参った故事を持ち出して、これで煮殺してやると、脅しつけ、彼がどう答えるかみてみるがよろしゅうござります

村上訳：彼に先に口を利かせてはなりません。むかし郦食其が斉の国に説客として赴いた故事を持ち出し、汝をこの油で煮るぞと脅しつけ、彼がなんというか、言わせてごらんになりませんか?

井波訳：彼に口を開き弁舌を振るう暇を与えず、郦食其の故事を引き合いに出して糾弾し、この例にならって煮殺すおどし、彼がどう返答するか見てみましょう。

“郦食其说齐故事”，为历史典故。郦食其本是看门小吏，秦末战乱他投奔刘邦，因献计克陈留，封为广野君。后奉刘邦之命作为说客去劝说齐王田广归顺，齐王听信其言，解除战备，结果被韩信乘机袭击。齐王以为是郦食其出卖，便把他烹死。① 四位译者均用直译进行转换，为传译的典故的文化信息，均对人物郦食其作了译注，利于读者理解。

小川译注：

「郦食其—漢王劉邦に仕え、その説客として斉王田広のもとに至

① 沈伯俊、谭良啸编著：《三国演义大辞典》，中华书局2007年版，第273页。

り、斉の七十余城をすべて漢に降服させることに成功した。田広は大に彼をもてなしたが、韓信が斉を襲撃したので、田広は酈食其に欺かれたと思い、彼を煮殺した。」

酈食其－在汉王刘邦处做官，作为说客去说服齐王田广归顺汉高祖，成功使齐王将70余城池献给刘邦。田广好好地款待了酈食其，而韩信却袭击田广，田广疑被酈食其欺骗，煮杀了他。

立间译注：

「酈食其の故事―漢の高祖に仕え、斉王を説いて七十余城を高祖に献ぜしめたが、同じく漢に従っていた韓信がせめよせてたので、怒った斉王に煮殺された。」

酈食其的故事－在高祖刘邦处做官的酈食其，说服齐王让他把70余所城池献给高祖，同为汉高祖臣子的韩信进攻齐国，齐王大怒，把他给煮杀了。

村上译注：

「酈食其は中国史上、名高い説客である。漢の高祖の臣として、斉王を説き、その七十余城を高祖にささげさせたが、後に同じく高祖の臣韓信が斉を攻めたとき、斉王が怒って彼を煮殺した。」

酈食其，中国历史上有名的说客，作为汉高祖刘邦的臣子，去游说齐王，使他同意把他所拥有的70余城献给高祖刘邦，不久刘邦的将领韩信攻打齐王，齐王大怒把他煮杀了。

井波译注：

「前漢の高祖劉邦とライバル項羽が覇を競ったとき、酈食其は劉邦の使者として斉王の田広のもとに行き、劉邦に帰順するよう説いた。田広がこれを聞き入れ、軍備を解除すると、劉邦の部将韓信がこの機に乗じて斉を襲撃した。田広は酈食其にはかられたことに気づき、彼を煮殺した。」

前汉的高祖刘邦与对手项羽争夺霸主时，酈食其作为刘邦的使者去游说齐王田光，让他归顺刘邦。田广接受了建议，解除了戒备，刘邦的部将韩信乘机袭击了齐国。田广疑被上当受骗，于是煮杀了他。

汉语汉语：辽曰："岂不闻豫让'众人国士'之论乎？刘玄德待云长不过恩厚耳。"（第25回P213）

小川訳：張遼「昔豫譲が、衆人（人々）と国士の違いを述べた言葉をご存じでござりましょう。劉玄徳とても、雲長には、ただ目をかけてやっていたというだけのこと。」

立間訳：古の豫譲の衆人国士の論もあるではございませぬか。劉玄徳の如きも、雲長に厚く恩をかけてやっただけに過ぎませぬ。

村上訳：遼が「昔、晋の豫譲がいったことに『主君がわれを並の人扱いされたなら、われ亦並の人として主君に報い、主君がわれに国士の扱いをされたなら、われ亦国士となって報いよう』こういうのがあります。劉備は関羽に単に大事にしている。」

井波訳：「豫譲の『衆人国士の論』をお聞きになったことがおありでしょう。劉備は関羽を手厚く遇したにすぎません。」

译文：豫让"众人国士"之论，语出《史记刺客列传》。豫让曾有如下议论：国君如以对待众人的态度对待我，我就以众人的态度来报答他；如用对待国士的态度来对待我，我就用国士的态度来报答他。豫让，战国晋国人，有名的刺客。众人，一般平民，国士，国中才干杰出人才。① 村上将典故含义移植，直接在译文中体现出来，是译意。小川、立间、井波均保留原语特色和形象，是直译。为了传译文化信息，三者都加了译注。

小川译注：

「豫譲は戦国時代（西暦前5世紀中葉）の晋の人。始め範中行氏に仕え、その亡んだ後、智伯に仕えた。智伯が趙襄子のために滅ぼされたので、豫譲は智伯のために仇討ちしようと決意し、一度は失敗し、許されたが、二度目に捕えられたときに襄子が「おまえは範中

① 沈伯俊、谭良啸编著：《三国演义大辞典》，中华书局2007年版，第270页。

行氏に仕えておったとき、智伯がこれを滅ぼしたのに、仇討ちしようせず、かえってその臣となった。なぜ智伯のためにばかり、そんなに苦心するのか」と問うたのに答えて「範中行氏にわたくしが仕えていましたときには、衆人と同じように扱われました。だから衆人に対するやり方で私も報いました。智伯は国士としての待遇をせられましたから、私も国士としてのやり方で報いるのです」と言った（『戦国策』「趙」一、および『史記』巻86「刺客列伝」に見える故事)」

译文：豫让，战国时期晋国人，开始侍奉范中行，范死后，侍奉智伯。智伯为了赵襄子而被杀，豫让决心为智伯复仇。第一次失败，第二次刺杀被捕，人们问他“你当初侍奉范中行，而智伯杀了他，你却不报仇，反而做智伯的臣子。你为何费尽苦心去为智伯报仇?”他回答道“我侍奉范中行时，他把我当做一般普通的人，因此我也用对待一般人的办法来对待他。智伯以国士的待遇来对待我，我也以国士的方法来报答他。”(参见《战国策》赵一及《史记》卷86刺客列传)。

立间译注：

「豫譲の衆人国士の論——豫譲は戦国時代の人で、かつて、主君が衆人（一般人）に対する態度で自分に対すれば、自分も衆人なみの態度でそれに仕えるが、若し彼が国士を遇する態度で自分を遇すれば、自分も国士の態度でそれに報ゆるのだ、といったことがある。」

译文：豫让的“众人国士”之论-豫让战国时代人，曾经说过这样的话“君主用对待一般人的态度对待我，我也用对待一般人的态度来对待他；如果他用对待国士的态度礼遇我，我也用对待国士的态度报答他”。

井波译注：

「戦国時代、晋の実力者智伯に仕えた豫譲は、智伯がライバルの趙襄子に滅ぼされたあと、執拗に趙襄子をつけ狙い、主君のあだ討ちを討とうとした。友人が「智伯はきみがかつて仕えた範氏中行氏を滅ぼしたのに、きみは仇を討とうとせず、智伯に仕えた。智伯に対して、だけ、なぜそこまでやるのか」とたずねたところ、豫譲は「範氏中行氏は私を衆人（並の人間）として、扱ったから、私も衆人として対応してたのです。智伯は私を国士として遇してくれたから、私も国士として報いるのです」と答えたという。結局、豫譲は仇討ちに失敗し、その心意気に感動した趙襄氏から贈られた彼の衣服に斬りつけたあと自殺した（『史記』刺客列伝）」

译文：战国时期，豫让侍奉晋国的实权派人物智伯，而智伯却被对手赵襄子所杀，豫让为君主复仇，刺杀赵襄子。友人问他“智伯杀死了你曾侍奉的主人范中行，你不为他复仇，反而侍奉智伯，你为什么这么死心塌地地为智伯复仇呢?”，豫让回答道“范中行用对待一般人的态度对待我，我也用对待一般人的态度来对待他；智伯用对待国士的态度礼遇我，我也用对待国士的态度报答他”。结果，豫让复仇失败，赵襄子很佩服他，赠送豫让衣服。豫让穿上衣服后自杀而死。（《史记》刺客列传）。

汉语原文：公孙恭曰：“袁绍在日，常有吞辽东之心；今袁熙、袁尚兵败将亡，无处依栖，来此相投，是鸠夺鹊巢之意也。”（第 33 回 P284）

小川訳：おじの公孫恭は言う「袁詔の生前にも、遼東をわがものにしようとの下心が見えておった。袁熙．袁尚はいま、兵は敗れ大将は打たれて、身の置き場さえなく、この遼東へ来たものの、これは例えばかささぎの作った巣にはとが住んで、挙句には奪い取ってしまうようなもの。」

立間訳：公孫恭は言うのに「袁詔は存命のみぎり、常常わが遼東を取ろうとの心を抱きおったが、このたび袁熙．袁尚が将兵を失い、頼るあてもなくしてここに参ったは、鳲鳩（とぶこどり）が、鵲（かささぎ）の巣を奪おうとの所存からに相違ない。」

村上訳：公孫恭はまず口をきる。「袁詔が生きていたときにには、いつでも遼東を取る気でした。袁熙と袁尚は、いまやすっかり尾羽うち枯らし、居所がなくなったので、こちらに入ってきましたが。ふたりの下心は軒を借りて母屋をのっとろうというのです。」

井波訳：叔父の公孫恭は言うのには「袁詔は在世中、つねに遼東を併呑しようと考えていた。今、袁熙と袁尚は、兵は敗れ大将は戦死して身の置き場がなくなったために、ここに身を寄せようとしているが、これは鳩が鵲（かささぎ）の巣を奪い取るようなものだ。」

"鸠夺鹊巢"，相传鳲鸠自己不做巢，等到鹊把巢做好了，它便把鹊的巣据为己有。语出《诗．召南．鹊巢》："维鹊有巢，维鸠居之。"后以此比喻强占他人之屋或地盘。① 小川、村上都用的是解释性译语，译文易懂。立间、井波是直译并作了译注。

立间译注：

「鳲鳩（とぶこどり）が、鵲（かささぎ）の巣を奪う一中国の言い伝えでは、鳲鳩は自ら巣を作らず、鵲が巣を作るのを待っていて奪い取るのだという。」

译文：鸠夺鹊巢－中国的传说，鸠鸟自己不筑巢，等鹊鸟把巢筑好后将其抢夺。

井波译注：

「『詩経』召南「鵲巣」に、「惟れ鵲に巣有れば、惟れ鳩の之に居る」という。鳩は自分で巣を作らずに鵲の巣に棲むことから、女性が夫の家に嫁いで一家をなすことに喩える。その成語「鳩居鵲巣（鳩 鵲の巣に居る）」を「鳩奪鵲巣（鳩 鵲の巣を奪う）」と言い換えて、他人の家をのっとるというマイナスの意味に用いる。」

译文：《诗经．召南》鹊巢篇有"惟鹊有巢，惟鸠居之"之句。鸠自己不筑巢而居在鹊巢里，比喻女性嫁到丈夫家成为一家人。成语"鸠居鹊巢"也可说成"鸠夺鹊巢"，抢夺他人的家，用于负面含义。

---

① 沈伯俊、谭良啸编著：《三国演义大辞典》，中华书局2007年版，第271页。

汉语原文：孔明笑曰："公非袁术坐间怀桔之陆郎乎?"（第43回P35）

小川訳：孔明は笑いながら、「袁術の座上でみかんを懐中した陸郎とは、足下のことであったか。」

立間訳：孔明は笑いながら「おお、貴公は袁術の前で橘を懐に入れた陸績殿ではないか。」村上訳：孔明が笑ってみせた。「あなたでしたな。昔袁術にご馳走になられ、みかんをこっそり盗まれた陸坊っていうのは一?」

村上訳：孔明が笑ってみせた。「あなたでしたな。昔袁術にごちそうになられ、みかんをこっそり盗まれた陸坊っていうのは－?、まあ、座ってゆっくりお聞き願う。」

井波訳：諸葛亮は笑いながら言った「貴公は袁術に目通りしたとき、橘（みかん）を懐に入れた陸郎ではないですか。」

"坐间怀桔"，语出《三国志．吴书．陆绩传》。陆绩6岁时，在九江见袁术，袁术拿出橘子待客，他于座间藏起3个待客的桔子，放在怀里，临走时不小心掉了出来。这时袁术问他时，何故作宾客而藏橘怀中，他跪下回答说，想拿回去孝敬母亲。此事一时传为美谈。在《三国演义》中，诸葛亮以此来取笑陆绩。① 在本文语境中，诸葛亮是以此事来问陆绩，含有调侃揶揄的语气。四者均为直译，并用译注的形式传译了原语的典故文化信息。

小川译注：

「みかんを懐中した陸郎は年六歳のとき、九江で袁術に面会した。そのおり袁術はみかんを出して食べさせた。陸績はその三個を懐に入れたが、その場を下がるとき、拝辞した拍子に、そのみかんが転がり落ちた。袁術が「陸郎、賓客となってみかんを懐にするか」と問うと、陸績はひざまずいて「帰って母に贈ろうと思います」と答えたので、幸心をほめられたと言う話が、『呉志』巻12の列伝に見

① 沈伯俊、谭良啸编著：《三国演义大辞典》，中华书局2007年版，第272页。

え、『蒙求』にも陸績懐橘」とある。」

译文：藏橘子在怀里的陆郎（陆绩）6岁时，又一次在九江与袁术见面，当时袁术拿出桔子让他吃，陆绩将其中3个放入怀中。离开时，桔子掉了下来，袁术问道“陆郎是客人，为何将桔子放在怀里呢?”陆绩跪着回答“带回去给母亲吃”，这孝心传为佳话。见《吴志》卷12列传很有名，《蒙求》也有记载。

立间译注：

「陸郎—陸績が六歳のとき、九江において袁術と対面した折、出されたみかんを三個懐中に入れて退出しようとしたが、挨拶をしたときにそれを落としてしまった。このとき、袁術に咎められて、「帰宅して母上に差し上げようと思ったのです」と答え、袁術を感じ入らせたという。」

译文：陆郎–陆绩6岁时，在九江与袁术见面，将袁术拿出来的桔子中的3个放入自己怀中。离开时，从怀中掉了出来。此时袁术责备他，陆绩回答说“带回家给母亲大人吃”，袁术很受感动。

村上译注：

「陸績は六つの時である。袁術と会見の席上、出されたみかんを三つ取ってふところに隠した。退出のとき、それが転落ちる。なぜ盗んだのか、と咎められ「家の母に食べさせたかった」といって袁術を感動させた。」

译文：这是陆绩6岁时的事。在与袁术见面时，将3个桔子放入自己怀中藏起来。离开时，桔子掉了出来。此时袁术责备他，为什么要偷?陆绩回答说“带回家给母亲大人吃”，袁术很受感动。

井波译注：

「陸績は六歳のとき、袁術に目通りした。このとき、袁術が橘を出してもてなすと、陸績はそのうち三つをこっそり懐にいれたが、退出しようとしてお辞儀をしたはずみに、橘が床に転がり出た。袁術がどうしてミカンを隠したのかと聞いたところ、陸績は母のために持って帰りたかったと答えたので、袁術は大いに感心したと言う話がある。『三国志』「呉書」陸績に見える。/陆绩 6 岁时，一次拜见袁术。袁术拿出桔子来招待他，陆绩将其中 3 个悄悄地放入自己怀中。告辞离开时，桔子落到地上，袁术问为什么要藏桔子呢？陆绩回答说带回家给母亲吃。袁术大为感动。见《三国志．吴书》陆绩传」。

上述译注成为理解原文不可或缺的组成部分。需要说明的是，村上的译文有责备的语感，与原文调侃揶揄的语气不很契合。

汉语原文：睿曰：“司马懿若果谋反，将奈何？”真曰：“如陛下心疑，可仿汉高伪游云梦之计。”（第 91 回 P753）

小川訳：曹睿「司馬懿が若し果たして謀反したらば、何とする」。曹真「もしお疑いが晴れませぬならば、漢の高祖が偽って雲夢の沢に遊幸成された計略に倣われまするがよろしゅうございます。」

立間訳：「さればとて、司馬懿の謀反がまことであったんっら、どうするのか」「お疑いにござりますから、漢の高祖が偽って雲夢に遊んだ計（はかりごと）倣われるがよろしかろうと存じます。」

村上訳：「だが」曹睿が「それでももし、彼の謀反が事実であったなら……？」「さあ、それぼどお疑いでございましたら、では、漢の高祖劉邦が雲夢にご遊覧の、あの前例がお手本です。」

井波訳：「司馬懿はほんとうに謀反しようとしているなら、どうすればよいのか」と曹睿。「陛下がお疑いになるなら、前漢の高祖が偽って雲夢に遊んだ計略に倣われるべきです。」と曹真。

“高祖伪游云梦之计”，历史典故。汉初，有人告发楚王韩信谋反，高祖刘邦采用谋士陈平之计，假意到云梦泽巡游，骗韩信出来迎接，趁机逮捕了他。云梦，是汉代华容县南的一个大泽。① 本段会话因为有上下文语境做铺垫，所以读者不难理解。四位译者因之用了直译手法，同时通过注进行了文化信息转化。

① 沈伯俊、谭良啸编著：《三国演义大辞典》，中华书局 2007 年版，第 274 页。

小川译注：

「偽って雲夢の沢に遊幸成された計略—高祖の6年、上書して楚王韓信の謀反を告げる者あり、帝は謀臣陳平の計略に従い、雲夢沢に遊幸するという触れ込みで諸侯を集め、目通りに出た韓信をまんまと捕まえた。ちなみに雲夢は、今の洞庭湖周辺の古名、古代にはさらに大きな沼沢地であった」

译文：高祖伪游云梦之计－高祖6年，有人上书楚王韩信谋反，刘邦听从谋士陈平之计，以巡游云梦泽召集诸侯觐见，韩信也来拜见，中计被抓。顺便说明云梦为今天的洞庭湖周围的故地名，古代是一个大沼泽。

立间译注：

「漢の高祖が偽って雲夢に遊んだ計—高祖が天下平定を終わったのち、楚王韓信がそむいたとの知らせがあり、このとき、高祖は謀臣陳平の計に従い、雲夢（沢の名）に遊幸すると偽って諸侯を集め、知らずに出席した韓信を捕まえた。」

汉高祖伪游云梦之计－高祖评定天下后，有人密告楚王韩信谋反。高祖听从陈平之计，伪装在云梦（山谷名）巡游召集诸侯觐见，韩信不知是计被抓。

村上译注：

「漢の高祖劉邦が天下を定めたあとである。開国の元勲韓信がそむくという謠言がたつ。高祖は策士陳平のはかりごとを用い、雲夢に遊幸し、出迎えた韓信を逮捕した。雲夢は湖の名。それがどこだかは諸説まちまちだが、要するに洞庭湖の付近らしい。」

译文：汉高祖平定天下后，开国元勋韩信谋反流言四起。高祖采用谋士陈平之计，巡游云梦，逮捕了前来迎接的韩信。云梦为湖地名，究竟在哪儿有各种说法，总之在洞庭湖附近。

井波译注：

「高祖が謀臣陳平の計略に従い、雲夢に遊びに出かける体を装って、韓信をおびき出し逮捕した故事を指す。」

译文：指高祖采用谋士陈平之计，假装巡游云梦，引诱韩信出来迎接，并将其逮捕。

汉语原文：讹言“苍天已死，黄天当立；岁在甲子，天下大吉。”（第1回P2）

小川訳：「蒼天は死んだ、黄天が次に立つのだ」。また「甲子の年は天下大吉」などと言いふらした。

立間訳：『蒼の世はすぎ黄の世だ。甲子（きのえね）の年は天下大吉だ』なる言葉をいい広めた。

村上訳：「蒼天すでに死す、黄天まさに立たん」とか「年は甲子にあり天下吉」などととなえた。

井波訳；「蒼天すでに死す。黄天まさに立つべし。甲子の年（中平元年を指す）に、天下は大吉」と妖言を流した。

“岁在甲子”，即甲子岁，公元184年。汉代以干支纪年。甲乙丙丁戊己庚辛壬癸为天干，子丑寅卯辰巳午未申戌亥为地支。甲子、乙丑、丁卯、天干与地支如此依次相配，组成六十个单位，称六十甲子。古代又以岁星纪年，以岁星每运行一个星次为一岁。公元184年，岁星运行到的星次与干支相配，正好是甲子，因此岁在甲子。① 原文体现了中国道家思想中的五行学说。五行学说在中国战国时期相当流行，认为万物由五种元素构成，分别为木、火、土、金、水，构成五行，本具有古代朴素的辩证法思想。② 衍生出五行相生和五行相克，后来，统治者将其用于政权更迭，鼓吹夺取政权方法的合理性。小川、立间、井波均直译，小川、立间为现代日语，并用“「だ」止め”体结句。村上用训读，保留了原语语言特色。为了传译出原语的文化意蕴，小川、井波均作了译注。

---

① 沈伯俊、谭良啸编著：《三国演义大辞典》，中华书局2007年版，第282页。

② 新一版（辞海版），古代汉语大辞典，上海辞书出版社2007年版，第50页。

小川译注：

「戦国の末（前3世紀）より五行説が起こり、木、火、土、金、水の五エレメントを五行と呼び、あらゆるものはこの五に配当され、古代の帝王をもこの五行に当てはめた結果、王朝の交代も五行の順序に従って行われるべきだと考えられた。漢の王朝はそのいずれに当たるかは、初め議論がまちまちであったが、後漢の光武帝の立ったとき（西暦26年）火徳と定められた。ところが木が火を生じ、火が土を生ずるという五行相生説によれば、火徳の帝王に代わるべきものは土徳の君主でなければならぬ。土は五色では黄色に配当される。張角らが「蒼天すでに死し。黄天まさに立つべし」と唱えたというのは、おそらくこの五行にとるもので、その徒党のものが黄色の巾を被ったもの、漢の火徳に対抗するエレメントに属する色を用いたのである。ただ蒼天の蒼色は水徳に属すべきで、それは五行相克、水は火に勝つとの思想に基づく。五行説と王朝の交代については、狩野直喜博士『読書余』（昭和22年）のうちに収められた「五行の排列と五帝徳について」の講演参照。」

译文：战国末期（公元前3世纪）产生了五行学说。木、火、土、金、水五种元素称为五行，万事万物均由这五种元素构成，并按此进行分配。古代帝王与这五行相配，因此王朝的更迭也按五行顺序演进。汉王朝配属哪种元素呢，开始虽有各种不同的说法，后决定后汉光武帝建立时（公元26年）的火德为准。不过按木生火、火生土的五行相生说，必定是土德的君主取代火德的帝王。在五行中，土配以黄色。张角提倡“苍天已死，黄天当立”，大概来自于五行说。其同党头戴黄色头巾，是使用与汉王朝火德相对抗的元素的颜色。只不过苍天的苍色应属于水德，这来源于五行相克说的水胜火的思相。关于五行学说和王朝更迭的关系，请参考收录在狩野直喜博士著『読書余』（昭和22年）中「五行の排列と五帝徳について」（关于五行的排列和五帝德）的演讲报告。

井波译注：

「五行相生説（木、火、土、金、水）によれば、火徳の漢を継ぐのは土徳なので、シンボルカラーは黄色になる。蒼色は木徳のシンボルカラーであり、直接には合わない。ちなみに五行に配当される季節、方位、色彩の内訳は、木（春．東．青）、火（夏．南．赤）、土（土用．中央．黄）、金（秋．西．白）、水（冬．北．黒）のとおりである。」

译文：据五行相生说（木、火、土、金、水），继承火德汉王朝的是土德，所以象征颜色为黄色。苍色（青色）为木德的象征色，不直接吻合。在此顺便列出五行配属（季节、方位、色彩）详细内容如下：木（春、東、青），火（夏、南、红），土（土用、中央、黄）、金（秋、西、白）、水（冬、北、黑）。

这些译注对更好地传播异质文化确实起到了不可或缺的作用。

汉语原文：杨仪曰："昔孙膑擒庞涓，用添兵减灶之法而取胜；今丞相退兵。何故增灶？"（第100回P833）

小川訳：すると楊儀、「昔孫臏が龐涓をとりこにしたときは、兵を増やしつつ竈を減らす法にて勝利を得ました。今いま丞相には、兵を引き揚げるに何ゆえ竈を増されまする」と言った。

立間訳：楊儀は言った。「昔孫臏が龐涓を取り押さえたときには、兵を増して竈を減らす法を用いましたが、いま丞相は、兵を引かれるというのに、何ゆえ竈を増すのでござりますか」

村上訳：昔孫臏が龐涓を倒しましたときには『添兵減竈（てんぺいげんそう）』の法を用いましたのに、あなたはどうして『減兵添竈』（げんぺいてんそう）で……?」

井波訳：「昔、孫臏が龐涓を捕らえたときには、『添兵減竈（てんぺいげんそう）の法』を用いました。今、丞相は退却に際して、どうして竈の数を増やされるのですか」と楊儀

“退兵添灶”和“添兵减灶”之法是古代中国军事用语。战国时，魏国将领庞涓攻打韩国。齐国大将田忌、军师孙膑奉命率军攻魏救韩。庞涓领兵迎战。孙膑主动撤退，并故意逐日减少宿营地的灶数，使庞涓误以为齐军军心不稳，每天都有人在逃，士兵丧失了斗志。庞涓因此轻敌，引兵急追，结果中计，在马陵道被齐军所败，恨而自杀。①“添兵减灶”之战法由此而生。“退兵添灶”则是诸葛亮的军事谋略。“增灶”典故语出东汉大臣虞羽，有将帅之略。虞羽为武都太守。征羌兵受阻。羌兵在陈仓、崤谷关拦截他，虞羽星夜急行，令史士筑灶数遂日增加，迷惑对手，使之不敢追击，最后打败了羌兵。这两种典故的来龙去脉，已经在上下文中作了交代，上文孔明曰：“吾今退兵，可分五路儿退。今日先退此营，假如营内一千兵，却掘二千灶，明日掘三千灶，后日掘四千灶；每日退军，添灶而行。”下文“司马懿善能用兵，知吾兵退，必然追赶；心中疑吾有伏兵，定于旧营内数灶；见每日增灶，兵又不知退与不退，则疑而不敢追。吾徐徐而退，自无损兵之患。”② 四位译者均采用直译，其中立间用了解释性译语转换，易读易懂。小川、村上、井波加了译注，村上和井波将典故“添兵減竈”注上了假名，后半句村上略为“『減兵添竈』”，使典故含义自明，又能引起读者正确的联想，有效保留原语中的民族文化信息。

小川译注：

「孫臏は斉の軍師として魏の将軍龐涓と戦ったとき、斉の軍隊を敵陣に侵入させて、宿営地に竈を十万人分作らせ、翌日は五万人分、その次は三万人分作らせた。龐涓はこの数から敵は臆病で逃亡者が続出したと喜び、まんまと孫臏の計略にかかった。『史記』巻65、孫子列伝参照。」

译文：孙膑，战国时齐国的军师。一次与魏国的将领庞涓作战时，

---

① 沈伯俊、谭良啸编著：《三国演义大辞典》，中华书局2007年版，第274页。

② 罗贯中，《三国演义》（上，中国古典文学读本丛书），人民文学出版社2006年版，第832~833页。

让军队攻入敌阵，在宿营地让人挖了10万人的灶，到第二天减为五万人的灶，第3天为3万人的。庞涓从灶的数量减少判断孙膑的军队士兵胆小，每天都有逃亡者，非常高兴。不幸却正中孙膑之计。参见《史记》卷65孙子列传。

村上译注：

「孫臏は戦国時代の兵学者で斉の軍師。趙を襲っている魏の龐絹を趙を救うためにさていだすつもりで、斉の率い、魏に攻め入り、行軍の途中毎日竈の数を減らした。あわてて趙から引き返し、彼の後をつけた龐絹は、竈の減少を見、斉軍に逃亡者おおしとあなどり、無理な強行軍をして命を落としたという。」

译文：孙膑战国时期的军事家，齐国的军师。为救被魏国庞涓包围的赵国，率领齐国军队攻入魏国，在行军途中，每天让人减少灶的数量。得到此消息的庞涓于是慌忙率军队从赵国返回，追击孙膑。庞涓看到灶的数量每天都在减少，判断齐军士兵有不少人在逃亡，遂下令强行追击，结果中计丧命。

井波译注：

「兵の数を増やし竈の数を減らす方法。戦国時代、魏の龐絹が趙と連合して韓を攻めた際、韓から救援を求められた斉の孫臏は魏の都に進撃した。そのため龐絹は斉軍のあとを追う形で魏に戻ることになった。魏軍の動きを知った孫臏は、日ごとに竈の数を減らし、斉の兵士がひっきりなしに逃亡しているように見せかけて龐絹をゆだんさせ、昼夜兼行で追撃してきた魏軍に馬陵で一斉攻撃をかけ、龐絹を討ち取った。『史記』孫子呉起列伝。」

译文：增加士兵的数量，减少灶的数量的方法。战国时期，魏国的庞涓与赵国联合攻打韩国，韩国向齐国求救，齐国遂派孙膑率军攻打魏国的都城，于是庞涓率军从后面追击齐军解救魏国之围。探知魏国军队动向的孙膑，命令每天减少灶的数量，让士兵假装成没有士气、每天都在逃往的假象来迷惑庞涓，庞涓因此轻敌，引兵急追，结果中计，在马陵道被齐军所败，被杀。出自《史记．孙子吴起列传》。

汉语原文：荀彧进曰：“昔晋文公纳周襄王，而诸侯服从；汉高祖为义帝发丧，而天下归心。今天子蒙尘，将军诚因此时首倡义兵，奉天子以从众望，不世之略也。若不早图，人将先我而为之矣。”（第 14 回 P113）

小川訳：荀彧が進み出て「昔晋の文公は周の襄公を守り立てるため、諸侯がつきしたがうい、漢の高祖は楚の義帝がために喪を発してより、天下これになびいたのでございます。いま天子は逆臣がために苦しめられたもうこのとき、将軍はもし忠義の兵を挙げて、天子を奉じて、人々の願望に答えるならば、またとない大業と存じます。躊躇っていては必ず、先をこされましょう」と言った。

立間訳：荀彧が進み出て言うのに「そのかみ晋の文公は周の襄公を擁したため、諸侯みな従い、漢の高祖は楚の義帝がために喪に服して、天下の心をつかみましたるに、いま天子は蒙塵したまうこの折に、将軍が義兵を挙げんことを提唱いたされ、天子を奉じて衆望に応えらるるは、比いなき大略と存じます。もし急速にこれを計られねば、余人に先んじられしょうぞ」

村上訳：荀彧が「昔、晋の文公は、周の襄公を迎えたばかりに諸侯は帰服し、漢の高祖は項羽によって暗殺された義帝を弔われたので、天下の心をひきつけられたのでした。ただいま天子は漂白の身の上だ。そこで今このですぞ。あなたが人に先んじて正義の兵を挙げ、天子を奉じて、人心の収攬になる一これぞ無類の一大謀略でしょう。早速着手にならないと、人にしてやられます」

井波訳：荀彧が進み出て言った。「昔晋の文公は周の襄公を受け入れて、諸侯は服従しました。漢の高祖は義帝の喪に服したために、天下の人々が心を寄せました。いま、天子は都を出て、逃げ惑っておられます。将軍にはこの機会に義兵を起こすことを提唱され、天子を奉じて、人々の願いに添われることこそ、非常時の戦略であります。早く計画に着手されなければ、他人に先をこされてしまうでしょう」

这段话语中有两个典故，即“晋文公纳周襄王”和“汉高祖为义帝发丧”。“晋文公纳周襄王”，晋文公，即姬重耳，春秋时晋国国君，公元前636～628年在位。他号召诸侯勤王，平定周室王子带的叛乱，迎接周襄王复位，树立起自己的政治威信。后来主盟诸侯，成为春秋五霸之一。“汉高祖为义帝发丧”，义帝，即熊心，战国时楚怀王熊槐之孙，本在民间为人牧羊，秦末农民起义时，被立为王。秦亡后，项羽自立为西楚霸王，尊他为义帝。不久，项羽派人将他暗杀。刘邦听说后，为他举行丧礼，哭吊三天，并借此号召各路诸侯，讨伐杀害义帝的项羽。四者总体上为直译。其中小川、立间在义帝前加译语“楚”，村上加译语“項羽によって暗殺された”使语义明确，便于读者理解。同时小川对“文公”作了译注。

小川译注：

「晋の文公—文公は五覇の一人で、諸侯を率いて周の天子襄王を自分の領地の中へ迎えた。(西暦前632年)。」

译文：晋文公－文公为春秋五霸之一，率领诸侯将周天子襄公迎接到自己领地来。(公元前632年)。

井波译注：

「紀元前635年、晋の公子（重耳）は、弟によって都を追い出されていた周の襄王を奉じて軍隊を動かして、王を都に帰還させた/公元前635年，晋公子（重耳）发动军队讨伐其弟弟，迎接被他弟弟逐出都城的周襄王复位”和“紀元前206年、項羽は盟主に据えていた義帝（楚の懐王）を殺害。翌年それを知った劉邦はただちに喪を発して、大逆無道の項羽を討伐することを諸侯に訴えた。」

译文：公元前206年，项羽杀害讨秦盟主义帝（楚怀王），第二年知道此事的刘邦马上向各路诸侯发丧，讨伐大逆不道的项羽。

两则译注，实现了典故义的文化信息转换。

汉语原文：主公仰慕将军，欲求令爱为儿妇，永结秦晋之好。（第16回P139）

小川訳：わが君には、かねがね将軍を敬慕せられておりましたが、このたびはご息女を嫁にいただき、末永く両家の誼（よしみ）を結びたいとの思い召しでございます。

立間訳：わが殿にはかねてより将軍のご英明をお慕い申し上げておりましたが、このたびは是非若殿がために将軍のご息女を申しうけて、このさき末長く好みを結びたいと仰せいだされ、それがしかくは参上つかまつりました。

村上訳：主人があなたには大変な好意——。ついては子息のために、こちらの令嬢をお迎えし、長く血と血の縁（えにし）をつづけたいとのお考えです

井波訳：わが主公は将軍を敬愛しておりますので、ご令嬢を息子の嫁にいただき、とこしえに『秦晋の好み』を結びたい、と願っておられます。

“秦晋之好”指中国春秋时代，秦、晋两国国君，常互通婚姻，后来就把双方联姻叫做秦晋之好。小川、立间、村上均译意，井波则采用直译加译注的方法。井波译注：

「春秋時代、秦の国と晋の国は常に婚姻関係を結び、友好的関係を保った。」

译文：春秋时期，秦国和晋国经常缔结婚姻关系，保持友好的关系。

保留了原语的语言和比喻义，通过译注实现了文化信息转换。

训读法加注释

《三国演义》中的部分成语、谚语典出中国古代文化典籍，如《论语》《孟子》《老子》《战国策》《庄子》《汉书》等，这些典籍中的语言属古上汉语或中古汉语，是文言文。文言文在日本叫做汉文，日本人

在解读中国古代典籍是所用的阅读方法就是用汉文训读法。

汉语原文：日中则昃，月满则亏：此天下之常理也。（第65回P540）

小川訳：『日（ひ）中（ちゅう）するときは昃（かたぶ）き、月満（みつ）るときは虧（か）く』とは世の定めでござる。

立間訳：『日、中（ちゅう）すれば則ち昃（かたむ）き、月満（みつ）れば則ち虧（か）く』、これ天下の道理でござる。

村上訳：『日、午をすぐれば昃（かたむ）き、月、満つれば欠（か）く』ともいって、これが天下の常理である。

井波訳：「太陽が真上に来ればやがて傾き、月が満ちればやがて欠ける」のは、天下の常なる道理です。

“日中则昃，月满则亏”语出《易经．丰》：“日中则昃，月盈则食。”是说太阳升到正中，就要逐渐偏西；月亮达到正圆，就要逐渐缺损。喻指事物发展到一定程度就会向相反的方向转化。昃，指太阳开始偏西，相当于下午二点左右。① 小川、立间、村上用训读法，并给中国汉字配上和训，传译了原文的语言和比喻意义，作了文化信息转换。井波则用解释性译语传译了原语文化信息。

汉语原文：圣人云：小不忍则乱大谋（第103回P855）

小川訳：「聖人の言葉にも『小さきに忍ばざれば、大謀を乱る』とある。」

立間訳：「聖人も『小さきを忍ばざれば則（すなわ）ち大謀乱る』と言っておる」

村上訳：「『小さきを忍ばずば大謀乱る』—これが孔子の仰せだ。」

---

① 罗贯中：《三国演义》（下，中国古典文学读本丛书），人民文学出版社2006年7月版，第540页脚注。

井波訳:「聖人も『小を忍ばざれば、則(すなわ)ち大謀を乱る』(『論語』衛霊公篇)」と言っておられる。

此语典出中国典籍《论语 . 卫灵公篇》，其语言属上古汉语。四位译者都用了训读法，本句语言不难懂，用训读法能保留原语的语言特色，又符合一般日本人的阅读习惯，让读者欣赏到了原语的原汁原味。小川、立间还作了译注，指出出自“『論語』衛霊公篇”。

汉语原文：水镜曰：“岂不闻孔子云：‘十室之邑，必有忠信。’”(第 35 回 P296)

小川訳:老人「孔子も『十室のむらにも、必ず忠信あり』と仰せられたではないか。」

立間訳:水鏡先生「孔子も『十室の邑にも(十戸ばかりの小村にも)、必ず忠信あり』と言っておるではないか」

村上訳:水鏡「孔子が仰せになっている。『十室の邑(むら)にも、必ず忠信あり』」

井波訳:司馬徽「孔子の『十室の邑(ゆう)にも、必ず忠信あり』」という言葉をお聞きになったことがあるでしょう。

“十室之邑，必有忠信”语出《论语 . 公冶长》意指尽管只有十来户人家的小地方，在这些人中间必定有讲忠信的人。[①]“邑”，指中国古代区域单位，九夫为井，四井为邑。《史记 . 五帝本纪》：“一年所居成聚，二年成邑，三年成都。”又可作人居住之地解。《荀子 . 大略》：“过十室之邑必下”[②] 在本文中是指人居住的地方，人数少仅有十来户人家。为此，井波作了译注。

「戸数が十軒ほどしかな小さなむらにも、必ず忠実で誠実な人間がいる。『論語』公冶長篇の言葉に基づく。」

即便是仅有十户人家的小村庄，一定有忠诚可靠的人。

---

① 沈伯俊、谭良啸编著，中华书局 2007 年版，第 276 页。

② 古代汉语辞典，商务印书馆 2008 年版，第 1854 页。

立间作了随文注“十戸ばかりの小村にも/仅仅有十户人家的小村庄”。

汉语原文：此所谓强弩之末，势不能穿鲁缟。(第43回P361)

小川訳：『強き弩（いしゆみ）の勢いの末は、魯縞（うすぎぬ）をも穿つあたわず』との譬えの通りでござります。

立間訳：俗にいうといかな強弓も末ともなれば薄絹一枚も射透すことはできぬと申すもの。

村上訳：これではしょせん、『強弩（つよゆみ）の矢も遠く飛べば魯縞（カーテン）にすら穴をあけ得ない』という諺にてっきりでしょう。

井波訳：これは、いわゆる『強弩（きょうど）の末は、勢い魯縞も穿（うが）つ能わず』という事態です。

“强弩之末，势不能穿鲁缟”，据《三国演义大辞典》① 释义为：语出《史记．韩长孺列传》：“强弩之极矢，不能穿鲁缟。”意指弓箭到了射程的终点时，其力量连鲁缟也穿不透了。喻强大力量已经走到了尽头，开始衰竭了。鲁缟，一种丝织品，因产于鲁国，叫鲁缟，很薄。小川、井波用训读，保留原文语言和比喻义，其中井波作了译注：

「強い弩（いしゆみ）によって、放たれた矢も、最後には魯の薄絹さえ貫けないほど威力が衰える、という意。(『史記』韓長儒伝)。」

通过强弩放出的弓箭，到了射程的终点，其威力减弱得连山东产的丝织品鲁缟也不能穿过。(出自《史记．韩长儒传》)。

进行了文化置换。立间和村上用译意进行文化转换。村上还用外来语置换“鲁縞”，有些现代感，只是此处给人一种“不协和”感。

汉语原文：玄德曰：“圣人迅雷风烈必变，安得不畏？(第21回P181)”

---

① 沈伯俊、谭良啸编著，中华书局2007年版，第276页。

小川訳：玄徳「聖人も迅雷（ときいかづち）．風烈（はげしきかぜ）には必ず変ず（論語のことば）と仰せられました。恐れずにいられましょうか」。

立間訳：「聖人すら迅雷風烈必ず変ずと申されております。恐れずにおれましょうか」玄徳が言った。

村上訳：「聖人孔子も迅雷（かみなり）．風烈（かぜ）には、きっとなられたと申します。恐れずにはいられません」。

井波訳：劉備は答えた。「聖人（孔子）も『迅雷（じんらい）．風烈には必ず変ず（激しい雷や風に出会うと、必ず居ず舞を正す）』（『論語』郷党篇）と言っておられます。怖くないわけはありません」

“迅雷风烈必变”，语出《论语．乡党》，说孔子遇到疾雷暴风，必定改变容色，以示对上天的敬畏。“迅雷风烈”即“迅雷烈风”，是为了错综成文的一种变例的修辞。① 四位译者均用训读法译出原语，小川和立间译文未将“圣人”明确是谁，一般读者或许也不知道是谁，令人困惑。村上和井波则加上了孔子，使“圣人”的含义具体化，其中井波还以随文注的形式译成了现代日语，为：

「激しい雷や風に出会うと、必ず居ず舞を正す）」帮助读者理解原语。对训读中的汉字注上了假名分别为「迅雷（ときいかづち）、風烈（はげしきかぜ）」（小川）「迅雷（かみなり）、風烈（かぜ）」（村上）「迅雷（じんらい）」（井波），均是为了帮助读者理解。其实，对于孔子本人及著作《论语》，日本人是非常熟悉的。日本人与中国人一样同样尊崇孔子，在现代日本中学校里，孔子的名言作为教学内容出现在教材里。长期以来，日本已将孔子的著作《论语》内化为本民族的精神食粮和伦理道德规范。日语谚语中有大量源于《论语》的名言。如「孔子に論語、孔子に学問/板门弄斧」等②以孔子本人作为喻体，在日本人的心目中，孔子是知识、学问和正义的象征。日本著名哲学家

① 沈伯俊、谭良啸编著：《三国演义大辞典》，中华书局 2007 年版，第 276 页。

② 荒木敏光等、『故事俗語諺語大辞典』，小学館，1985 年，第 416 页。

西周认为，孔子是世界文化人物的三圣之一，① 对孔子给予高度评价，可以说日本对孔子的理解和中国文化历史是相契合的。以孔子著作『論語』作为谚语的词汇在日语中也有不少。如「犬に論語/对牛弹琴」、「論語読みの論語知らず/书呆子」等②，日本人视《论语》等中国典籍为个人学习、强化汉学修养的行为准则和本民族的精神食粮，无形中培植了日本人的精神生活和伦理道德观念。7世纪后，日本为了吸收消化中华文化，设立了讲授中国文化的大学寮，规定学生必修《论语》《孝经》，可见孔子及著作《论语》已深入日本，并长期积淀在日本人心中。

汉语原文：许攸仰天叹曰："忠言逆耳，竖子不足与谋!"（第30回P255）

小川訳：許攸は天を仰いで大息をつき「『まことある言葉は耳に逆らう』とは、もっともじゃ。」

立間訳：許攸は天を仰いで、「忠言耳に逆らう、豎子とともに謀るにたらず。」

村上訳：許攸は天を仰いだ。「忠言、耳に逆らう。これでは、話してもとてもだめだ。」

井波訳：許攸が天を仰ぎながら嘆いて言った。「まことに『忠言は耳に逆らう（真心からの諫めの言葉は相手に聞き入れられないものだ、の意。)』(『孔子家語』ということだ）ということだ。『子ともに謀るに足りず（青二才はともに大事を計画するには役不足だ)』(『史記』項羽本紀)。

"忠言逆耳，竖子不足与谋!，这是袁绍谋士许攸捕获曹操的催粮信后，向袁绍献计，乘虚分兵两路，一路奇袭曹操的后方基地许昌；一路乘曹操粮草已尽，军心动摇之机，果断从正面出击，生擒曹操。而袁

---

① 卞崇道等：《明治哲学与文化》，中国社会科学出版社2005年版，第26页。

② 荒木敏光等、『故事俗語諺語大辞典』，小学館，1985年，第111页。

绍未采纳，于是失望之余而发出这样的感叹。"'忠言逆耳'，谓正直的劝告听起来不顺耳。《史记．留候世家》：'且忠言逆耳利于行'"①"'竖'，对人的鄙称，犹今言'小子'。《史记．项羽本纪》：'竖子不足与谋'"②"《史记．刺客列传》：'荆轲怒，叱太子曰：'何太子之遣？往而不返者，竖子也。'。《晋书阮籍传》：'时无英雄，使竖子成名。'"③ 小川、立间、井波用训读法保留原文语言，井波用随文注译为现代日语，为：

「真心からの諫めの言葉は相手に聞き入れられないものだ、の意。『孔子家語』ということだ。『子ともに謀るに足りず（青二才はともに大事を計画するには役不足だ）』（『史記』項羽本紀）。」

译文："忠言逆耳"—发自内心的劝告对方听不进去，出自《孔子家语》。"竖子不足与谋－毛孩子原本就没有能力谋划大事，出自《史记．项羽本纪》。

小川后半句省译，村上则作译意处理。

汉语原文：真个金吾不禁，玉漏不催！（第 69 回 P575）

小川訳：まことに金吾の衛兵も、今宵ばかりは夜の見回りを緩やかにし、漏刻の音も人をせかせない、にぎわしさである。

立間訳：まことに夜を昼としてのにぎやかさ。

村上訳：「金吾の干渉なくして、遊びに時間の時限なし」と言った光景。

井波訳：まさしく「金吾（きんご）も禁ぜず、玉漏（時計）も催（うなが）す無し（近衛兵も禁止できず、夜間通行禁止令も無用となる）」という賑わいになった。

"金吾不禁，玉漏不催"，指古代节庆时在京城开放夜禁的制度。

---

① 汉语大词典，北京：（上，简编），汉语大词典出版社 1998 年版，第 1704 页。
② 汉语大词典，北京：（下，简编），汉语大词典出版社 1998 年版，第 3076 页。
③《古代汉语词典》，商务印书馆 2008 年版，第 1914 页。

届时，因夜禁开放，人们可以不受禁卫军的干涉和时间的限制，尽情游玩。金吾，即执金吾，汉代官名，负责京城治安警卫的长官。漏是古代的漏水计时器，因用玉制成而名之。小川、立间、村上不由而同地意译，译文简洁，明了。井波用训读，保留原语，并做了译注。

「近衛兵も禁止できず、夜間通行禁止令も無用となる。」

译文：禁卫军也不干涉，人们夜间通行也不需要禁止令。

通过随文注的形式译成现代日语，进行了文化信息的传译。既照顾了具有汉文训读修养的研究人员，也考虑到了一般读者的可接受性，两者兼有。

4.4 称呼语翻译与译注法

在人类社会中，称谓系统是一个极其庞大的语言文化系统。“在人际关系中标志着人的特定身份和职业，这种独特的符号文化能系统、直接地反映汉民族的政治制度、婚姻生活、礼仪风尚和民族心理。”① 它是人类长年累月形成的规则和长期约定俗成的习惯相辅相成的产物，因此，具有鲜明的民族性。在日本，铃木把称呼当作自称词、对称词来分析。② 在中国，对亲属称谓的叙述在公元前 2～3 世纪的字书《尔雅》中的《释亲》篇有“已开释称谓之端”。③ 称谓分为两大类：亲属称谓和拟亲属称谓。中国是一个礼仪之邦，在称谓方面很讲究，主要有尊称和谦称。尊称也叫敬称，是对谈话对方表示尊敬的称呼；谦称是表示谦虚的自称。同时，中国封建社会是宗法社会，十分重视血缘关系，家族观念根深蒂固。在社会交往中也无不渗透着家族观念的延伸与扩大，形成拟亲属称谓。通过用亲属称谓来称呼对方，来拉近与对方的关系，以

① 王琪：《上古汉语称谓研究》，中华书局，绪论第 1 页。

② 鈴木孝夫，『言葉と文化』岩波新書，2001 年 7 月第 25 刷り，第 129～131 页。

③ 刘叶秋：《中国字典史略》，中华书局 2003 年版。

表示亲切。这种拟亲属称谓的使用也反映了中国的“礼俗”文化，体现中国人“尊人卑己”的礼貌原则。拟亲属称谓尽管是宗法社会的产物，但它创造了一种亲情环境，形成“亲如一家”的人际关系。只有原汁原味地译出这些带有鲜明民族性的因素，翻译才能真正起到传播文化、交流文化的作用。

《三国演义》中有大量具有中国文化的称呼语。如，夫人、主公、哥哥、明公、足下、使君、府君、汝辈、公台、鼠辈、阿父、阿斗等，这些语言具有浓厚的历史文化信息，它们的使用，或形象鲜明地刻画了人物的个性；或再现了语言表达特色；或增添了原语口语色彩，使叙事更加生动、传神。通过对四种译本《三国演义》中称呼语翻译的考察，发现译者在翻译称呼语时使用：汉字加注假名加注释（进行置换），较好地再现了原语语言文化信息。

汉语原文：关公曰：“如不胜，请斩某头”（第5回P44）

小川訳：関公は「勝ちを取らねば、それがし首をお切り下さい」と言う。

立間訳：関公、

「もし打ち勝たずば、それがしの首お召し下されい」。

村上訳：関羽が言う。「もし勝てないときには、それがしの首を差し上げましょう」

井波訳：関羽は、「もし敗れたならば、私の首を斬ってください」と言う。

关羽是中国历史上的著名人物，其形象被固化为守信重义和威猛刚强，负载着厚重的文化信息。在中国封建社会后期，关羽是被作为神来敬供的，有“武圣人”“关武帝君”“伏魔大帝”等称号，① 关帝庙遍及城乡，甚至海外，其影响之广不仅远远超过诸葛亮，就连孔圣人也望

① 王前程：《〈三国演义〉与传统文化》，华中师范大学出版社2007年版，第118页。

尘莫及，所以直呼其名是应该回避的。据《三国演义大词典》① 对关羽作了详细的介绍：关羽（？～219），汉末名将。字长生，该字云长，今河东解良②人。东汉末随刘备起兵，威猛刚强，极受倚重。建安 5 年，刘备为曹操所败，他暂依曹操，任偏将军，备受礼遇；因斩颜良之功，封汉寿亭侯。不久，仍归刘备。建安 16 年，刘备入蜀，他与诸葛亮镇守荆州。诸葛亮入蜀后，他总督荆州事。建安 24 年，刘备称汉中王，封他为“五虎大将之首”。他围攻曹操大将曹仁于樊城，大破于禁所领七军，一度威震华夏。不久，孙权乘其后方空虚，袭夺荆州。他败走麦城，突围时被擒杀。日本学者竹内真彦也对关羽的称呼在《三国演义》中的变化作了详考③。有意思的是吉川英治在其改编创作的长篇小说《三国志》中，“为强调关羽的儒者之智，作者还改关羽出身解良一武夫为村塾夫子，并以大量增补凸现了他的兼通经史，博学有识。”④ 小川、立间注意到了这个问题，所以在译文中直接移植“関公”汉字，并作了译注。

小川译注：

「関公——この小説の中では、関羽の名だけはそのまま書かないで、関公と呼ぶ例になっている。それは明以後（あるいは元時代から始まっていたかも知れない）関羽が神として崇拝されたためである（解説参照）。訳文では、原文の関張とあるところを関羽張飛と訳した結果、原文におけるこの心使いをそのまま保存することができなかったが、以下も関公あるところは、すべて原文にしたがったのである。」

译文：关公－在小说中，不原封不动地写关羽的名，而有不少称为关公的例子。这种称呼是从明朝以后开始的（或许是从元朝开始的），

---

① 沈伯俊、谭良潇编著，中华书局 2007 年版，第 101 页。

② 按：应为“解县”（今山西临猗西南）

③ 竹内真彦,『三国志演義』における関羽の呼称—『演義』成立をめぐって、日本中国学会報第 53 集，第 180～194 页。

④ 邱岭、吴芳龄著:《三国演义在日本》，宁夏人民出版社 2006 年版，第 193 页。

因为关羽被作为神来崇拜。（参照解说）译文中，原文中的关张和某些地方被翻译成关羽、张飞，结果未能原封不动地保存原文中的称呼法。以下有关公的地方，也全部按照原文来翻译。

立间译注：

「関公——関羽は後に民間で神として祭られているので、本書でも本名を使うのを避けている。弘治本では孔子を孔某と書くのにならい関某としている。」

译文：关公－关羽死之后，民间把他作为神来供奉，所以本书也避讳直呼其名。比照史书中孔子称为孔某的说法，弘治本也采用此法，称关羽为关某。（立间的译注是在第一册第一回所作，为注18）。

用译注方式对关羽称呼之名的流变作了说明，还原了历史真实，增添了中国文化知识，读者读到此处，也会有所裨益。而村上和井波译本直接翻译为“関羽”，由于没有译注，有关关羽这一历史人物被赋予的文化意蕴流失，读者无法从译文中了解到这一历史名词流变的过程及在中国历史文化中的寓意。这一事例凸现了译注法的重要性。

汉语原文：宫曰曰：“今闻明公以大兵临徐州，……且州县之民，与明公何仇？杀之不祥．望三思而行。”（第10回P85）

小川訳：「閣下」、「閣下」

立間訳：「閣下」、「閣下」

村上訳：用敬语「される」表示、「あなた」

井波訳：「明公（との）」、「明公（との）」

“明公”据《三国演义大辞典》① 指古代对权贵、长官的尊称。日语词汇中没有该汉字词汇。“明公”在日语中相应的译词为“との”，汉字为“殿”，义为“貴人、君主の敬称。”村上译利用语境和日语的敬语表达方式采用直接归化的手法，分别译为“される”和“あなた”，便于现代读者理解。小川和立间则直译用敬词“閣下”，书面语

① 沈伯俊、谭良啸编著，中华书局2007年版，第286页。

较浓，传译了古朴韵味。译者这样处理是符合语境的。此时的曹操已非彼时的曹操，已经是“威名日盛”，朝廷加封为“镇东将军”，地位在各路诸侯之上，理所当然地受到尊重。井波译将“明公”均直录汉字“明公”，注上假名，随文注译为“との”，既保留了原语语言特色，又照顾了读者的阅读习惯，符合日语表达方式，能为读者所理解。

汉语原文：张飞大怒，拔剑在手，叱曰：“吾兵虽少，觑汝辈如儿戏耳！你比百万黄巾如何？你敢伤我哥哥”（第16回P137）

小川訳:「おれの兄貴」

立間訳:「兄貴」

村上訳:「兄貴」

井波訳:「哥哥（がが、兄貴）」

“哥哥”为弟妹对兄的称呼。汉语的“哥哥”，日语中有“兄”“兄さん”与之相对应。小川、立间、村上直接用“兄貴”转换。而井波没有直接转换，而是直录汉字“哥哥”（异化），给注上假名为（がが），并以随文注“兄貴”（归化）进行了注释，凸现了张飞直率、敢作敢为、勇猛的个性，跃然纸上。同时也点明了刘、关、张三人结义兄弟之情，令人印象深刻。

在致力于追求多元文化的语境下，如果只是以目的语文化为中心，采用归化翻译策略，就有可能掩盖不同文化间的差异，那就容易造成文化信息的缺失，在翻译时，交互使用归化和异化两种方法，才能使读者对对象国传统文化有一个全面而准确的理解。正是基于这种认识，译者们不同程度地使用了译注法翻译策略，充分保留中华文化色彩。在《三国演义》称呼语翻译成现代日语的过程中，很有特色。它既保留了原语语言风格，体现文本的时代感，又较完整地传递了原语文化信息，而这种文化信息再现既忠实于原语的文化内容，也满足了译语读者的好奇心和期待视野，必将能吸引译语读者。

4.5 兵器名、战船名翻译与译注法

汉语原文：时李儒见丁原背后一人，生得器宇轩昂，威风凛凛，手执方天画戟，怒目而视。（第3回P26）

小川訳：そのとき李儒は、丁原の後ろの一人、顔かたち堂々として、威風あたりをはらい、手に方天画戟（ほうてんがげき）のほこをとり、目を怒らせて、にらみつけているのが目に入った。

立間訳：このとき李儒は、丁原の後ろに、威風凛々意気天をつくばかりの男が、方天画戟（ほうてんがげき、矛の一種）を手に眼を怒らせて控えているのを見て。

村上訳：李儒がこのとき気がついた。丁原の真後ろの一人に威風凛々の、ただものでないのが立っていた。ほこの方天画戟（ほうてんがげき）と称するのを手につかみ、怒りの目の色のもの凄さ！

井波訳：そのとき李儒は、丁原の後ろに、迫力あふれる容姿、威風あたりをはらう一人の人物が、手に方天画戟（ほうてんがげき）を持ち、目を怒らせてこちらをにらみつけているのに気が付く。

据《三国演义大词典》① 对“方天画戟”释义为：古兵器名。一种杆上加彩绘装饰、顶部作“井”字形的戟。戟是在戈、矛的基础上演进而成的一种可勾可刺的长兵器，为戈与矛的结合体。南北朝后，逐渐被枪代替，变为仪式、卫门的器物。所谓方天画戟，也是一种仪设之物，并非用于实战的兵器。四位译者均用直译，保留原语汉字，并注上假名为“ほうてんがげき”，其中小川、和村上添加了“ほこ/矛”，立间则随文译注为“矛の一種/矛的一种”，三位译者均使方天画戟的语义明确，便于读者理解。

① 沈伯俊、谭良潇编著，中华书局2007年版，第298页。

汉语原文：玄德谢别二客，便命良匠打造双股剑。云长造青龙偃月刀……张飞造丈八点钢矛。(第1回P5)

小川訳：玄徳は礼を述べて二人を送り出すと鍛冶屋に言いつけて、二本あわせの剣を打たせ、関羽はなぎなた青竜月偃刀（せいりゅうえんげつとう）……張飛は一丈八尺のほこ点鋼矛（てんこうぼう）を作らせた。

立間訳：玄徳は礼を言って彼らを送り出し、すぐさま腕のたしかな鍛冶屋に命じて雌雄一対の剣を打たせ、雲長は青竜偃月刀（せいりゅうえんげつとう、刀は長刀なぎなた）を作らせ……張飛は一丈八尺の鋼の矛を作らせた。

村上訳：劉備は、鍛冶屋の名工に頼み、贈られた金を用いて双股の剣を打たせた。関羽は青竜月偃刀（せいりゅうえんげつとう）。まさになぎなたのお化けである……張飛はまた一丈八尺の点鋼（はがねづくり）の矛をあつらえた。

井波訳：劉備は感謝の言葉とともに二人の商人を送り出すと、すぐさま腕のいい刀鍛冶（かたなかじ）に命じて、二本あわせになった剣を鋳させた。関羽は「青竜月偃刀」（せいりゅうえんげつとう）……張飛は長さ一丈八尺の「点鋼矛」（てんこうぼう）という矛を作らせた。

青龙偃月刀和点钢矛均为古代兵器名。据《三国演义大词典》① 有如下解释：青龙偃月刀，古代兵器名。一种刀刃部分为半月形，刀上铸刻有龙的长柄大刀。偃月，半弦月。偃月刀，出现于唐宋时代，用来操练，以示威武雄壮，并非实战所用。据史书，关羽作战使用的是矛、戟和佩刀等。丈八蛇矛，古代兵器名。一种一丈八尺的矛。蛇矛，并非矛头弯曲如蛇形，而是指整个兵器长一丈八尺，如蛇形一丈八尺，合今约4.14米。《释名．释兵》："矛长丈八曰，马上所持。"与蛇音相近，故八尺之矛讹称为八尺蛇矛。矛是一种直而尖形的刺杀兵器，柄的长短不

---

① 沈伯俊、谭良潇编著，中华书局2007年版，第297页。

一。据史书，张飞使用的矛没有名称，而东晋陈安曾使用过丈八尺矛。四位译者均直录汉字，注上了假名为“せいりゅうえんげつとう”，保留了“青龙偃月刀”的兵器名，从而再现了兵器的形象义。其中小川、村上加译了“なぎなた/长刀”具体解释了该兵器的含义，立间则用随文译注“刀は長刀（なぎなた）”加以说明。“丈八点钢矛”，小川和井波保留了兵器名，住上假名为“てんこうぼう”，并分别译为“一丈八尺のほこ点鋼矛（てんこうぼう）”和“長さ一丈八尺の「点鋼矛」（てんこうぼう）という矛”，二者均添加了“ほこ/矛”这一词汇，即保留了原语的语言特色，传递了原语的形象义，又便于读者理解和接受。与此相反，立间和村上则把“丈八点钢矛”拆散，分别译为“一丈八尺の鋼の矛”和“一丈八尺の点鋼（はがねづくり）の矛”，使兵器名的整体形象受损，导致文化信息缺损。

汉语原文：甘宁飞上艨艟，将邓龙砍死。(第 38 回 323)

小川訳：甘寧は大船に飛び上がると、鄧竜を切り殺した。

立間訳：甘寧は戦艦上に躍上って鄧竜を切り殺せた。

村上訳：甘寧はまず戦艦に飛び乗って、鄧竜を斬る。

井波訳：甘寧は艨艟艦（もうしょうかん、突撃艦）に飛び移り、鄧竜を切り殺した。

据《三国演义大词典》① 艨艟释义为：古代一种战船。亦作艨冲。船身不大，船舷上建女墙，以保护战士。女墙下有掣孔装浆，船舷各方设若干弩窗、牙孔。船为两层，船身有生牛皮之类的保护物。汉代及三国时期，艨艟是一种很重要的战舰，文献中屡见。如《太平御览》770：“董袭讨黄祖，祖横两艨艟，夹守丐口。”《后汉书．弥衡传》：“黄祖在艨艟船上，大会宾客。”② 文化意味强。小川意译为“大船”，

① 沈伯俊、谭良潇编著，中华书局 2007 年版，第 300 页。

② 转引自王作新：《中国古代文化语词类谭》，华中师范大学出版社 2007 年版，第 67 页。

立间和村上译为“戦艦”，井波直录汉字，注上假名为“もうしょうかん”，保留了原语，为便于读者理解，添加了“艦”，使其含义具体化，然后用随文译注为“突撃艦”，传达了文化信息。

汉语原文：次日，瑜欲亲往探看曹营水寨，乃命收拾楼船一只。（第45回P375）

小川訳：あくる日、周瑜はみずから曹操の水軍の陣を探察のため、やぐら船一隻を整えた。

立間訳：翌る日、周瑜は自ら曹操の水上の要塞を探って来ようと思い立ち，矢倉（やぐら）をつけた兵船を支度させる。

村上訳：翌日、自分が自ら探りに行くと言い出した。楼船（やぐらぶね）を一艘支度させる。

井波訳：翌日、周瑜は自ら曹操軍の水軍基地の様子を探ろうと思い立ち、一隻の楼船（楼すなわち屋形が付いた戦船（いくさぶね））を準備させる。

据《三国演义大词典》释义[1]楼船：有楼的大型战舰。高达数十丈，分数层，每层楼的外面建有高三尺的女墙，女墙上有放箭孔。楼的四周均用坚硬木材或蒙生牛皮作保护层，两边船舷伸出若干只桨，船顶有帆。王念孙说：“船上为楼谓之楼船，犹车上为楼谓之楼车。”（《广雅.释水》疏证）汉司马迁《史记.南越传》有“楼船”之名，宋裴茵《集解》引应沼《汉书注》曰：时“作大船，船上设楼，故号曰楼船。”又《史记.平淮书》上也说：“是时，越欲与汉用船战逐，乃大修昆明池，列观环之，治楼船，高十余丈，旗帜加其上，甚壮。”[2] 该词具有浓厚的文化信息。小川对译为“やぐら船/有望楼的船”，立间添加词语译为“矢倉（やぐら）をつけた兵船/带有望楼的兵船”，村

---

① 沈伯俊、谭良潇编著，中华书局2007年版，第300页。

② 转引自王作新：《中国古代文化语词类谭》，华中师范大学出版社2007年版，第67页。

上和井波则保留了汉字，村上注上假名训读为“やぐらぶね/有望楼的船”，井波用随文注，译为“楼すなわち屋形が付いた戦船（いくさぶね）/楼即是带有屋顶形状的战船”。村上和井波用译注法较好地传译了原语的语言文化信息。

汉语原文：船头上插青龙牙旗，船尾各系走舸。（第49回P403）

小川訳：へさきには青竜を描いた大将の旗を立て、ともには伝馬船をつなぐ。

立間訳：舳（へさき）には青竜の軍旗を立て、船尾に足の速い船がつないである。

村上訳：船首に青龍の旗を挿したし、船尾には乗り替え用の軽快な小船をつないだ。

井波訳：舳先の上に青竜の牙旗（将軍の旗）を立て、船尾にそれぞれ走舸（そうか、快速艇）をつなぐ

据《三国演义大词典》① 释义为：走舸，一种轻便快速的小型战舰。一种走舸上战卒少而划桨者多，供联络和应急用。一种则比艨冲小，仅一层，供冲锋破敌用。小川对译为“伝馬船/大舢板”，立间和村上分别译为“足の速い船/速度极快的船”和“乗り替え用の軽快な小船/换乘用轻且快的小船”，井波保留原语汉字，注上了假名为“そうか”，并用随文译注为“快速艇/快速艇”。

4.6 人名、地名翻译与译注法

对于人名地名的翻译，我们进行了穷尽的考察。发现四位译者均是采用汉字加注假名的方式加以处理，这一点是相同的。对于包含文化信息，成为文化符号的人名地名，各位译者的处理是有差别的，有的加了

① 沈伯俊、谭良潇编著，中华书局2007年版，第297页。

译注，说明其变化过程，使文化信息凸显，加深了读者对原语文本的理解，从中获得了关于中国历史文化的知识，即便是对于研究型的读者也能从中受益。

汉语原文：恢曰曰："吾闻越之西施，善毁者不能闭其美；齐之无盐，善美者不能掩其丑；"（第 65 回 P540）

小川訳：李恢「越の西子（せいし）は、悪態上手のものもその美しさを覆うことかなわず、斉の無塩（ぶえん）は、ほめ上手のもののもその醜さを隠すことかなわずとか。」

立間訳：「いかにも、越の西子（せいし）は、いかに口の悪い者でもその美しさを消すことができず、斉の無塩（ぶえん）は、いかに口の上手いものでもその醜さを隠すことができなかったとか。」

村上訳：「越の西子（せいし、絶代の美人）は、だれがどんなにけなしても美人であり、斉の無塩（ぶえん、希代の醜女）は、だれがどんなにほめても人三化七のもだ。」

井波訳：李恢「越の西子（せいし）について、どんなに悪口を言っても、その美貌を覆い隠すことはできず、斉の無塩（ぶえん、戦国時代の斉の醜女）について、どんなに褒めたたえても、その醜さを覆い隠すことはできない」と言います。

"西施和无盐"是内涵丰富文化信息的人名符号。西子即西施，春秋时越地的美女，无盐指钟离春，战国时齐国无盐地方的丑女。① 四位译者均直录汉字"西子"和"無塩"，并分别注上假名为"せいし"和"ぶえん"，村上用随文注作了文化信息置换，为"絶代の美人/绝代美女"和"希代の醜女/很少见的丑女"，井波用随文注对"無塩"作了译注为"戦国時代の斉の醜女/战国时齐国的丑女"，同时对"西子"作了段后注为：

---

① 罗贯中：《三国演义》，（下，中国古典文学读本丛书），人民文学出版社 2006 年版，第 540 页脚注。

「伝説の美女。春秋時代、呉越の戦いの渦の中で、越王句践は西施をライバル呉王夫差に贈った。西施を熱愛した呉王夫差は精神のバランスを崩し、結局越との戦いに敗れ滅亡した。」

译文：传说中的美女。春秋战国时代吴越之战中，越王句践将西施送给自己的老对手吴王夫差，夫差很爱西施以至于精神崩溃，结果在与越王句践的战斗中兵败被杀。

小川和立间的译注分别为：

「西子．無塩—西子は西施と同じく、戦後時代の越の国の娘。美人として名高い. 無塩はそれと反対に醜女として聞こえている人。やはり戦国時代の斉の国の人で、名を鍾離春といい、無塩は郷里の地名。醜かったが、賢徳があって、斉の宣王の妃となった。漢の劉向の『列女伝』巻六に見える。」

译文：西子．无盐－西子即西施，战国时期越国的女人。以美女著称。无盐则与西施相反，为丑女。战国时期齐国人，名钟离春，无盐是丑女所在乡里的地名，虽然丑，但贤惠有德，成为齐宣王的妃子。见汉代刘向的《列女传》卷6。

「斉の無塩—戦国時代、斉の無塩というところにいた鍾離春という醜女のこと。西子は西施。/齐国的无盐－战国时代在齐国叫无盐的地方，有一位丑女名叫钟离春。西子即西施。」

译文：既说明了典故的来源，又完整传译出了原语的文化信息。

汉语原文：操叹曰："吾始兴大义，为国除贼。诸公既仗义而来……公路率南洋之众，驻丹、析，入武关，以震三辅"（第6回P53）

小川訳：「三輔（さんぽ、長安の近郊）」/长安近郊

立間訳：「三輔（さんぽ、長安を中心とする地方）」/以长安为中心的地带

村上訳：「長安の近郊」/长安近郊

井波訳：「三辅（さんぽ、京兆、冯翊、扶风の三地域で、長安を

中心とする首都圏に相当する)」/相当于以长安为中心的首都圈，包括京兆、冯翊和扶风三个地区。

“三辅”是我国汉代特有地名的称呼。泛指长安（西京）及附近一带地方，京兆、冯翊、扶风汉时称为“三辅”。① 日译本直写汉字“三辅”注上假名，并给“三辅”作了译注，分别为“長安の近郊”、“長安を中心とする地方”、“長安の近郊”、“京兆、冯翊、扶风の三地域で、長安を中心とする首都圏に相当する”。井波用现代词语“首都圏”作了替换，既保留了原文本的文化语义，又具有现代感。

4.7 本章小结

本章就《三国演义》4种日译文本进行对比考察。从职官词汇翻译，文化词汇翻译，称呼语翻译，历史典故翻译等多视角进行全面比对和研读，指出了日译文本的文化词汇的转换模式为：汉字加注假名加注释，我们称之为译注法文化翻译策略。它在译文中的显现方式为直译加注释，训读法加注释。通过考察四种译本可知译者对《三国演义》及相关知识的熟悉和了解，译注法既保留了原语的语言特色，形象比喻，又传译了文化信息。译注法兼有异化和归化特性，应成为典籍翻译的常备策略。

---

① 罗贯中：《三国演义》（上，中国古典文学读本丛书），人民文学出版社2006年版，第53页。

第 5 章

文化语言学视角下译注法在日译文本中的得失

5.1 译注法在日译本中的得益

5.1.1 保留了原语的文化信息

汉语原文:"昔汉高祖不过泗上一亭长，而有天下；今历年四百，气数已尽，海内鼎沸。吾家四世三公，百姓所归；吾欲应天顺人，正位九五。尔众人以为如何?"主簿阎象曰:"不可。昔周后稷积德累功，至于文王，三分天下有其二，犹以服事殷。明公家事虽贵，未若有周之盛；汉室虽微，未若殷纣之暴也。此事决不可行。"术怒曰:"吾袁姓出于陈。陈乃大舜之后。以土承火，正应其运。又云:'代汉者，当高塗也。'吾字公路，正应其谶。又有传国玉玺。若不为君，背天道也。吾意已决，多言者斩!"(第 17 回，P147)

小川译:「昔漢の高祖は、泗上というところの駅長にすぎなかったのが，天下を手に入れた。しかしもう四百年になって、運命は尽き、天下が蜂の巣をつついたようになってしまった。わしは、四代つづいて三公を出した家柄で、人望の集まるところじゃ。わしは、天命と人心に従って、九五の位に即（つ）こうと思うのだが、みなのものどうじゃ」と言った。主簿閻象「それはいけませぬ。昔周の君は，后稷（こうしょう）より代々徳を積み功を重ね、文王の代には、天下の三分の二を領有していおりましたが、それでも臣下として殷に仕えておりました。とのは、まことに尊きお家柄にはござりますれども、古の周の徳には及びませぬ. また漢室は、衰えたりとは申せ、殷の纣（ちゅう）王ほどの無道の君でもござりませぬ。この儀はけっしてなりませまい」。袁術は腹を立て「わが袁氏は、陳の国から出たが、陳国は大舜の末孫じゃ。五行の上では、舜は土徳、漢は火徳であれば、漢の後立つにはふさわしい。それにまた以前『漢に代わるものは当高ならん』との予言があったが、わしのあざなの公路の路の字は当塗の塗［みちの意味がある］にちょうど応じておる。そればかりか、伝国の玉璽もある。それでも君主とならぬとは，天の道に背くものじゃ。わしの心は決まったぞ、とやかく申すものは死罪じゃ」と言った。

立间译:「そのかみ漢の高祖は一介の泗上の亭長より身を起こして、天下を握った。以来四百年，漢朝の気数すでに尽き、天下は鼎の沸くが如く乱れおる。わが一門は四代引き続いて三公に昇り、民の心はすべてわれらに靡（たび）いている。そこで、わしは天の命に応え人々の望に順って九五の位（天子の位）に即（つ）こうと思うが、皆はどう思うか」主簿閻象はそれに応えて言った。「それはなりませぬ。昔、周は后稷（こうしょく、周の始祖）より始めて代々徳を積み功を重ねて、文王に至り、天下を三分してその二を領するに至っても、なお殷に臣事いたしました。しかるに殿は貴顕のご家門とは申せ周の盛大なるにはおよばず、漢皇室衰微いたしたとはいえども殷の紂王如き暴虐な所行をいたしおるわけでもございませぬ。ただいまお申しいでの条、断じてなりませぬ」。袁術は怒った。「わが袁家は陳国より出た。陳は大舜（たいしゅん、伝説上の帝王）の末孫じゃ。（陳の）土徳をもって（漢の）火徳継ぐは天運に応ずるもの。また『漢に代わる者は当塗高（とうとこう）ならん』と纖書（予言書）にもあるが、わその字公路は正にこの予言に合っておる。（「当塗」は「当路」とも書く）しかも伝国の玉璽まで持っておりながら皇位に昇らずとあっては、天道に背くものじゃ。わしの心は決まった。いらざる事を言う奴は斬って棄てる」

村上译:「昔漢の高祖劉邦は、たかが泗上の亭長（ていちょう、駅のおさ）だったのに、ついには天下を我が物だ。今日すでに四百年。漢朝の気運は尽きて、海内が大混乱である。我輩、この袁の一家は四世三公（さんこう、最高位の大臣）の位を受け継ぎ、人心の帰するところ。よって、我輩、天意に従い、人心に応じて、敢えて天子の位につく決心である。汝ら、どう思うか?」主簿の閻象が「さあ、どうでしょうか。むかしは周の后稷の功績により、その子孫文王のときに至って天下の三分の二を領有しましたが、それでもまだ臣として殷に仕えたものです。あなたのお家柄はりっぱでも、周には及ばず、また漢の皇室はいくら衰えていても、殷の紂王の暴虐にくらべますと遥かにましです。この計画はご中止になるがいい」術が怒って「我が袁の一家は陳の国の血筋である。陳はまた、かの偉大な帝舜ののちである。木火土金水の五行相受ける順から言えば、火に属した漢のあとは、当然土に属する帝舜の血筋が受けて立つはずである。のみならず、予言の書（ふみ）にも『漢に代わって、立つものは当塗高なり』とある。当塗高の塗の字は、我輩のあざな公路の路の字と同じ意味である。我輩が漢のあとを受けて天子となることは、弧の予言の書にも符合する。かてて加えて、余の手許には伝国の玉璽もある。もしも余がいま天子にならなかった日には、天意に背くことになろう。我輩、すでに腹は決まっている。余計な口をきくてあいは死刑を覚悟せよ」。

井波译:「昔、漢の高祖は（劉邦）泗水（しすい）のほとりの亭長（宿場長）にすぎなかったが、天下を支配した。それから四百年,漢王朝の運命はすでに尽き、天下はてんやわんやの大混乱に陥っている。わしの家は四代つづいて三公となり、人心の集まるところである。わしは天命に応じ人心に従って、九五の位に（皇帝の位。『易』の乾の卦では、九五が君主の位に当たる）につこうと思うが、おまえたちの考えはどうだ」。主簿の閻象は言った。「いけません。昔、周の后稷（こうしょく）は仁徳を積み功績を重ねて、文王の代になって、天下の三分の二を領有するようになりましたが、なおも殷に仕えました。明公（との）は、代々、尊貴のお家柄のご出身ではありますが、それでも周王朝の隆盛には及ばず、また漢王朝は衰えたとは言っても，殷の王ほど暴虐ではありません。そんなことは、けっしてなさってはいけません」。袁術は立腹して言った。「わが袁氏一族は陳の国から出ており、陳は大舜の後裔だ。土徳が火徳を受け継ぐのは、まさしく五行のめぐり合わせに合致している。また書（予言書）わしのあざなは「公路」であり、予言にぴったり一致する。そのうえ伝国の玉璽もあるのだから、皇帝にならなければ、天命に背くことになる。わしはすでに心を決めた。つべこべ言う者は斬るぞ」。

以上原文出自《三国演义》第17回。从汉语原语文本看，[①] 仅有"鼎沸""后稷"有脚注。它们分属语词解释和姓名注释。该段文句，对于不具有本国历史文化或不很熟悉、了解本国历史文化的一般读者而言，要想完整、准确地理解本段文的含义，我们认为也会有一些难度。更何况对于外国读者，谈何容易！如"亭长"是什么意思，"三公"具体所指为何，"九五"如何理解，"后稷、文王、纣和殷"之间有何关联，"以土承火，正应其运，代汉者，当涂高也"和"五行"说是怎么一回事等等。这些需要译者在动笔翻译之前必须参阅相关资料，作出解答，将答案以适当的形式提供给目的语文本的读者。如果译者不具有严谨的学术态度和求实的学术品性，翻译出来的文本也许读者读懂表层含义，但深层的文化信息则有可能"丈二摸不着头"，不知所云。如是这

① 罗贯中：《三国演义》（中国古典文学读本丛书），人民文学出版社2006年版，第147页。

样的话，读者想通过阅读译语文本获取源语文本的文化信息和欣赏源语文本的愿望将会落空。两种异质文化之间的交流乃至对话便无从说起，相互理解也就成了空话和套话，跨文化交际自然就流于形式。因为上述民族语汇或是典出有故，或是具有道教背景，或是反映了中华民族历史渊源，他们无不负载民族文化信息，是完整理解该段文本的关键性语词。要做好这些翻译，不是仅有一点外语知识，并借助一、二本字典就能胜任的。翻译乃是语言和文化的双重移植。正如王佐良先生所说译者“处理的是个别的词，而他面对的是两大片文化”①。就翻译本质而言，是一种跨文化交际活动。“语言的翻译不仅是语符表层指称意义的转换，更是两种不同文化的相互沟通和移植，翻译涉及两种语言，更涉及两种文化”②。

小川译：将“亭长”置换成“駅長”，“三公”直接用汉字表记，并于卷后注为“人臣の最高位。注二一二四（并参照第二册第24注)”，“后稷”“文王”用汉字表记，注上音读（こうしょう、ぶんおう)。“大舜”注上音读（たいしゅん)，加上注“堯と並び称せられる古代の聖帝。西暦前二十三世紀ごろと言われるが、伝説上の人物/与尧并称为古代的圣帝。存在于公元前23世纪左右，为传说中的人物。”“塗”随文注为“道の意味がある/道路的意思”。立间将“亭长，三公”直接用汉字表记，无注（因为在前2、3回已经做了注，此处省略)。“九五”用汉字表记，音读，加了随文注（天子の位)。“后稷”加上音读（こうしょく)，随文注为（周の始祖)。“大舜”音读（たいしゅん)，随文注（伝説上での帝王)。“当塗高”音读（とうとこう)(「当塗は当路とも書く」)。井波将“亭长（宿場長)”“后稷”“明公（との)”“九五”“当塗高”“大舜”“纖書（予言書)”分别用汉字表记，注上音读，或用对译置换，或用随文注的方式传译。如“九五”注为「九五の位。『易』の乾の卦では、九五が君主の位に当たる/九

① 王佐良：《翻译：思考与试笔》，外语教学与研究出版社1989年版，第59页。
② 包惠南：《文化语境与语言翻译》，中国对外翻译公司2001年版，第13页。

五之位。据《易经》的乾卦解释，九五相当于君主之位。笔者译」，“后稷”「周王朝の始祖。名は棄。舜の時代に后稷の官（農事を担当する官）に任ぜられた/周王朝的始祖，名弃。舜帝在位时，被任命为主管农业的官员。」“以土承火，正应其运”，这与中国“五行”学说有关。“五行”之说，具有中国古代朴素的唯物论和自发的辩证法因素。综合《汉语大词典》① 和《古代汉语大词典》② 的释义为：五行之说，中国古代认为万物由5种元素构成，分别为木、火、土、金、水。《孔子家语 · 五帝》：“天有五行，水、火、金、木、土，分时化育，以成万物。”战国时代，该学说颇为流行，后衍生出“五行相生”和“五行相克”。“相生”意指相互促进，如“木生火，火生土，土生金，金生水，水生木”，“相克（胜）”意指相互排斥，如“水胜火，火胜金，金生木，木生土，土生水”。而小川则在第1回中的“苍天已死，黄天当立；岁在甲子，天下大吉”语句中作了相当详细的译注。③ 为此译者注为「五行説では、舜は土徳、漢王朝は火徳に相当する。火は土を生ずるとされるため、舜の末裔である袁術が漢王朝に取って代わるのは当然という理屈/按五行学说，舜属土德，汉王朝相当于火德。人们认为火生土，所以作为舜帝的后裔袁术按理取代汉王朝是顺理成章的事。」“明公”用日语词“との”对译。“代汉着，当涂高也”，说的是汉王朝气数已尽，代替它的是当涂高。涂，道路。如袁术认为他正应此緘。他名术字公路，路，就是“涂”的意思。而曹魏的臣子们又认为此緘正应曹魏代汉。他们说：“当涂高者，魏也；像魏者，两观阙是也。当涂而高大者魏，魏当代汉。”古代宫殿祠庙前通常有高大的阙，这种建筑物“当涂而高”，像魏，所以魏代汉是天意。④ 译注为

「塗は「みち」の意だから、公路の「路」と一致するという意味。」

---

① 简编上，汉语大词典出版社1998年版，第73页。

② 新一版（辞海版），上海辞书出版社2007年版，第50页。

③ 参见小川環樹、金田純一郎訳、『三国志』第1冊注7，东京：岩波書店，1988年。

④ 沈伯俊、谭良啸编著：《三国演义大辞典》，中华书局2007年版，第288页。

译文："塗"为"道路"之意，与公路的"路"意思一致。

我们可以看到，如果没有对中国历史文化相当的熟悉、精通和理解，是不可能做好本段话语的翻译的，同时如果不能驾驭本国的语言，对本国的历史文化不精通，也是不能做好文化信息的转换操作的。所以，从跨语际的角度上讲，译者必须是真正意义上的文化人，他必须熟悉两种语言和文化。正如德国的弗米尔所指出的"总之，翻译是一种跨文化的转换。译者应精通两种或多种文化，由于语言是文化内部不可分割的部分，译者也就相应地精通两种或多种语言。其次，翻译从本质说是一种行为。换句话说，它是一种'跨文化的行为'"① 译者们歇力保留源语语言特色；同时又尽量照顾到日语读者和日语的文化，如语言表达习惯，读者的可接受性，文化信息如何转换才能便于读者理解译语文本等。四位译者或直接在译语文本中加以解释说明，或直接用汉字表记，音读，以保留原语异域色彩，或用随文注将文化信息交待清楚，或直接用译语词加以对译，或采用加译的手法，将前后文内容理顺。他们都有一个共同的特点，就是对于负载民族文化信息的语汇，均采用加注的方式予以传译，无论是随文注，段后注，还是书后注。目的只有一个，那就是准确传译源语文化信息并帮助读者的理解和欣赏。上述译文使用各种手法，把最大限度地忠实于原文作为自己的目的。

事实上，"忠实于原文"一直是日本翻译文学的原点。不管是读解中国典籍时所用的"汉文训读法"，还是在翻译西方现代文学所形成的"翻訳用日文"无处不见直译的影子。直译促进了日本本土文化的形成及向现代化的转化。直译手法还给予19世纪末至20世纪初梁启超倡导的新文体以很大的影响。梁启超新文体产生于西学东渐并与中学进行激烈撞击的时代。梁启超说"启超夙不喜桐城派古文；幼年为文，学晚汉魏晋，颇尚矜炼；至是（指创办《新民丛报》时）自解放，务为平易畅达，时杂以俚语、韵语、及外国语法，纵笔所至不检束；学者竟效之，号新文体；老辈则痛恨，诋为野狐。然其条理明晰，笔锋常带感

① 廖七一：《当代英国翻译理论》，湖北教育出版社2001年版，第365页。

情，对于读者，别有一种魔力焉。"① 指出了其新文体的3个特征，即条理明细，字句浅显，富有感情。新文体的形成与日本明治文坛的口语体有很大的关联。梁容若先生对新文体产生的渊源有如下论述："日本的口语文学在明治二十年（1887年）左右，业已接近成熟。任公到日本的时候（1898年），日本口语文学已经很流行。那时一般文人汉学修养还不低。像德富苏峰、德富芦花一流人的文章，和任公的新文体，正是一种味道。"② 日本明治时期，思想家福泽谕吉、柴四郎、德富苏峰等人积极从事思想启蒙活动，他们在报刊上发表了大量的理论文章。他们的作品之所以受梁的青睐，其中一个重要原因就是采用了直译的汉文调文体。明治初期，日本文体丰富多彩，有和文体、书简体、候文体、汉文体等。而福泽谕吉等人自幼习得汉文，有扎实的汉文修养，使用汉文调的文体可谓得心应手。加之汉文调较少使用富有感情色彩的助词和助动词，且汉文调文体具有理论机能强和条理清楚地优点。福泽等人从西方引进的作品大都是属于理论的范畴，这就决定了他们在众多的文体中唯独看重最适合表达内容的汉文调文体。日本汉文调文体是以汉文为基础的，对母语是汉文的梁启超来说，感到亲切，便于理解和记忆。于是在不知不觉中，受到潜移默化的影响，久而久之，便形成了新文体"条理明晰"的特点。伴随着思想启蒙，日本各种文艺作品纷纷追求口语化。言文一致运动所产生的"日本文学的口语固然是由日常用语变化而来，而且当时也还具备日常用语的使用价值，但它毕竟经受过日本启蒙运动的洗礼，是既能传达现代意识又能为群众所接受的表达形式。"③ 言文一致运动为西方近代思想在日本民间的广泛传播起到了推波助澜的作用。反观中国晚清，康有为、梁启超等维新志士推行自上而下的维新变法以失败告终。加之甲午之战败于岛国日本，受此刺激，中国的有志之士幡然悔悟，遂师法日本"日本地势近我，政俗同我，成

① 梁启超：《清代学术概论》，见《饮冰室专集》第9册，中华书局1936年版。
② 廖七一：《当代英国翻译理论》，湖北教育出版社2001年版，第365页。
③ 何德功：《梁启超的新文体和日本明治文坛》，载《中州学刊》，1987年第2期。

效最速，条理尤详，取而用之，尤易措手"① 于是，梁启超结合中国当时的具体语境，根据自己学习的体会，认为日本口语文学既满足了对国民启蒙的历史诉求，又保持了"平易畅达"的特点。新文体在词汇和语法方面也受到了日本明治文坛的影响。何德功认为：梁启超新文体时杂以"外国语法"是受到德富苏峰的影响的。② 他在《夏威夷游记》中评论德富苏峰"善以欧西文思入日本文"。至于在词汇方面，梁启超的新文体则表现得更加开放。现在其论文《过渡时代论》中摘录一段，可见一般。"…其现在之势力圈，矢惯七札，气吞万牛，谁能御之！其将来之目的地，黄金世界，锦生涯，谁能限之！故过渡时代者，实千古英雄豪杰之大舞台也，多少民族由死而生，由剥而复，由奴而主，由瘠而肥，所必由之路也。美哉过渡时代乎！"文中的"势力""世界""过渡""时代""目的""民族"等，在现代汉语中是极普通的词汇，事实上这些词汇正是清末民初由亡命到日本或留学生逆输入中国的，已经成为普通词汇在汉语中生根发芽了。"③

在 20 世纪 30 年代，直译还带来了中国现代文学思想的现代化。其标志之一就是鲁迅倡导的"直译"。鲁迅在从事翻译的过程中，即在古代汉语和西方语言对译的过程，逐渐地认识到文言词汇的匮乏以及语法的含混和不精密，他认为只有通过"直译"、"硬译"甚至"信而不顺"的方式，才能把西方的词汇和语法尽量多的保存下来，从而丰富和完善现代汉语，进而推动汉语的现代化建设。由此引发了鲁迅、瞿秋白与赵景深、梁实秋的关于"宁信而不顺"和"宁顺而不信"的一场论战。④

---

① 转引自何德功：《梁启超的新文体和日本明治文坛》，载《中州学刊》，1987 年第 2 期。

② 何德功：《梁启超的新文体和日本明治文坛》，载《中州学刊》，1987 年第 2 期。

③ 转引自何德功：《梁启超的新文体和日本明治文坛》，载《中州学刊》，1987 年第 2 期。

④ 详见《"硬译"与"文学的阶级性"》及《关于翻译的通信》，鲁迅全集［M］第 4 卷，人民文学出版社 2005 年版，第 202 ~ 204 页，第 380 ~ 384 页。

汉语原文：卓问百官曰："吾所言，合公道否？"卢植曰："明公差矣。昔太甲不明，伊尹放之于桐宫；昌邑王登位方二十七日，造恶三千馀条，故霍光告太庙而废之。今上虽幼，聪明仁智，并无分毫过失。公乃外郡刺史，素未参与国政，又无伊、霍之大材，何可强主废立之事？圣人云：'有伊尹之志则可，无伊尹之志则篡也。'"（第 3 回 P27）

小川译：董卓は官人たちに問うて「わしの言ったことは、公道にかなっているだろうか」と言えば、盧植「閣下、それは間違いでございます。昔殷の君太甲は不明であったので、宰相伊尹は、君を桐宮に放逐しました。漢朝では昌邑王が位に即いて、わずかに二十七日のあいだに三千余条の悪事があったので、大将軍霍光が天子の宗廟（おたまや）に告文を奉って、君を廃しました。今上皇帝、いとけなくはおわせども、慈しみ深く知恵すぐれたまい、いささかの過失もありませぬ。閣下は地方の刺史、いままで国政にあずかったこともなく尹．霍光の才もない、廃立の相談などは、もってのほか。聖人も『伊尹の志あれば可、伊尹の志なければ簒奪者（さんだつしゃ）だ』とおおせられました」。

立間译：董卓が百官に向かって「わしの申すことは、公道にたがうかどうかじゃ」と問うと、盧植が言った。「それは間違いましょうぞ。昔太甲（殷第二代の帝王）は不明であったため、伊尹が桐宮に放逐し、昌邑王（前漢武帝の庶子）は即位二十七日に三千余の悪事を重ねましたが故に、霍光が太廟に報告して、これを廃したことがありました。しかるに今上陛下はご幼少なりとは申せ、仁慈のみ心深く聡明にわたらせられ、寸豪の過ちとてござらぬ。貴公は外州の刺史にすぎず、もとより国政に参与する権利もなければ伊．霍の才もなし、廃立のことを云々云するなぞもっての外と申すもの。聖人も『伊尹の志あらば可、伊尹の志なくんば即ち簒奪なり』と言っているではござらぬか」

村上译：卓は百官に聞いてみた。「わが輩の意見は正しいだろう?」盧植が「いや、誤っていられる。むかしは殷の太甲がものの分からぬ天子で、宰相の伊尹がそれを桐宮に追放したものです。漢でも昌邑王が位について二十七日のあいだに三千余りの落ち度があり、それで霍光将軍がまず太廟(たいびょう)に参られた上、おやめさせになりました。今の陛下は、おとしは若いが、お賢く、過失もおわさいのである。あなたは地方の刺史として、いまだ国政に参預されず、また伊尹でも霍光でもない。それになぜ廃立を唱えられるのか?『伊尹の志(まこと)あらば即ち可(よ)し、伊尹の志(まこと)なくば簒(むほん)なり』と聖人も言われていますぞ」。

井波译:「董卓は高官たちに言った。「わしの言うことは,道に外れているか」。盧植は言った。「明公は間違っておられます。昔、殷の太甲が愚かだったため、伊尹は彼を桐宮に放逐しました。漢の昌邑王は即位してから、僅か二十七日の間に、三千以上もの悪事を行いましたので、霍光は皇帝の祖先の御霊やに報告し、彼を退位させました。今上皇帝は年少ではありますが、聡明で仁愛に富み、毛筋ほどの過失もありません。公は地方の刺史であり、もともと国政に参与しておられません。また伊尹、霍光のような大いなる才能もお持ちでないのに、どうしてむりやり廃立の重大事をつかさどろうとなさるのか。聖人の言葉にも『伊尹の志があれば許されるが、ない場合は簒奪だ』とあります」

四位译者总体来说采用了直译的手法。间或运用加译、意译、随文注等多种方法的整合,便于读者理解“太甲”,“伊尹”,“昌邑王”,“霍光”这些中国历史典故中的人名所代表着的特定的文化含义。对“有伊尹之志则可,无伊尹之志则篡也”,立间、村上用训读法翻译。其中村上将“志”注上假名为“まこと”,“篡”注上假名为“むほん”,“可”注上假名为“よ”,是典型的训译手法。小川、井波则是现代语译文,小川将“篡”释为“篡奪者”并注上假名为“さんだつしゃ”。“太甲”,“伊尹”,“昌邑王”,“霍光”这些中国历史典故中的人名，如果没有译注的话，读者不可能了解他们的真实文化信息。所以，小川、村上分别在它们之前加上特定语以传递文化信息。立间给“太甲”、“昌邑王”加了译注，分别为“殷第二代の帝王”、“前漢武帝の庶子”；井波则给“太甲”、“伊尹”、“昌邑王”、“霍光”都加了译注。

“太甲は殷の初代の王である湯王の息子。伊尹は湯王の宰相/太甲为殷朝的第一代王汤王的儿子。伊尹为汤王的宰相。”“昌邑王は前漢の武帝の孫で劉賀と言い、昭帝の後を継いで即位した。霍光は武帝、昭帝、宣帝に仕えて権勢を振るった/昌邑王为前汉汉武帝的孙刘贺，在昭帝之后即位。霍光侍奉武帝、昭帝、宣帝三朝，权倾朝野”。

再现了原语的文化信息。同时，四位译者根据说话人和听话人的身份、地位的贵贱、高低，分别使用了自谦语、敬语词、郑重语，敬语表达方式，敬体等文体，较好地传达了人物的个性，传译了原语的语言特色和风格。

汉语原文：时值隆冬，天气寒冷，彤云密布（第 37 回 P312）

小川訳：時あたかも冬のさかなで、寒気厳しく、うす墨色の雲が空をおおうていたが。

立間訳：時に冬のさなかのこととて、寒気厳しく、雪曇が重く垂れこめていたが。

村上訳：季節は冬のさなか。千切れるような寒さだった。見渡す限り雪雲である。

井波訳：おりしも冬のまっさかり、寒気の季節で、雪雲がびっしりそらを覆っている。

“彤云”，小川译为“うす墨色の雲。」

译文：淡黑色的云”，其余三位译为“雪曇”。汉文本[①]对其进行了注释为：旧解以为是同云，下雪时，天上布满颜色一样的阴云，所以叫

① 罗贯中著：《三国演义》（中国古典文学读本丛书），人民文学出版社 2006 年版，第 37 回，第 312 页。

做同云。一说彤即红色本义，将要下雪，云色呈暗红色，所以叫彤云。据《古代汉语词典》① 释义为：1. 红云，彩云。陆机《汉高祖功臣颂》："彤云昼聚，素灵夜哭。"2，阴云。宋之问《奉和春日玩雪应制》："北厥彤云掩曙霞，东风吹雪舞山家。"《水浒传》第10回："正是严冬天气，彤云密布，朔风渐起。"对此，小川先生作了详细的译注，进行了考证。其译注为「うす墨色の雲（原文「彤雲密布」）——彤雲の彤は赤色である。しかしこの文字は、中国の戯曲小説の類では、いつも雪催いの空を形容するときの慣用語であるから、赤い雲ではおかしい。1953年、北京の作家出版社版の『三国演義』につけられてある注解にもただ赤い色の義とのみあるが、訳者の私見では、『詩経』に「上天の同雲、雪を雨らすこと雰々たり」（小雅 信南山篇）の「同雲」の誤字であろうと思う。『詩経』の朱子の集伝によれば、同雲とは雲一色なり、まさに雪ふらんとするの候かくのごとしとあって、雪催いの雲を同雲というのである。それより古くから漢代の書物『韓詩外伝』にも、雪雲を同雲というと見え、南朝の詩人が、その意味でこの語を用いた詩の実例もある。おそらく宋、元のあいだの誰かがこの同雲の「同」とたまたま同じ音である「彤」（近代音はいずれもt'ung）の字を誤って用いたのが、俗文学ではひとつの習慣になって固定したのであろうと思われる。だから『三国演義』のテクストはもちろん弘治本をはじめ、すべて「彤雲」となっている。誤用はそれらのテクスト以前に始まったであろう/淡黑色的云（原文彤云密布）–彤云的彤为红色。该句在中国戏曲小说中是惯用词汇，经常用于形容即将下雪的样子，是红色的云，让人感到很奇怪。1953年人民出版社出版的《三国演义》也作了注解，仅释义为红色的云。我作为译者，个人认为这是源于《诗经．小雅信南山》篇中一句'上天同云，雨雪纷纷''同云'中的'同'字之误。据《诗经．朱子集传》，同云即清一色的云，下雪时呈现雨雪纷纷的云的模样，将下雪的

① 商务印书馆2008年版，第1563页。

云称为同云。这种说法自古以来就存在，如汉代书籍《韩诗外传》中也有将雪云当做同云的。南朝有诗人还用它作了诗。大约在宋、元之际，可能是谁常常用相同发音‘彤’字来误代‘同’字，在民间文学中，这种用法就渐渐地固定下来。因此，以弘治本为主的《三国演义》各种版本均为‘彤云’，误用大概来自于以前的版本」相对于汉语本的注释，小川先生的博引旁证，考证精当。

汉语原文：令司徒高柔，假以节钺行大将军事。(第107回887)

小川訳：司途の高柔に節（わりふ）と鉞（まさかり）を授け、大将軍の官を兼ねさせる。

立間訳：司途高柔に仮りに節と鉞を与え、大将軍の職を代行させる。

村上訳：司途の高柔に節（はた）と鉞（まさかり）を授け臨時の大将軍とする。井波訳：司途の高柔に旗印（はたじるし）と鉞（まさかり）を貸し与え、大将軍代行とする。

“行大将军事”指兼任或代理行使大将军的职权。四位译者均用意译置换，分别为“大将軍の職を代行させる”“大将軍の職を代行させる”“臨時の大将軍とする”“大将軍代行とする”，语言表达符合日语规范。对于“行”字的含义，小川先生用译注的形式做了详细的考证，为：

「大将軍の官を兼ねる—原文は「行大将军事」。『漢書』巻52韓安国伝に「安国 御史大夫と為りて5年、丞相蚡［田蚡］薨ずる。安国 丞相の事を行う。……上 安国をもって丞相と為さんと欲す」とあるごとく、行は兼官、代理の意である。唐の杜牧の『通典』に、兼官の場合、位階が高くて官職の低いときには「行う」といい、位階が低く官職の高いときは「守る」という、とある。なお前記『制度通』巻4「兼行守試の事」参照。」

译文：兼任大将军官职－原文‘行大将军事’。《汉书》卷52韩安国传有‘安国为御史大夫5年，丞相田蚡去世。安国行丞相之事。……皇上想任命安国为丞相’的记载，行即兼任、代理官职之意。唐朝杜牧著《通典》中记载在兼任官职的情况下，官阶高、官职低时用‘行’，反之则用‘守’。还可参照前条《制度通》卷4注释中的‘兼行守试’。

读者读了这条译注，必定会加深对中国文化的了解和认识。可见译注并非可有可无。对于译者而言，为译文加注则是他们翻译工作中的内在环节，是严谨的治学态度的外化，没有扎扎实实地研究，没有求是求真的学术品性，一定做不好注释的。译注是富于研究精神的注释，需要译者去研究，去发现，去求甚解，去解决原文中需要加注的地方，达到知其所以然。

5.1.2 体现严谨的治学品性，有利于传递原著文化信息

汉语原文：飞曰："吾颇有资财，当招募乡勇，与公同举大事，如何?"玄德甚喜，遂与同入村店中饮酒。正饮间，见一大汉，推着一辆车子，到店门首歇了；入店坐下，便唤酒保"快斟酒来吃，我待入城去投军。"（第1回P4）

小川译：張飛「それがし、いささかの資産を持ちます故、それを出して義勇兵を募り、御身とともども事を挙げたく思いまするが、いかがお考えなされる」。玄徳はいたく喜んで、徳村の酒屋につれて入り酒を酌み交わした。そこへ一人の屈強な男が、一台の手押し車を押してきたが、店の戸口に止まると、中へ入って腰をかけ、酒屋のものに「早く酒を持ってこい、おれは急いで城内へ行って、義勇隊に入るんだから」と言い付けているのがあった。

立间译：「そうとあれば、おれのところにいささかな金の用意がある。早速当たりの若い者を募っておぬしとおれ一旗挙げようじゃないか。とうだ」玄徳は大いに喜び、村の酒屋に誘って酒を酌み交わし

た。そこへ、一人の偉丈夫が一台の車を押してきて店の前に止め、中に入ってくると、店の者を呼んだ。「急いでいるのだ。酒をすぐこれへくれ。拙者は軍に入りに城内へ行くところなのだ」

村上译：張飛が「金はおれが少しは出す。そいつでもって兵を集め、いっしょに、どうだね『大事』をやらかしちゃあ……?」備は非常なよろこびだった。二人で村の居酒屋に入る。飲んでいると、そこへ一人の大男が車をガラガラ押してきた。店の前まで来た。入ってくる。そしてボーイに言うのだった。「酒をよこせ。急ぐぞ。兵隊志願で城（まち）に行くんだから」

井波译：「わしにはいささか財産がある。これで、このあたりの腕っ節の強い者をあつめ、貴公とともに旗揚げしようではないか」と張飛。劉備は大いに喜び，連れ立って村の居酒屋に入り、酒を飲んだ。飲んでいる最中、ふと外を見ると、一人の偉丈夫が車を押しながらやってくる。偉丈夫は店先に車を止め、中に入って、腰を下ろすや、店員を呼びつけて言った。「早く酒を持ってこい。急いで城内に行って義勇軍に入るんだから」

上述各位译家的翻译，真可谓各有千秋。人称代词“吾”，有3种译法，分别为“それがし”“おれ”“わし”，三词汉字分别是“某”，“俺、己、乃公”，“吾、私”，均为江户时期传入日本的唐话词汇（又称白话词汇，俗语或口语词汇）。“それがし”相当于现在的“わたくし”，主要用于男子，江户时代有尊大之意。在现代日语中表示谦让之意。“おれ”为一人称代词，原来男女都可以使用，现在仅用于同辈或晚辈男子。“わし”第一人称代词，在日本江户时期，用于女子对亲密男子的称呼。现代用于年长的对同辈以下的男性的称呼。原语语境是张飞听了刘备表明自己的身分和志向后，表示可以慷慨解囊，共举大事。此时的张飞由于家有资财，有些骄气，故解读为有尊大之意，更符合他的个性。况且二人并未亮明各自的年龄。所以用“某（それがし）”“俺（おれ）”较符合语境。对于“店”的翻译，二位译者用“酒屋”、另二位译为“居酒屋”。“酒保”则分别译为“店の者”、“ボーイ”和“店員”。“居酒屋”和“酒屋”，『広辞苑』① 和『日本国語大辞典』② 分别解释为：

「店先で酒を飲ませる酒屋。また安く飲ませる店/在店头让人喝酒的小酒馆。」和「1. 宮中や神社、または貴族の邸内などに設けられていた、酒を造るための場所や家。酒殿。2. 酒造業者。または、酒を売る店。あるいは、飲ませる店。またそれらの業に携わる人。酒店。居酒屋。

译文：1. 设于宫中或神社或贵族官邸，用于造酒的场所或家。酒老板。2. 造酒人。或卖酒的店。或让人喝酒的店。或从事上述职业的人。酒店。小酒馆。

从解释来看，二者意思几乎相同，可以对换。但从读者接受角度看，则“居酒屋”更能被日本普通读者所接受。因为“居酒屋”是个大众化的词汇，口语中广泛使用。“居酒屋”这个词几乎成了现代サラリーマン下班后的必修课。是现代日本社会标志性语汇，具有极强的现代语感。它体现了日本人的生活方式，反映了日本民族的社会习俗。将“店”对译成“居酒屋”，将“酒保”译为“店員”、“ボーイ”更贴近一般读者的阅读期待，给人以现代语感强烈的印象。而“车”，除小川外，均用常用词“車”来对译，小川译为“手押し車”是较契合语境的。我们可结合原语历史语境来分析，对于一个因爱打抱不平杀人而长期逃离在外的关羽来讲，他使用的所谓“车”不可能是牛车或马车，因为那时的牛车或马车，是高级奢侈品，非一般人所能享受。他是去投军的，身边携带的也只能是一些日常生活用品，用手推车就足够了。所以小川的翻译更接近原语语境。可见译词的选择与语境及读者的可接受性有直接的关联，也就是说译词的选择要考虑译语文化。小川是日本著名的汉学家，在中国古典小说研究方面有很高的造诣，学术态度严谨。

---

① 第5版、新村出编，东京：岩波書店，1998年11月，第133页。

② 精选版（2），东京：2006年6月初版第二刷，第51页。

他在翻译中国代典籍时一向重视研读原语文本，讲究文体与语境。比如对《三国演义》中出现的“大怒”一词的翻译，他有如下说法：

「この三国演義の翻訳の筆を執った始めは実はそれより二年ほど前であった。私は仙台にいた。……演義の原文は、文山訳に比べてもっと乾いた調子のものである。例えば文山が「列火の如く怒り」と訳した原文は、いつでも「大怒」である。このことばは全部で何千回も出てくるであろう。そのたびに「列火の如く」としたのでは却って甚だ曲がない。そこでなるべく原文の語気の程度に合わせるため、ただ「腹を立て」とか「立腹し」とか訳してみた。この訳語がもとのことばのemotional valueをうまく伝えたとの自信がないが、文山調のやや patheticにすぎる傾向を、いくらかは救いうるのではなかろうかと考えたのである。しかし私の文の拙さが、原文のやや乾いた筆つきの内におのずからに備わった滑らかさをも失わせる結果になったのではないかと恐れる。patheticになりすぎまいと用心して訳したのが第一冊と第二冊である。あまりにもそっけないとの感じは自分でもしていた。いくらかは滑らかにしようと思って、第三冊以後は訳語に別の工夫をしただけでなく、書簡の訳文は全て候文にした。文山は書簡の場合に原文をそのまま掲げ返り点を付け訓読するだけですませてある。原文は完全な文語体（文言文）であって、作者の地の文あるいは対話の部分が（文言は相当にまざっていても）口語体（白話）を主としているのとまったく違った調子で書かれている。これを区別して訳しわけるためであった。それは私にとっては一つの実験にすぎなかったのだが、一度はじめると最後まで持ちつづけざるをえないこととなった。」

译文：提笔翻译《三国演义》始于1948年，那时我在仙台。……《三国演义》的原文与湖南文山译本相比，语调更加干瘪枯燥。例如原文‘大怒’，湖南文山译本均译为‘列火の如く/像烈火般愤怒’，该词在原文出现过几千次。因此，假使一概译为‘列火の如く’，则显得非常单调，没有韵味。为尽量切合原文的语气，根据情况分别译为‘腹を立て’、‘立腹し’等，该译词能否很好地传递出原词汇强烈的感情色彩，我没有把握。但我认为或许能多少挽回文山译本仅表现出的悲哀的色彩。虽然译文不那么贴切，我担心这自然会失去干瘪无味的文字中所蕴含的流畅的文彩。翻译时警惕太过于使用悲伤语调。用此方法，我翻译了第一册和第二册。连自己也感到太冷淡了。我思考着怎么也要译得流畅些，于是，从第3册开始，不但在译词的选择上下功夫，就是书信的译文也全部译成候文。而文山译本在翻译书信时，仅加上返点进行训读了事。原文是文言文，作者的叙述部分或对话部分（夹杂有不少文言文）主要是口语体（白话），是用完全不同的语调写的，为便于区别，我分别使用不同的语调加以翻译。这对我来说仅仅是一种尝试而已，一旦做了，就只有坚持到最后了」①。

上述4个译本均出自二战后。小川译本最早（1953年），立间译本次之（1968年），接着是村上译本（1972年），最后才是井波译本（2002年~2003年）。我们相信后面的译者在翻译时，一定参考了前出的译本。由于各个译者对原语文本语境有不同的理解和解读。正如Shakespeare的《哈姆雷特》中的一句“To be, or not to be, that is the question”这句名言一样，至今仍有不同的理解和翻译。所以《三国演义》有不同的日译本的产生，源于不同的译者有不同的理解及读者的期待视野、审美情趣等，结果形成了不同的话语文本。同时也说明了世界上的名著是人类文化的宝贵财富，其价值早已超越时空界限。人们对它的研究是无止境的。因此，中国四大名著之一的《三国演义》在日本有10多种全译本，这一事实是可以理解的。鲁迅说过：“即使已有好的译本，复译也还是必要的……取旧译的长处，再加上自己的新心得，这才会成功近于完全的定本。但因语言跟时代的变化，将来还可以有新

---

① 小川環樹、金田純一郎訳『三国志』第十冊の「后记」，1973年2月，第243~244页。

的复译本"。① 郑诗鼎精辟地总结了要复译的原因，主要有四点：（1）随着对经典名著的研究不断深入，当人们对它们的认识经历了由表及里的升华之后，便会发现旧译对原文的理解有欠妥或不当之处；（2）随着对不同语言的对比研究不断深入，人们对各种不同语言的规律有了新的、更深刻的、更接近事物本质的认识，用这种新的认识去审视旧译，自会发现旧译还须改进，原来认为无法用译语表达的东西，现在可以找到理想的、恰当的表达形式了；（3）随着语言和翻译研究领域的不断拓展，人们难免会从不同的角度对旧译的处理提出不同的看法和见解；（4）随着语言自身的发展变化，为更好地适应变化阶段各个时期的译语读者的审美情趣和审美期待，需要对旧译进行调整和修改。②

事实上，上述翻译恰恰反映出战后日本在翻译上的取向－即更重视读者的接受这样一个事实。众所周知，二战之前及之后的20多年的时间内，日本主要是输入文化，所以在翻译策略上，采取直译方法，将原文内容原封不动地加以移植，译语文本满是"翻译调"。如二叶亭四迷在『余が翻訳の標準』所说：

「外国文を翻訳する場合、意味ばかりかを考へて、これに重きを置くと原文を壊す虞がある。須らく原文の音調を呑み込んで、それを移すやうにせねばならぬと、かう自分は信じたので、コンマ、ピリオドの一つをも濫りに棄てず、原文にコンマが三つ、ピリオドが一つあれば、訳文にも亦ピリオドが一つコンマが三つといふ風にして、原文の音調を移さうとした。

译文：在翻译外国文的时候，仅顾及意思并把重点放在这一点，则极有可能破坏原文。我以为，翻译前必须熟知原文的音色和格调，因此，为了译出原文的音色和格调来，我连一个逗号一个句号也没随意舍

① 转引严辰松主编：《中国翻译研究论文精选》，上海外语教育出版社2006年版，第206页。

② 郑诗鼎：《论复译研究》，载《中国翻译》，1999年第2期。

弃。如果原文中 3 个逗号、句号，译文中也要有 3 个逗号、1 个句号」①。

这是典型的直译调风格。柳父章氏将其称为「翻訳用日本文」。他把翻译用日本文与西欧语、普通的日本文作了对比之后，归纳出了翻译用日本文的特点如下：

「（1）翻訳日本文では、名詞や名詞的なことばは、量的に多い。(2) 語順が違う。中でも述語の位置が違う。英語やフランス語では、述語は主語の次に来るのが原則であるが、翻訳用日本文では、日本文一般と同じく文末である。また、修飾することばや文は、短い修飾語以外は、西欧語では、たいてい被修飾語の後に来る。翻訳日本文ではこの逆である。(3) 冠詞や、単複数の区別も、日本文にはあまり翻訳できない。翻訳用日本文で、名詞は多くても、その構文上の機能が乏しいことの一つの原因にもなっている。(4) 翻訳用日本文を読むという寄りも一見して、たいていの人が感じるのは、漢字が多い、ということではないだろうか。漢字の多くは名詞であり、また前述の名詞的なことばである。文章の性質によっては、漢字に代わってカタカナの外来語が多い。外来語も、名詞、及び名詞的なことばが多い。構文上から見ると、翻訳文には、まず一つの文に必ずといってよいほど主語がある。ふつうの日本文には、主語は、ある場合も、ない場合もあり、特に「何々は」という形の主語は、ある間隔を置いて現われ、文の流れに自然なリズムを作っているのである。が、翻訳文は、「何々は」、「何々は」、と、どこまでも繰り返される。「何々は」と発言されるたびに、文の流れは改まる。読者の思考の流れはそこで切れ、各文は一つ一つ独立し、ともすれば文から文への意味の展開が途切れがちである。しかも、こういう文の主語は、なじみにくい名詞や代名詞で占められている場合が少なくない。(5) 翻訳文の構文上の特徴

① 转引自谷崎潤一郎、『文章読本』中公文庫，东京：中央公論社版，昭和 51 年 1 月初版：あとがき。

は、名詞を修飾する連体修飾句が多く、かつ長い、ということであろう。普通の日本文に比べて、翻訳文が回りくどい表現のように感じられる理由であろう。（6）一般に、西欧文は、日本文より、一つの文が長い、と言われる。翻訳文が日本の普通の文に比べて長くなりがちなのもそのためである。とも言う。日本文は、大事な述語や被修飾語が後の方に来るので、文が長くなると分かりにくい。そこで翻訳上、原文を切って、その間を、接続詞や、接続助詞や、代名詞などでつなぐ。これもまた翻訳日本文の特徴である。しかし、日本文も、元来は長いほうであった。長い日本文を支える中心は、西欧文のような名詞ではない。文の要所々々を区切るあたりに、動詞、形容詞などの用言があり、いわば用言から用言へと展開していく構文ないし文体を持っている。」

译文：1. 在翻译腔日文句中，名词或名词性词的数量多)。2. 语序不同，动词的位置也不同。英语或法语中，主语之后紧接着是动词，这是一条几本原则。在翻译腔日文句，与自然的日语文章一样，谓语动词也在句末。而且修饰的词或短语，除短的修饰语之外，西欧语一般是置于被修饰语的后面，而翻译腔日本句则正好相反。3. 冠词和单复数的区别在日文中也很难翻译。因为是翻译腔日本句子，且名词多，句法功能缺乏也是其中的一个原因。4. 只要一读翻译腔日本句子，一般都会感觉到汉字多，且多为名词或名词性短语。根据文章的特性，代替汉字的片假名外来词也多。外来词、名词、名词性短语多。从句法上看，在译文中一个句子必有一个主语。而在一般日文句子中，要么有主语要么没有主语，特别是以「何々は」为主语，每隔一定间隙出现，在句子中形成了自然流畅的节奏。但在以「何々は」为主语的翻译腔的日文句，「何々は」在任何时候都反复出现。每次说「何々は」时，句子的流畅性都改变，读者思考的流畅性也在此处停止，每个句子均为一个独立的句子，往往易导致句子之间的意义联系中断，而且这种句子的主语不少是不熟悉的名词或代词。5. 翻译腔日本句子句法上的特征为修饰名词的连体修饰成分多且长，与自然的日语相比，感觉翻译腔日本句子表达拐弯抹角。6. 人们普遍认为，英语等西方句子比日文句子长。也可以说翻译腔日本句子比自然日语句子易变长。重要的动词和被修饰的成分是置于文后，所以日语文章句子一长就难以理解。因此，在翻译上，将原文分断，用连词或接续助词或代词等将分断的空隙连接起来，这也是翻译腔日本文的特征。不过，日文本来也有长的，支撑长日文句中心的不是西欧文那样的名词，在分断句子要点处，有动词、形容词等用言存在，也就是说日本文具有以用言为中心进行叙述的文章结构或文体」①。

日本民族注重直译，目的是注重外来新文化和新信息，并引进、吸收，以求民族自强。

汉语原文：遂建号仲氏，立台省等官，乘龙凤辇，祀南北郊，立冯方女为后，立子为东宫。(第 17 回 P147)

小川訳：かくて仲氏の年号を建て、朝廷になぞらえた官職を置き、鳳輦の手輿に乗り、都の南と北で天と地を祭り、馮方の娘を皇后に立て、息子は東宮に立てた。

立間訳：かくて袁術は年号を仲氏と改めて朝廷の諸官を設け、鳳輦のに乗って、南北の公害で天地の神を祭り、馮方の娘を皇后に、子を東宮に立てた。

村上訳：ついに年号を仲氏と改める。台省などの役所を設ける。龍鳳の車に乗る。城の南の郊外で天を祭り、城の北の郊外で地を祭る。馮方の娘を皇后とし、自分の一子を皇太子にのぼすなど、すっかり天子気取りである。

井波訳：かくして、仲氏という年号を建て、台や省など中央行政機構の官職を置き、龍や鳳をデザインした輿（天子専用の輿）に乗

① 柳父章「『翻訳の問題』『日本語．別巻ー日本語研究の周辺』，岩波書店，1968 年，第 141～153 页。

り、南郊と北郊で天と地を祭り、馮方の娘を皇后とし、息子を太子に立てた。

本段话语中包含有丰富的中国传统文化词汇，如“台省”“龙凤”“祀南北郊”“东宫”。“台省”在汉代指中央机构，所以四位译者分别译为「朝廷になぞらえた官職」「朝廷の諸官」「台省などの役所」「台や省など中央行政機構の官職」，其中村上和井波移植了汉字「台．省」，并加译了「役所」和「中央行政機構」进行文化转换，保留了原语的语言特色和文化信息。“龙凤辇”是皇帝或皇后的专用马车。据《古代汉语大词典》① 释义为：辇，人推挽的车。《说文．车部》：“辇，挽车也。”段玉裁注：“谓人挽以行之车也。”秦汉以后特指君后所乘的车。如帝辇，凤辇。《荀子．大略》：“天子召诸候，诸侯辇舆就马，礼也。”杨倞注：“辇谓人挽车，言不暇待马至，故辇舆就马也。”又《通典．礼二十六》：“夏氏末代制辇……秦以辇为人君之乘，汉因之。”所以井波用「輿」对译，并作了随文注「天子専用の輿」，进行文化信息转换，便于日本读者理解。因为，中国人自古以来就崇尚“龙”和“凤”，尽管是传说中的神异动物，但在中国人的心目中，“龙凤呈祥”的观念是根深蒂固的。封建皇宫、碑坊梁柱多饰以“龙、凤”以求祥瑞、颐和，欢乐庆典、男婚女嫁也多以“龙、凤”谕示吉祥、和睦。至于语言中的“龙、凤”更是俯拾即是。如“龙飞凤舞、龙腾虎跃、龙眉凤目、龙马精神”等均系褒义词。还有形容凶险之境地、比拼之壮烈的，如“龙潭虎穴、龙争虎斗”等说法也屡见不鲜。尽管中国文化对日本影响很深，但这种“龙、凤”的传统观念，日本人所知甚少，更谈不上崇尚“龙、凤”的文化意识了。反之，日本人对中国人大加贬斥的动物，如“狗、猪、龟”等却抱有好感，以“犬、猪、龟”为姓者大有人在。究其原因，除了日本民族对动物怀有一种亲切感之外，主要还是长期形成的文化习俗所造成的文化现象。日本人认为“狗”忠诚，“猪”健壮，“龟”长寿。对于人生，这正是梦寐以求的。中国

① 新一版（辞海版），上海辞书出版社2007年版，第1647页。

人则认为“狗”下贱、讨厌，“猪”污秽、懒惰，“龟”鄙俗、欠雅。这是中国的文化现象。由于中国人对它们的偏见，因此产生了众多的贬义词。仅以“狗”为例，就有诸如“狗急跳墙、狼心狗肺、狗头军师、狗仗人势、狗嘴里吐不出象牙”等说法。可以说每一词都承载深层的文化信息。“东宫”指太子所居之宫，又借指太子。① 小川、立间译文保留了汉字「东宫」，村上、井波译文用「皇太子」「太子」对译，三词在日语中都存在，且与汉语意同，用汉语词汇置换，语义和文化信息均得以传译。“祀南北郊”古代皇帝将自己的政权视为授之于天，而自己则是上天之子，故曰天子。在建立政权或即位后，在都城的南郊和北郊分别祭天神和地神，以示取得政权的合法性。四位译者正是在正确的理解原文的基础上利用不同的、符合译入语语言与文化的表达方式进行了语义内涵和文化信息置换。

5.2 未用译注法所产生的缺失

5.2.1 文化信息缺损

汉语原文：宴桃园豪杰三结义斩黄巾英雄首立功（第一回回目）

小川译：桃の園（その）に宴して 豪傑三たり義を結び、黄巾の賊を斬りて英雄首めて功を立つ

立間译：桃園（とうえん）に宴して 三豪傑義を結び、黄巾を斬って英雄始めて功を立てる

井波译：桃園（とうえん）に宴して 豪傑三たり義を結び、黄巾を斬りて 英雄始めて功を立てる

村上译：桃咲く園（にわ）で豪傑三人が兄弟となり手柄の首

① 《古代汉语词典》，古代汉语词典编写组，商务印书馆2008年版，第328页。

（はじめ）英雄が黄巾の賊を斬る

“桃园”的翻译，值得探讨。在中国人的话语语境中，看到“桃园”二字立即浮现“不求同年同月同日生，只愿同年同月同日死”，“桃园”二字已经凝固成结义兄弟之情的象征地点，该词汇具有同生死、共患难的民族文化意象，是中华民族兄弟结义的固有民族文化语汇。小川译和村上译分别译为“桃の園”“桃咲く園”，虽不算误，但给人的印象就像是在翻译一个普通地名词汇，对于日本普通读者而言，倒是流畅、通俗易懂。但对于想了解中国文化的读者而言，无疑弱化了该词汇所负载的文化信息。在中国东汉末期，因为宦官专权，朝纲不振，百姓生活痛苦不堪，因而产生黄巾之乱。然后朝廷出榜募兵，刘备欲为朝廷出力，然恨力不足，慨然长叹。张飞好结天下英雄豪杰，家有资财，愿以资相助。二人入店饮酒，正遇关羽投军赶路，乃邀同坐。三人各抒其志，方知志同道合。遂于张飞庄后桃园中，杀牛马祭天，结为生死兄弟，立誓“同心协力，救困扶贫；上报国家，下安黎民；不求同年同月同日生，只愿同年同月同日死”，从此三人患难与共，以至于“食则同桌，寝则同床”，即使后来刘备位进汉中王、称帝后，与关张的兄弟情谊始终不改。为报关张之仇可以不计江山社稷安危，起倾国之兵伐吴，至死不渝。《三国志．蜀书．关羽传》云“关羽字云长，本字长生，河东解良人也。亡命奔涿州。先主于乡里合徒众，而羽与张飞为之御侮。……先主与二人寝则同床，摁若兄弟。而稠人广坐，侍立终日，随先主周旋，不避艰险”。《三国志．蜀书．张飞传》也云“张飞字翼德，涿郡人也，少与关羽具事先主。羽年长数岁，飞以兄事之。”宋元以来，说书繁盛，说书人每就“恩若兄弟”则竭力增饰渲染，遂成“桃园结义”故事。成于元代的《三国志平话》卷（上）有《桃园结义》一节，元杂剧有无名氏撰“刘关张桃园三结义”。《汉语大词典》① 收有“桃园结义”词条：“指东汉末年刘备、关羽、张飞在桃园结拜兄弟，后遂为结拜兄弟的典故。《天地会诗歌选》：桃园结义刘、

① 简编下，1998年，北京：汉语大词典出版社，第2269页。

关、张。”。“桃园三结义”还凸现一个“义”字。众所周知，中国文化的核心是伦理道德。其基本内容就是忠、孝、节、义。自古以来中国就有所谓“臣事君以忠”，“忠臣不事二主”；作为人伦道德，是指人与人之间要忠诚、忠实，不能虚假，其意与“信义”相近，如孔子所说“为人谋而不忠乎”（《论语．学而》）。由于三国时代战乱年年，天下分崩离析，有各种各样的大小实力派。作为怀抱大志的文人、武士，就有一个如何择主的问题。正如《三国演义》29 回周瑜对鲁肃说的“当今之事，不惟君择臣，臣也择君”，亦如第 14 回曹操谋士满宠对猛将徐晃所说“良禽择木而栖，贤臣择主而事。”为此君臣互择成为三国时代的一个普遍现象，既是你自己的选择，那就有一个为臣尽忠和为友尽义的问题。于是忠于君主、主子也就成为一种道义，一种责任。这种忠和义就成了不可分割的整体，忠臣即义士，义士即忠臣。像刘、关、张，作为结义兄弟已成一体，兄弟情义决定关、张必须为刘备的事业尽心尽力；同时他们又是君臣关系，作为臣子的关、张应该为主尽忠，因而关、张与刘备既是兄弟又是君臣。这样关、张对于刘备既要尽义又要尽忠，忠与义也就密不可分了。于是关、张追随刘备一生，至死不悔。在刘备看来，他与关、张的兄弟之情高于一切，不惜倾全国之兵为弟报仇。正如《三国演义》81 回所说“朕不为弟报仇，虽有万里江山，何足为贵?”。所以说“桃园”二字地名词汇内涵丰富的民族文化意蕴，已经积淀为中华民族特有的兄弟结义和忠孝文化的象征语汇。鉴于此，井波译和立间译则直接用“汉语词汇＋注假名”方式，即用汉语词汇“桃園”表记，并注上假名为（とうえん），让人一看，就联想到刘、关、张三人志同道合，同生共死之事，较好地传译了源语的文化信息。小川译和村上译，淡化了“桃园”这一地名的文化信息，我们认为可加一个译注，来确保文化信息的完整传达。

汉语原文：帝尊信张让，呼为“阿父”（第 1 回 P2）

小川訳：「阿父（あふ）」

立間訳:「父上」

村上訳:「お父上」

井波訳:「阿父（おとうさん）」

小川、井波直接用汉语词汇“阿父”，分别注上了假名，小川为音读，井波为训读。小川对“阿父”作了译注：

「『後漢書』「宦官伝」によれば、霊帝はつねに「張常侍はわが父、趙常侍はわが母だ」と言っていたとある。阿父の阿は、親しみを表す接頭語である。/据《后汉书．宦官传》记载，灵帝常常说“丈常侍是我父亲，赵常侍是我母亲。”阿父的“阿”是表示亲近的接头词」。

译注传递了原语文化信息。而立间和村上则直接用和语词汇体现在译文中，文化信息流失。

汉语原文：孤常念孔子称文王之至德，此言耿耿在心（第 56 回 P458）

小川訳:「昔斉の桓公晋の文公なんどか、今日まで徳を讃えられておるのは、兵力強大でありながら、なお周室に怠りなく、仕えた故である。孔子も宣（のたま）わせられた、『周の文王は天下三分の二を保ちながら、殷の王に仕えた。周の徳はそれ至徳といいつべし』とある。」

立間訳:「孔子が（周の）文王の至徳を讃えられた言葉を、わしは一日たりと忘れたことはない。」

村上訳;「余は、周の文王の至上の徳を称えた孔子の言葉を、ついぞ忘れはしないものである。

井波訳:「わしは常々、孔子が文王のこの上ない徳義を称賛した言葉を脳裏に刻みつけ、かたときも忘れたことはない。」

“孔子称文王之至德”语出《论语·泰伯》：“三分天下有其二，以服事殷，周之德可谓至德已矣。”① 意思是，孔子称赞周文王，在占有

① 沈伯俊、谭良啸编著：《三国演义大辞典》，中华书局 2007 年版，第 276 页。

天下超过一半多的地盘时，却仍然服事商朝，这可以称之为最高的道德了。看得出，小川是将“孔子称文王之至德”的典故含义照原文含义直接移植在译文中，虽然阅读起来稍稍感觉麻烦了些，但由于增添了典故内容，反而觉得更加易理解原文内容，用解释性翻译很好地传译了原语文化信息。其他三位译者采用直译，但“孔子称文王之至德”究竟是指什么，读者仍是不得要领，没有传译出原语深层文化信息。

汉语原文：姜维曰：“陛下休听小人之言，致生疑虑。”（第 114 回 P937）

小川訳：姜維は「陛下には、小人どもの申すことに耳を傾け、疑い深くなられてはなりませぬ」。

立間訳：「小人輩のことばなぞに耳を傾け、疑いを抱かれるようなことは、切にお控え下されますように」。

村上訳：維は「陛下、なにとぞつまらぬ輩の陰口はお取りあげなく、わたくしをご信用いただきたいものです」

井波訳：姜維は「陛下にはなにとぞつまらない者どもの意見を聞かれ、疑いをおこされませんように」。

“小人”，在中国语境中是一个文化信息浓厚的词汇，且具有贬义色彩，指人格卑鄙，道德败坏的人，常与“君子”在一起作比。据《古代汉语大词典》① 释义为：西周时对一种被统治的生产者的称谓。《书．无逸》：“相小人，阙父母勤劳稼穑，阙子乃不知稼穑之艰难，乃逸。春秋时将统治阶级陈为“君子”，将被统治的劳动生产者称为“小人”。春秋末年以后，“君子”与“小人”逐渐成为“有得者”与“无德者”的称谓”。《论语．颜渊》：“君子成人之美，不成人之恶，小人反是。”而《古代汉语辞典》② 也有不少引例，如《尚书．大禹谟》：“君子在野，小人在位。”《论衡．齐世》：“上教以忠，君子忠，其失

① 新一版（辞海版），上海辞书出版社 2007 年版，第 1376 页。

② 商务印书馆 2008 年版，第 1725 页。

也，小人野。”《论语．为政》：“子曰：君子周而不比，小人比而不周。”日语中的“小人”有两种读法：一为“しょうにん”，一为“しょうじん”。“しょうにん”乃指小孩，『広辞苑』① 第5版释义为“子供。小児。入場料や乗車賃などを示す場合に小学生以下を言う”泛指小学生以下的小孩，他们属于弱势群体，在乘车或购买入场券时享有半价优惠；“しょうじん”，据『広辞苑』第5版列有五个义项“1. 年若い人。少年。こども。2.（元禄時代語）稚児、また若衆の称。3. 背丈の低い人。こびと。4. 德、器量のない人。小人物。5. 身分の卑しい者。小者。”② 我们且来回顾一下本文语境：蜀将姜维击败了魏将邓艾，魏兵处境艰难，有全军覆灭之虞。此时司马望向邓艾建议，曰：“近日闻蜀主刘禅，宠幸中贵黄皓，日夜以酒色为乐。可用反间计召回姜维，此危可解。”于是邓艾派党均带着金珠宝物，前往成都结连黄皓，并散布流言，说“姜维怨望天子，不久投魏”。离间姜维和后主的君臣关系，黄皓乘机奏后主，后主即遣人星夜宣姜维入朝，达到了罢兵解围的目的。可见后主的宠臣黄皓是一个道德操守低下、卑鄙下流之人，由于黄皓散布流言致使姜维伐魏功亏一篑。小川、立间用汉字表记，分别译为“小人ども”、“小人輩”，保留了原语语言，但对一般日本读者而言，由于没有出注，易使人产生误解；而村上、井波意译为“つまらぬ輩/微不足道的人”和“つまらない者ども/微不足道的人”，理解上不存在问题，易懂，但文化信息未能传译出来。“つまらぬ輩”、“つまらない者ども”中的“つまらない（ぬ)”，在日语中指没有价值、无聊、之意，与个人的道德品行没有关联，也不符合原文语境。翻译是两种文化形式之间的转换，由于受不同文化背景和语言本身实现手段的制约，原语和译语不能共享一个表达机制，构成翻译过程中的潜在障碍。译者的任务不仅是替译语读者解读原语语言符号，而且还须破解原语非语言符号—文化信息。翻译绝不是两种语言之间词语和句子的简

① 新村出编，東京：岩波書店、1998年，第1326页。
② 新村出编，東京：岩波書店、1998年，第1318页。

单移植，它反映的是两种语言、两种思维习惯，两种文化之间的相应转换。在形式上进行调整以传译原语文化信息是翻译的目的。从原文的语境观之，我们认为既要保留原语语言，又要传译原语文化信息，可直接用汉字“小人”表记，注上假名为“しょうじん”，再加注为“小人物、君子の反義であり、徳、器量のない人を意味する”。

汉语原文：次日，王经全家皆押赴东市。王经母子含笑受刑。（第114回 P940）

小川訳：あくる日、王径の一族ことごとく東市に引っ立てられたが、王径母子は笑みを浮かべつつ処刑された。

立間訳：あくる日、王径の一家は東市に引き出され、王径母子は微笑みを浮かべながら首をはねられました。

村上訳：かくて次の日、一家がぜんぶ洛陽の東市の刑場に押送された。王径母子が笑って首を斬られたものだ。

井波訳：翌日、王径の家族全員が東の市場に護送された。王径母子は笑みを浮かべながら刑につきました。

“东市”据《古代汉语大词典》① 释义为：汉代于长安东市处决死刑犯。后因以“东市”泛指刑场。《汉书．吴王濞列传》：“错（晁错）衣朝衣斩东市。”《世说新语．雅量》：“嵇中散临刑东市，神气不变。”小川、立间直译为“東市”，井波译为“東の市場”，三位译者显然竭力保留了原语的语言形式“东市”，但读者未能从译文中了解到在中国古代“东市”一词的深层含义为处决犯人的刑场之意，文化信息缺失。

文化信息的传译需要译者一方面要深入了解外国文化，另一方面译者还得深入了解自己民族的文化。“不仅如此，他还要不断地把两种文化加以比较。他在寻找与原文相当的对等词的过程中，就要做一番比较，因为真正的对等应该是在各自文化里的含义、作用、范围、情感色

① 新一版，辞海版，上海辞书出版社2007年版，第65页。

彩、影响等等都相当。"① 王佐良提出的翻译中寻找对等词的过程实际上是文化翻译所经历的过程，而且对文化翻译具有方法论的意义。对文化信息的翻译应建立在对源语和译语两种文化进行深入细致的对比研究的基础之上，是在充分考虑两种语言文化之后作出的抉择。不顾译语文化特点，一味按字面直译，照搬源语的结构形式，这其实只是"形式对等"的"逐词死译"，这种译法在大多数情况下非但不能保留原文的文化意义，反而会使原文的文化意义在译语语境下丧失殆尽或被扭曲误解，这样就会造成交流难以得到保证。村上的译文用归化策略，考虑到读者的接受性，将"东市"译为易使人理解的现代词汇"刑场"，并结合当时曹丕篡位后，定都洛阳这一历史语境，加上了"洛陽"译为"洛陽の東市の刑場"，传译了原语语言和文化信息。

汉语原文：允避席问曰："孟德有何高见?"（第4回 P34）

小川訳：王允、席から滑り下り、「孟徳殿、いかなるお考えじゃ」と問う。

立間訳；王允は座から滑り下り、「孟徳殿にはいかなる計略をお持ちでござるか」。

村上訳；允が急に謙遜して聞いてみる。「どういう工夫がおありか」。

井波訳；王允は座から下りて尋ねた。「孟徳殿には、どのようなお考えをお持ちか」。

我们来看看日本版辞典对"避席"的释义：

『新漢和大字典』② 避席；音読み为（ひせき）、和訳为せきをさく。辟席，立って席を避ける、相手に対する謙遜の気持ちを表す。［席］は昔、座るときに用いた敷物。

---

① 王佐良：《翻译：思考与试笔》，外语教学与研究出版社1989年版，第18~19页。

② 藤堂明保、加納喜光編、東京：学習研究社，1978年4月初版，第1793页。

『大漢和辞典』① 避席：席を避ける。坐を離れる。古人は地に席を置いて坐し、敬意するときは坐を離れて起った。辟席．［孝經．開宗明義章］曾子避席曰，参、不敏何足以知之。『庄子』「寓言」舍者避席。『戦国』「斉策」貂勃避席稽首曰，王恶得此亡国之言夫，王上者孰与周文王．『吕覧』「直諫」桓公避席再拜．

『中国语大辞典》』② 避席：座席を離れる。遠慮．尊敬を表すために、目上の者と話をしたり相手に敬意を表すときには座席を離れて、立ち上がる。

『新大字典』③ 避席：席を避け移ること。

『漢辞海』④ 避席：1. 目上の人に敬意を表して席から離れて立つ。2. 逃げ出す、脱け出す

『字通』⑤ 避席：席を離れる。『孝経』「開宗明義章」曾子席をさけて曰く。参、不敏何ぞ以て之を知るに足らんと。子曰く，夫れ孝は教えへの由りて生ず所なり。帰り坐せと。吾，汝に語らん

《汉语大词典》⑥ 避席：亦作“避廗”1. 古人席地而坐，离席起立，以示敬意。《吕氏春秋．慎大览》：“武王避席再拜之，以非貴虜業，貴其言也。”《文選．司马相如 <上林赋>》：“於是二子楸然改容，超若自失，竣巡避席曰：‘蔽人固陋，不是忌諱，乃今日見教。’”李善注：“《孝經》曰：曾子避席。廗同席古字通。”《漢書．灌夫傳》：“己嬰為壽，獨故人避席，餘半膝席。”唐玄奘《大唐西域記．珠利耶国》：“於是避席禮謝，深加敬歆。”《三國演義》第 4 回：“允避席問曰：‘孟德有何高見？’”亦指譲席，以示敬意。

---

① 卷 11，卷 8，諸橋徹次，昭和 51 年 7 月第 5 刷，縮寫本，東京：大修館書店，第 193 页。

② （上）中国语大辞典編纂室，香坂順一編集主幹：東京：角川書店 1993 年 11 月，第 163 页。

③ 上田望年、岡田正之等編、東京：講談社 1993 年普及版，第 17305 页。

④ 全訳，後藤進等編，戸川芳郎監修，三省堂 2000 年 3 月，第 1419 页。

⑤ 白川静著，東京：平凡社，1996 年 10 月初版，第 1321 页。

⑥ 汉语大词典编辑委员会，上海汉语大词典出版社，1994 第 1 版，卷 10，第 1267 月。

四位译者将“避席”分别译为“席から滑り下り”、“座から滑り下り”、“急に謙遜して”、“座から下りて”。小川、立间、井波译文不误，但仅译出了动作这一“形”，而“避席”的“神”即表示敬意之意未能传译。译文虽通俗、易懂，但从读者角度看，文化信息流失了，因为读者并不知道“避席”这一词汇在汉语中表示敬意的含义，这样读者想通过阅读译本来了解中国文化信息的机会就被剥夺了。“避席”是中国古代特有的对说话人表达敬意的文化用语。古代人室内起居，就在地上设席而坐，与尊长谈话时，要离席而立，以示尊敬。无论从地位、声望抑或年龄而言，曹操在当时均在王允之下，而王允又为什么要对曹操郑重、敬谨呢？我们可结合当时的历史语境来解读。董卓掌控实权后，废掉了少帝，立陈留王刘协为皇帝后，“董卓为相国，赞拜不名，入朝不趋，剑履上殿，威福莫比”，并进一步除掉了被废的少帝、皇后。以至于“自此每夜人宫，奸淫宫女，夜宿龙床。”王允看在眼里，急在心头。董卓假托过生日，邀请公卿大臣到自己家里商议如何除去奸臣董卓。于是曹操自告奋勇，向王允借剑以剪除董卓。因为这项任务非常，大有“风啸啸兮易水寒，壮士一去兮不复还”的悲壮气氛。一旦失败，不但性命难保，且还要牵连九族，风险不可谓不大。再者当时满朝文武均惧怕董卓势力，敢怒而不敢言。有胆量之人屈指可数，所以曹操的行为大有为民除害，“清君侧”之意，理所当然地应受到敬重。村上译文为“急に謙遜して”，将当时王允的急迫心情及对曹操恭敬有加的态度表达的淋漓尽致，既传译了原文本的含义，又将“避席”这一词汇所承载的文化信息准确地再现出来，胜于其他三位译者。为了弥补这一损失，我们认为还可用译注的方式加以解决。可试着译注为“中国古人は地に席を置いて座り、離れるときに相手に謙遜の気持ちで敬意を表すという意味である。”我们认为村上译比较准确地传译了原语的文化信息。

汉语原文：桓帝禁锢善类，崇信宦官。（第1回P1）

小川訳：桓帝はただしき党人を追放にして、宦官らのことばを信用しきっていた。

立間訳：桓帝は正義の士を弾圧し、宦官を重用した。

村上訳：桓帝は正しい人の出仕を禁じ、宦官一辺倒。

井波訳：桓帝は清流派の人士を投獄して、宦官を信任した。

“禁锢善类”即中国历史上有名的“党锢”事件，也就是《三国演义》中所描写的“十常侍之乱”，实质是宦官集团与士大夫官僚集团为争夺控制权而引起的争斗。持续时间长，最后宦官集团得势，逮捕、镇压士大夫集团中的反对派，并终身禁止做官。“禁锢善类”这一文化术语，在日本出版的工具书中有收录。一般以“党锢”作词条收录，如『広辞苑』[①] 称「（党は党人、锢は禁锢の意）後漢の桓帝．霊帝のときに宦官が跋扈し、反対党であった陳蕃．李膺らの166 年と168 年の二回あり/（党即党人，锢即禁锢之意）后汉桓帝、灵帝时宦官跋扈，作为反对党的陈番、李膺等人奋起抗争，共有 166 年和 168 年两次。」，『日语汉和词典』[②] 收录了“党锢と党禍”词条。在“党锢”词条下做了一个解释，“党人を禁固する。「党锢之禍」—後漢の末、宦官が政権をほしいままにし、気節の士が攻撃したが失敗し、終身禁固の刑を受けた事件/禁锢党人。党锢之祸 – 后汉末期，宦官专权，有志之士奋起反抗最终失败，遭受终身禁锢之行。（後漢．霊帝紀），”可见介绍非常简约。反观国内的辞书对此解释得较详细，如《辞海》“延熹 9 年（公元166 年），河南尹李膺捕杀教子杀人的张成。……建宁 2 年（169 年），灵帝在宦官侯览、曹节挟持下，收捕李膺、杜密等百余人下狱处死，并陆续杀死、流徙、囚禁六七百人。熹平 5 年（公元176 年）灵帝在宦官挟持下又命令凡‘党人’的门生故吏、父子兄弟，都免官禁锢，并连及五族。称为‘第二次党锢之祸’。”《中国大百科全书》历史卷的记载为：“党锢的政争自延熹 9 年（166 年），一直延续到中平元年

① 新村出编，第 5 版，1998 年，东京：岩波書店，第 1877 页。

② 阿部吉雄、赤塚忠编，广州：世界图书出版公司，1997 年 2 月，第 405 页。

(184年)。……延熹9年，司隶李膺捕杀交通宦官、教子杀人的方士张成。宦官唆使张成弟子诬告李膺等人蓄养太学游士、交结诸郡生徒，共为部党，诽谤朝廷。桓帝于是通令郡国逮捕‘党人’。……次年，桓帝又下诏将‘党人’赦归田里，禁锢终身，不得做官。……建宁2年(169年)，宦官侯览又使人诬陷张俭与同乡24人‘共为部党，图为社稷’。同年10月，曹节也趁机奏捕考杀虞方、李膺、杜密等百余人，妻子皆徙边。……熹平元年（172）宦官又指使司隶校尉段颍逐捕党人和太学诸生千余人。熹平5年，进一步下诏州郡，凡党人的门生、故吏、父子兄弟和五服以内的亲属，都免官禁锢。这次党锢前后延续了十几年。中平元年黄巾起义爆发后，灵帝下诏赦免党人，党锢至此才告结束”。综合国内辞书的解释，第二次党锢并非发生在168年。而是至建宁2年（169）之后持续数年之久的历史事件。日语版《广辞苑》对第二次党锢的时间介绍欠准确，反映出中日学者不同的历史认知观。严格意义上来说，这是一种文化背景差异的误读。高宁先生认为误读至少有三个层面“其一，直接体现政治体制和意识形态差异的文化误读。这类误读带有明显的人为痕迹，属于显性误读，比较容易引起注意。其二，由文化背景差异导致的误读。这类误读开始从显性向隐性过度，相对比较难以发现，需要较强的问题意识和相关的专业知识。其三，这个层面的误读虽然也缘于不同的政治体制和意识形态，但是，与第一个层面不同的是，在历史长河的冲刷下，这类误读已经从显性变成隐性，虽然活跃于日常生活之中，却通常不为人所知。在人们的潜意识之中业已成为一种隐喻，无形地影响着人们的思想和价值观”① 这种误读“将给辞书使用者带来极大的负面影响，使他们在自身的文化参照系里埋下隐性的文化炸弹，妨碍相关的文化学习和研究，甚至有可能在关键时候因此而得出错误的结论。”② “党锢”及“十常侍之乱”并非偶然事件，

① 王晓平主编，高宁著：《越界和误读－中日文化间性研究》，宁夏人民出版社2005年版，第132页。

② 王晓平主编，高宁著：《越界和误读－中日文化间性研究》，宁夏人民出版社2005年版，第144页。

既反映出东汉政治由来已久的痼疾，也反映出封建君主专制难以避免的政治弊病。只有传译了这一至关重要的历史文化背景，才能在译语文本中完整地传译原语的文化信息，帮助读者理解原语含义，进而加深对中国历史文化的认识。小川、立间、村上三位译者分别译为“ただしき党人”、“正義の士”、“正しい人の出仕”，通顺、易懂。由于三位译者没有用译注加以解释、说明“党锢”的历史背景，读者对“党人”、“正義の士”、“正しい人”的确切含义仍然不得要领。所以，从文化信息传译的角度看，文化信息耗损了，读者从译文中无从了解对中国历史产生影响的重大历史事件——东汉桓帝刘志时的“党锢之祸”。相比较而言，井波译本就文化信息的处理方式，较其他译者把握地较好。译者首先翻译成“清流派の人士”，然后对其加了译注为：

「宦官グループ（濁流派）の専横に対抗して、厳しい政治批判を旨とする「清議」を巻き起こし、激しい反政府運動を展開した知識人層を指す。」

译文：指与宦官集团（浊流派）相对抗，以激烈的政治批判为宗旨、进行激烈的反政府运动的知识分子阶层。

通过译注这种方式，较好地传达出了原语的文化信息。

5.2.2 读者难以理解文本含义

在研读《三国演义》日译本中，我们也发现对于一些历史典故等文化词汇，由于译者没有加注释，有障于读者的理解。

汉语原文：却说董卓在长安，闻孙坚已死，乃曰“吾除却一心腹之患也!”……自此愈加骄横，自号为“尚父”，出入僭天子仪仗；（第8回P63）

小川訳：自分で「尚父（しょうふ）」と号した。

立間訳：自ら「尚父（しょうほ）」と号した。

村上訳：自分を自分で「尚父（しょうほ)」と号した。

井波訳：みずから「尚父（しょうふ)」と称した。

“尚父”这一词汇，在中国历史上是具有文化积淀深厚的文化语词。据《古代汉语大词典》① 释义为：周武王称吕望为“尚父”，意即可尊重的父辈。《诗．大雅．大明》；“维师尚父。”毛传：“尚父，可尚可父。”郑玄笺：“尚父，吕望也，尊称焉。”董卓在此是把他自己比喻为吕望。四位译者均照录汉字“尚父”，同时注上了假名。其中小川、村上、井波均未作译注，对读者而言，仍不知所云。立间的处理较好，作了译注，为「尚父——周の呂公、すなわち太公望は周の武王を助けて天下を平定したので、武王は呂公を「尚父」と呼んで尊んだ。ここでは董卓が自分を呂公になぞらえたもの。しかし実際には、卓の配下に彼をこう呼ぼうというものがあったが、蔡邕が天下をしてからにしたほうがいいといったので取り止めになったという/尚父－周朝的吕公，即太望公。他扶助周武王平定天下，武王尊他为“尚父”。此处是董卓自比为吕公。实际上，董卓的部下曾这样称呼过，但蔡邑谏说待平定天下后再用此称呼为好，于是董卓做罢」。

所以，我们认为应加上译注，使语义明确，不至于造成理解上的障碍。

汉语原文：懿曰：“臣已算定今番诸葛亮必效韩信暗渡陈仓之计。”(第96回P796)

小川訳：司馬懿「それがし、とくより計り定めておりまする。このたびは諸葛亮は、必ず韓信がひそかに陳倉を渡りし計（はかりごと）に倣わんといたしましょう。」

立間訳：「臣の考えまするに、諸葛亮はこのたびは必ず韓信がひそかに陳倉を越えた計に倣うであろうと存じます。」

村上訳：司馬懿が言う。「私は、そう思います。—むかし、韓信

① 新一版，辞海版，上海辞书出版社，2007年版，第1386页。

は項羽を打つとき、蜀の桟道をつくろいました。あたかも軍を桟道伝い、出すかのようにみせかけ、実はひそかに陳倉への道を出たものです。孔明は、おそらく、次に、この手を用います。」

井波訳：「諸葛亮は今度は必ず韓信がひそかに陳倉へ向かった計略に倣うに相違ないと、私は読んでおります。」と司馬懿。

"暗渡陈仓之计"，这一历史典故是讲汉高祖刘邦被项羽封为汉中王后，离咸阳去汉中。途中他把经过的栈道全部烧毁，表示无意再返关中，旨在消除项羽对他的怀疑。在刘邦和项羽争霸之时，他又听从韩信的建议，表面上派兵修栈道的道路，以转移对方的注意；暗中却将兵马偷过陈仓，率军绕道从被烧毁的故道出击，在陈仓打败了项羽的军队，回到关中。① 村上将典故含义，用解释性翻译作了文化转换。小川、立间、井波则直译，其中立间、井波作了译注，分别为：

「韓信が必ずひそかに陳倉を越えた計ー韓信が項羽を打ったとき、桟道を作ろうが如く見せて項羽勢の目をくらませ、その隙にひそかに陳倉を回った故事による」

译文：韩信暗渡陈仓之计—韩信在与项羽军队作战之时，修建了栈道并以此来迷惑项羽，然后乘机暗中杀回陈仓，打败了项羽军队。

「韓信が項羽を攻撃するさい、桟道の修理を行うように見せかけて相手の注意をそらし、ひそかに軍勢を率いて陳倉へ向かった故事を指す」

译文：韩信在与项羽军队作战时，假装修建栈道以引起对手注意，暗中却率军队向陈仓进发，打败了项羽军队。

用译注阐释典故的文化含义。小川的译文虽能让人懂字面含义，但没有注，不知韩信和陈仓究竟何意，一般读者仍然不知其意。

---

① 沈伯俊、谭良啸编著：《三国演义大辞典》，中华书局 2007 年版，第 274 页。

5.2.3 易产生误解

汉语原文：倘收豪杰以聚徒众，英雄因之而起，山东非公有也。(第4回P30)

小川訳:「もしも豪傑を引き入れ、徒党を組み、英雄がこれを機会に起こるにもなれば、山東（広く黄河下流一帯の地方）は，わがきみのものではありますまい。」

立間訳:「もし豪の者を手に加え兵を集めて事を起こしでもすれば，それを機に英雄も旗揚げするでしょうし、山東（さんとう）は殿の手を離れることになりましょう。」

村上訳:「もしも袁紹が挙兵してごらんなさい。それを機会に英雄が立ち上がると、山東一帯の広大な土地は、あなたの手から離れます。」

井波訳：もし彼が豪傑を傘下に収めて軍勢を糾合し、これが引き金となって、英雄が蜂起することにでもなれば、山東地方は公（との）のものでなくなります。

立间、村上、井波译本分别译为“山東、山東一帯の広大な土地、山東地方”，均取汉字“山東”一词直接移植，其中立间注上假名为(さんとう)，村上译为“山東一帯の広大な土地”，井波在山东后加上地区二字为“山東地方”。上述三位译者均未加译注。我们认为易引起误解，使读者误为是今山东省所属区域，这是对古代地理知识的误读而产生的误译。事实上，“山东”古代指华山以东的广大地区，实指秦国以外的东方诸国之地。《古汉语大词典》① “地方”有4个义项，(1)、处所。(2)、中央以下各级行政区域的统称。(3)、领域。《管子 . 形势解》：“舛、纣贵为天子，富有四海，地方甚大，战卒甚众，而身死国亡。”(4)、旧时地保、保正也称“地方”。《京本通俗小说 . 错斩崔

① 新一版，辞海版，上海辞书出版社2007年版，第602页。

宁》："朱老三叫起地方：有杀人贼在此，烦为一捉!"；《汉语大词典》① 有7个义项，(1)、古人的一种地方观念。谓地呈方形。《淮南子．天文训》："天圆地方，道在中央。"（2）、中央以下各级行政区画的通称。(3)、本地，当地。《二刻拍案惊奇》传十一："尽是些地方邻里亲戚，来与大郎作贺称庆。"(4)、旧时的里甲长、地保。(5)、某一区域。清昭槤《啸亭杂录．傅阁峰尚书》："尔国震于天威，即献阿尔泰地方。"(6)、处所、地点。《红楼梦》68回："只求…留我个站脚的地方儿。"(7)、部分、部位。《鲁迅书信集．致叶紫》："这一篇，有好的地方。"又如：受伤的地方很痛。据『日中辞典』② 收2个义项，(1)、国内の一部分（地方，地区）。(2)、（中央に対して）地方、外地。『広辞苑』③ 释义为「国内の一部分での土地。（国内一部分地区）首府以外の土地。いなか。（首都以外的地区。乡村）旧軍隊用語で、軍以外の一般社会。（旧时军队用语，军队以外的民间社会）」综合以上词典的解释，"地方"是指"中央以下各级行政区划的统称"。日译本译为"山東、山東一帯の広大な土地、山東地方"易使读者误解。反观小川译文，为使原语文本的语义明确，不致让日本读者产生误解而加了文内注"広く黄河下流一帯の地方/黄河下流广大地区"，与原文语义语境契合。所以我们认为小川用译注手法较其他三位译者好。

文化语境是研究语言使用和功能的重要语言学范畴之一。多年来国内外许多学者从不同角度和层面对文化语境进行了大量的研究。文化语境这一概念最早是由英国人类学家马林诺夫斯基提出的。文化语境指语言运用的社会文化背景、历史文化传统、思维方式、价值观念、情知及社会心理等。"文化语境是社会结构的产物，是整个语言系统的环境。具体的情景语境则来源于文化语境"。④ 作为整个语言系统的环境，文化语境对整个语言系统起着决定性的作用。由于翻译是跨文化的交际活

① 简编，汉语大词典出版社1998年版，第794页。

② 小学馆、商务印书馆，第2版，2002年版，第472页。

③ 新村出编第五版，东京：岩波書店，1998年版，第1717页。

④ 胡壮麟等：《系统功能语法概论》，湖南教育出版社1989年版，第89页。

动，所以文化语境对翻译的影响不可忽视。当我们在解读原语文本的时候，要防止译者主体的“过度解读”和“错误解读”。“作者的语言界定了文本能够再现的诸多涵义的范围，解释者的语言不能超出于这个可能性范围，文本的内含不能任由解释者的语言来界定。”① 现代西方解释学的重要人物伽达默尔强调“一切理解都是解释，而一切解释都是通过语言的媒介而进行的，这种语言媒介既要把对象表述出来，同时又是解释者自己的语言”② 这也就是海德格尔所说的“先入之见”。这种“先入之见”一方面有助于译者从熟悉的世界走向陌生的世界，从而更好地理解与翻译原语文本，但同时也会钳制译者的视域，使译者看到的总是他自己。而施勒尔·霍恩比（Mary Snell－Hornby）作了较为具体的分析“基于文本框架，译者作为读者凭借自己的经验与对有关素材已有的知识会在内心营构出种种情景。译者这位非母语的代言人可能营构出的种种情景要么与作者的意图有出入，要么与源语中的源语代言人所营构的情景相去甚远（这通常是误译的原因）”③ 因此，文化语境的误读往往是指译者在不知不觉中有意识地用自己的文化传统、思维方式等解读原语的文化。

汉语原文：祖茂曰：“主公头上赤帻射日，为贼所认识。可脱帻与某戴之”。（第5回 P42）

小川訳：頭巾

立間訳：頭巾

村上訳：頭巾

井波訳：帽子

---

① 傅修延：《文本学－文本主义文论系统研究》，北京大学出版社2004年版，第146页。

② 伽达默尔、洪汉鼎译：《真理与方法》，上海译文出版社2004年版，第503页。

③ Snell－Hornby，Mary. Translation Studies ——An Integrated Approach. Shanghai Foreign Language Education Press，2001年第81页。

『大漢和詞典』① 列有两个义项：1. ずきん。髪包み。ひたいあて。かんむりした。《說文》幘，髪有巾曰幘，從聲。《說文通訓定聲》幘，續漢書，與服志，古者有冠無幘，至秦乃加武將首飾，為絳。2. いただき梅曉臣，雞冠詩）全如雞幘丹。齒なみが美しい。齒に同じ。[集韻] 齒相值，亦作幘。[左氏 · 定公九年] 惜幘而衣狸製。[注] 幘，齒上下相值。

『中國語大辭典』② 昔の頭巾；頭髪を包む布。

『新漢和大字典』③ 幘：音読み：さく（漢）或はしゃく（呉）。髪の毛を包む布製のずきん。秦漢以後唐までの風俗で、冠を外しても、幘はつけていた。[巾幘] [皆冠幘而服婦人衣＝みな幘を冠して婦人の衣を服する]（後漢書．光武）解字：会意兼形声。責は重ねる意味を含む。幘は [布? 音符責] で髪を重ねて上から包む布のこと。単語家族積（積み重ねる）と同系。

『大漢語林』④ 幘：さく或はしゃく。1. 頭巾，髪包み。ひたいあて。2. 冠した [巾幘] [鹿幘]

『角川新字源』⑤ 幘：意味（形声。音符責）1. ずきん、髪を包むかぶり物。「巾幘（きんさく）」。2「鶏幘（けいさく）」は、鶏のとさか。

『中国语大辞典』⑥ 幘：昔の頭巾；頭髪を包む布。

『辞海』⑦ 幘：昔神事のとき、天皇の冠の巾子と纓とを巾子の後で結わえた白い生絹。端を左右にたれた。

---

① 諸橋徹次，昭和 51 年 7 月第 5 刷，縮寫本，東京：大修舘書店，第 472 页。

② （下）大東文化大學中國語大詞典編纂室主幹香岅順一，東京：角川書店，平成 6 年 3 月初版，第 3891 页。

③ 藤堂明保、加納喜光編，東京：学習研究社、1978 年 4 月初版，第 567 页。

④ 米山寅太郎、鎌田正著，東京：大修館、平成 4 年 4 月初版，第 454 页。

⑤ 小川環樹、西田太一郎、赤塚忠編，東京：角川書店，平成 6 年改訂版，第 319 页。

⑥ （上）（大东文化大学中国语大辞典編纂室香坂順一編集主幹，東京：角川書店，1993 年 11 月，第 3981 页。

⑦ 金田一京助編，東京：三省堂，昭和 27 年 4 月，第 737 页。

『新大字典』① 帻：被り物。髪を包むきれ；上下の歯があう。

『漢辞海』② 幘：頭巾、頭髪を包む被り物。これのみをつけたり、冠の下につけることもある。[巾幘，介幘] 頭巾をつける。

『字通』③ 幘：形声。音符は責。「[説文] 七下に髪に巾有るを幘と曰ふ」とあり、髪を巾で包み込む頭巾をいう。など、元冠を用いない卑のものであった。ずきん、髪包み、冠下。とさか。歯と通じ、歯並がそろう。古訓「新撰字鏡」幘：(ひたひのかがほり)。「字鏡集」幘：カフリ。

『大明解漢和辞典』④ 幘：髪を包むきれ。頭巾 [岸幘] 鶏の頭のとさか。

『岩波新漢語辞典』⑤ 幘：頭を包む布。頭巾歯並びが美しいこと。

『大辞泉』⑥ 幘：昔中国で髻を覆い隠し、髪を包むのにつけたきれ。頭巾。天皇が神事に臨むとき、冠の巾子（纓をくくる白い生絹)。巾子の後ろで結び、その端を垂らす。御幘の冠。

『日本国語大辞典』⑦ 幘：古代、中国で髪を包んだ布。頭巾。神事に際して、天皇の冠の巾子を包む布。白い生絹で巾子と纓とを一つにあわせて巾子の後方で結び、その端を左右に垂らしたもの。御幘のかん冠。西宮記（969 頃）17 [天皇（行幸之間錦衣）斎服衣着幘、就大宮之間御装束也]。歯並びが美しいこと。江戸繁昌記（1832～36）三 [杜若なる者は岩井氏、幘に杜預曰幘は歯上下相値]。

可见，上述各家均认为“帻”是一种头巾“頭巾”，这是没有疑问的。《汉语大词典》⑧ 帻：古代包头发的巾．蔡邕《独断》下：“帻者，

① 上田望、岡田正之等编，東京：講談社、1993 年普及版，第 4260 页。

② 全訳，後藤進等編，戸川芳郎監修，東京：三省堂 2000 年 3 月，第 460 页。

③ 白川静著，東京：平凡社，1996 年 10 月初版，第 608 页。

④ 長澤规矩也，東京：三省堂，昭和 35 年 1 月，第 315 页。

⑤ 第二版，山口明恵、竹田晃编、東京：岩波書店、2004 年 1 月，第 385 页。

⑥ 大辞泉編集部、松村明監修、東京：小学館、1995 年 12 月，第 1059 页。

⑦ 精選版、小学館国語辞典編集部、東京：小学館、2006 年 2 月，第 60 页。

⑧ 简编，汉语大词典出版社，1998 年，第 1340 页。

古之卑贱执事不冠者之所服也。…元帝额有壮发，不欲使人见，始进帻服之。"《隋書，礼仪志六》："帻，尊卑贵贱皆服之。文者长耳，谓之介帻；武者短耳，谓之平上帻。"释为"犹冠。形状类似帽子的东西。前蜀韦庄《鸡公幘》诗："石状虽如幘，山形可类雞。"宋梅哓臣《鸡冠>》："乃有秋花賓，全如雞幘丹。"《集韵》［测革切，入麥，初］通"齰"．牙整齐而上下相切．《左传定公9年》："晰帻而衣狸製"。杜預注："幘，齒上下相値。"

"帻"为中国服饰文化特有的称谓。中国的服饰不仅具有本民族特征，还承载着中国文化的信息，是传递中国文化不可或缺的道具。"幘"为古代包头发的巾，蔡邑《独断》："帻者，古之卑贱执事不冠者之所服也。…元帝额有壮发，不欲使人见，始进帻服之。"①《汉语大词典》释为"犹冠。形状类似帽子的东西。前蜀韦庄《鸡公幘》诗：'石状虽如幘，山形可类鸡。'"。"巾"在中国古代是庶人所戴，如《释名．释首》："士冠，庶人也。"，《玉篇》也云："巾，佩巾也，本以拭物，后人著之于头。"《三國志辭典》② 释为頭巾。《吳書．周泰傳》注引《江表傳》曰："即敕以己常所用御幘青濂蓋賜之"。至汉代，头巾仍用于庶人和隐士。庶人的帻是黑色的或青色的，庶人既不许戴冠，只许戴巾帻，在头衣的制度上就有深刻的阶级内容。所以秦代称人民为黔首（黔，黑色），汉代称仆隶为苍头（苍，青色），都是从头衣上区别的。③"帻"有压发定冠的作用，所以后来贵族也戴"帻"，即在帻上再加冠。这种帻前高后低，中间露出头发。此外，还有一种比较正式的帻，即帻之上有屋（帽顶者。戴这种帻可以不再戴冠。"帽"据说是没有冠冕以前的头衣，《荀子．哀公》篇："哀公问舜冠于孔子，孔子对曰：'古之王者有务而拘领者矣'"，杨倞注："务读为帽"，魏晋以前汉人所戴的帽，只是一种便帽，《世说新语．任诞》："谢尚脱帻著帽，酣

① 古汉语大词典［Z］新一版，辞海版，上海辞书出版社2007年版，第920页。

② 張舜徽主编，山東教育出版社1992年版，第567页。

③ 王力主编：《中国古代文化常识》，江苏教育出版社2007年版，第101页。

饮于桓子野家”，可为佐证。后来帽成为正式的头衣，杜甫《饮中八仙歌》“张旭脱帽露顶王公前”，脱帽没有礼貌，可见戴帽就有礼貌了。综合上述分析，“帻”和“帽子”是两种不同的头饰，特别是在后汉末期，魏晋以前。“帻”理解为一种包住头发的头巾更令人信服。文本中，孙坚所处的时代是后汉末年，各路诸侯响应曹操的“矫诏”，联合起来以讨伐董卓，匡扶汉室。我们推测孙坚所戴的可能是前述所说的一种有屋（帽顶者）的“帻”，戴这种“帻”可以不用再戴冠，且较正式。这种“帻”虽具有帽子的形，但并非帽子，实仍为头巾。井波译法易使人产生误解，以为中国古代的“帻”就是现代的帽子。事实上，小川、立间和村上均译为“頭巾”。

5.3　多元语境下译注法在典籍作品日译中的文化意义

5.3.1　多元语境下文化翻译策略－异化策略加注释

联合国教科文组织所做的有关文化多元性的宣言中就提到“人类的文化多元性犹如自然的生物多样性一样必要”。[①] 2004年，国际翻译家联盟将当年国际翻译日的主题选定为：“翻译，多语并存和文化多元性的基石”，[②] 说明翻译在世界文化多元化中发挥着不可或缺的至关重要的作用。在文化多元化的今天，每一个民族不仅要包容和理解他者的文化，更要努力坚守自己的文化身份。在翻译策略上具有多元化，有“信、达、雅”，有“传神”和“化境”，有主张保持民族特色，采用异化的策略。[③] 鲁迅先生在翻译时就提倡“直译”，主张异域性的“洋

① http：//www. tac2online. org. cn/lshhy/ tac2ls－19. htm20050719

② http：//www. tac2online. org. cn/lshhy/tac2ls－19. htm20050719

③ 孙致礼：《中国的文学翻译：从归化趋向异化》，载《中国翻译》，2002年第1期。

味”翻译,① 这能为译入语引入新的语汇和表达法。② 跨文化翻译面对和需要解决的是如何尽可能地保留语言和文化差异，从而保证不同文化之间的相互交融。“译作无论思想或语言表现形态上应有一定的异质性，翻译既然是沟通两者，其语言表现形态以及其表现的思想形态必然显现出不同、互异的指向，必然显现二者相互之间的离异、距离和异己的排斥性”③ “设若人类在出发点上就已经在思维上归入惟一的一个类别，仅此一家，甚至别无分店，那么，我们又怎么能指望翻译具有启动滋生的潜在力呢?”④ 翻译的宗旨就是引进异性文化，补充原质文化，推动原质文化的发展。倘若翻译中以一种文化模式实施统一归化，必然会丧失翻译的使命，其命运也将终结。

异化策略是意大利籍美国学者韦努蒂在其著作《译者的隐形》中对英美主流文化占支配性话语语境下，按照目标语的主流价值观对处于弱势文化地位的非英美文化的作品进行任意改写，以符合他们所倡导的主流价值观，这样经过翻译的作品就变得透明、流畅了，不同文化的差异就被归化掉了，掩盖了翻译本应传达的差异，看不到译者的身影了。其实质是一种帝国主义的殖民和征服的共谋，是民族主义和文化霸权主义的表现。他强调翻译就是应该揭示差异，以捍卫原语的语言和文化。为此，提出了阻抗式翻译，以对抗拥有霸权的英语国家。在此背景下的异化翻译，实际上是对主流价值观所倡导的文化霸权主义的一种挑战。异化策略给我们的启示就是，在传译本民族文化时，要凸现本民族文化差异和文化信息。

随着30年的改革开放，中国国际地位得到了加强。但国际上对中国存在着不公平的偏见。这反映出我们在向世界各国推介本民族文化方

---

① 鲁迅:《题“未定草”(二)》，且介亭杂文二集，人民文学出版社1995年版，第135页。

② 鲁迅:《关于翻译的通讯》，二心集，人民文学出版社1995年版，第190页。

③ 包通法:《论汉典籍哲学形态身份标识的跨文化传输》，载《外语学刊》，2008第2期，第125页。

④ 蔡新乐:《套套逻辑的必然》，载《中国翻译》，2005第3期，第5页。

面还存在着相当大的不足，说明我们必须加大传译我们民族文化的力度。通过翻译把中国经典文化译介给世界则是一个非常重要的途径。国务院新闻办主任赵启正2004年在接受中国网采访时谈到对外版权贸易时，指出中外的逆差为16：1，他分析了原因“我们向外国传递中国文化的力量确实还比较弱，也包括我们的外语力量欠缺。在介绍中国方面，很多外国有需求的书需要我们译成外语文，或至少要将摘要译成外文才能走向市场。我们在国际图书市场上操作不力，表面上讲是我们的对外供应意识不足，其实，深度的原因是我们的中翻外的人才非常匮乏。可以说是凤毛麟角！”。“这说明一方面我们由于我们做的翻译工作不够，另一方面是由于我们我们译得不够好”。①

长期以来，中国翻译界在中译外时偏重归化的策略，用目的语的对等词与原语对等，译本迎合目的语文化和价值观，变得透明、流畅。②无形中原语的民族特色被抹杀，文化信息流失、缺损。所以，在上世纪80年代末，刘英凯在《现代外语》第2期上发表了论文《归化—翻译的歧路》，批评了归化译法，认为是“翻译的歧路”，主张移植法，任其在翻译中占“主导地位”。认为翻译应采取“最大程度的直译”，以尽量彰显原文的“异国情调”，尽量忠实地“再现原文的形象化语言”，尽量“输入新的表现法”③ 引发了中国翻译界异化/归化的大讨论。此后讨论异化/归化的论文大量涌现，大多数主张异化。代表人物是郭建中、孙致礼等。均认为应从文化的视角来观照异化/归化，提倡异化，限制归化。④ 徐珺、霍跃红在论文《典籍英译：文化翻译观下的异化策略与中国英语》中，指出在把中国文化典籍翻译成英语时，应该以文

---

① 霍跃红：《典籍英译：意义、主体和策略》，载《外语与外语教学》，2005年第9期，第54页。

② 孙致礼：《再谈文学翻译的策略问题》，载《中国翻译》，2001年第1期，第49～50页。

③ 刘英凯：《归化—翻译的歧路》，载《现代外语》，1987年第2期。

④ 郭建中：《翻译中的文化因素：异化与归化》，载《外国语》，1998年第2期；孙致礼：《中国的文学翻译：从归化趋向异化》，载《中国翻译》，2002年第1期。

化翻译观为指导，采用异化的策略；① 刘利国通过对日诗汉译文化意象的研究，提出了“异化加文化阐释法”。认为在实际操作中，“异化 + 文化阐释”的基本方法亦可以具体化为“异化 + 注释”、“异化 + 增译”等多种形式。② 包通法从语言表征形态和民族精神体现的相关性、认识论研究汉典籍跨文化翻译，基于人文语言观有关语言和思想形态互为表征、后殖民主义理论“文化平等对话”的文化自觉意识和阻抗式翻译方法论等理论，提出创化异化翻译观。③ 邓亚雄认为对于中国经典的翻译，采用异化加注的策略。④ 异化翻译策略遂成为中国翻译界 21 世纪的主流策略。⑤ Venuti 甚至认为：“异化译法是对当今世界事务的一个聪明的文化干预，是用来针对英语国家的语言霸权主义和在全球交往中的文化不平等状态，是对民族中心主义、种族主义、文化自恋主义和文化帝国主义的一种抵制，有利于在全球地域政治关系中推行民主。”⑥ 从而将异化策略上升为与政治、意识形态、权力话语等相关联的所谓“翻译的政治”言说。

如何看待以异化为主的翻译策略，黄海军和马可云为此专门做过一次问卷调查。通过调查，他们得出如下结论：“美国主流媒体在对中国的报道中，对富有中国特色的政治文化信息的词汇，采取了以异化为主的翻译策略 - 主要针对西方的英语读者 - 并没有给西方读者的理解带来困难”；而且大部分接受问卷调查的西方读者认为美国主流媒体中对负载丰富中国政治文化信息的词汇，采取了以异化为主的翻译策略，这种

① 徐珺、霍跃红：《典籍英译：文化翻译观下的异化策略与中国英语》，载《外语与外语教学》，2008 第 7 期，第 48 页。

② 刘利国：《日诗汉译文化意象的时代语境与翻译策略》，载《外语与外语教学》，2009 年，第 52 页。

③ 包通法：《论汉典籍哲学形态身份标识的跨文化传输》，载《外语学刊》，2008 年第 2 期，第 125 页。

④ 邓亚雄：《中国星宿文化特质及其翻译策略》，载《重庆交通大学学报（社科）》，第 9 卷第 5 期，2009 年 10 月。

⑤ 叶子南：《高级英汉翻译理论与实践》，清华大学出版社 2001 年版，第 105 页。

⑥ Venuti Lawrence1The Translator’s Invisibility ; A History of Translation London ; Rontledge , 1944 年第 6 ~ 7 页，笔者译。

翻译手法主要是迎合了西方读者的口味。[①] 由此可见，即运用异化策略加注释翻译中国文化，和引起译入语读者难以理解、引发文化冲突并没有绝对和必然的联系；如果处理得当，是可以解决这个问题的。随着民族间文化交流的日益频繁，随着读者接触到的外来文化日益增多，读者有能力接受带有外来文化印记的各种文化信息。在这种异域文化的熏陶之下，他们会表现出越来越浓厚的兴趣，有助于异质文化的交流和互通。

中国翻译家在翻译国外的文学名著或外国汉学家在翻译中国典籍时就采用了异化策略加注释的文化翻译策略，很好地传译了民族文化，得到了好评。如翻译家金堤和萧乾夫妻翻译的《尤利西斯》中文译本，均用直译，译者对书中难以理解之处或中外文化差异尝尽辛苦作了大量的注，金堤译本约为2000余条，萧乾夫妻译本约为6000余条，[②] 对中国读者了解西方文化起了极好的作用。被称为“东方哈代”的翻译家张谷若先生更是将注释作为译文的有机组成部分。他主张“注释是翻译的必要工作，未做翻译先要做注释”。[③] 在翻译哈代的作品时，他对哈代的生平经历、思想方法、创作特点以及所涉及的资料进行了大量细致入微的研究。“原作者所读过的书，译者也应该读过。原作者所知道的，译者也应该知道”。[④] 注释是他的译作有机组成部分，受到学者型读者的高度称赞。如北京大学英语系的俞大絪教授直言：“这些书我都早读过原文版了，可是我就是要你的注释”。[⑤] 他译的《法伯家的苔丝》中有478条注释（指20世纪80年代的修订本、30年代的初版还要多），《大卫．考坡菲》中有687条，而《弃儿汤姆．琼斯史》中竟有1356条；不少注释很长，最长的一条竟有980多字，足见译者在研

① 黄海军、马可云：《也谈美国主流英文媒体对中国特色词汇采取的翻译策略》，载《上海翻译》，2007年第3期，第52～56页。

② 迟庆立：《文化翻译策略的多样性与多译本互补研究》，上海外国语大学2007年版。

③ 孙迎春：《张谷若翻译艺术研究》，中国对外翻译出版公司2004年版，第81页。

④ 孙迎春：《张谷若翻译艺术研究》，中国对外翻译出版公司2004年版，第4页。

⑤ 孙迎春：《张谷若翻译艺术研究》，中国对外翻译出版公司2004年版，第5页。

究上所下的功夫。[①] 英国传教士兼汉学家理雅各（1815～1897），他是第一个系统研究、翻译中国古代经典的人，从1861年到1886年的25年间将“四书”、“五经”等中国主要典籍全部译出，共计28卷。在他翻译的《论语》中，为了让外国读者了解并掌握《论语》表述的事实，帮助读者跨越语言差异障碍和历史文化障碍。为此，他采取的对策是对译文增添大量的注释。其注释包括对全书内容和各篇内容加以介绍；对各章的具体内容进行解释两大类。通过注释，国外读者了解了博大精深的中国传统文化。《三国演义》是中国古典文学名著，美国纽约大学东亚研究系的汉语教授Moss Roberts（罗慕士）将其英译时，就竭尽全力地保留原著中的文化形象，以使西方读者能真实地了解古代中国的社会和文化面貌。译者曾来中国深造，了解中国的传统文化。经过十几年的艰苦努力，终于推出了他的《三国演义》全译本。“Roberts全译本的第一大特点是将《三国演义》中的所有内容无一遗漏地翻译成了英语，回目、对联、章末的诗歌和‘欲知如何，且听下回分解’之类的结束语等也都译成了英语。因而，该译本是《三国演义》到目前为止惟一的、地道的全译本。其次，对于古代王朝的年号、宫殿名和人物的封号，汉语的谦称、敬辞，习语、形象说法和典故等，译文都基本上把原来的形象保留了下来。音译中国人名和地名时，采用的是标准的汉语拼音，真实地反映了汉语的发音情况。第三，书后附有长达79页的后记、主要人物表、主要事件时间表、部分头衔和机构以及1120条、篇幅长达141页的注释，对《三国演义》在中国文化中的地位、版本和作者研究、书中的典故、古代中国的风土人情等都进行了详尽地研究和解释，体现了作者传达中国文化的良苦用心，完整地传译了中国文化。对待汉语文化成分，Roberts主要采用异化的方法，即直译加注或音译加注，使其在译文中得到了较好地传达。换句话说，他的译文是以尊重原

---

① 刘明明：《浅析张谷若先生译作中的注释》，载《安徽工业大学学报社科版》，2008年11月，第25卷第6期。

语文化并以之为出发点的”。[①] 美籍华人作家赵健秀在谈到中国经典的英文翻译时说：“最好的和最有权威注释的翻译都是美国人做的。罗慕士翻译的《三国演义》，沙博理翻译的《水浒传》，余时英翻译的《西游记》”[②] 给予了很高的评价。明末清初的才子佳人小说《好逑传》不仅是第一部译成西方文字并得以出版的中国长篇小说，而且被译成英语出版后又被译为德语、法语、俄语，并且一版再版。此书经久不衰的魅力很大原因是其别具一格、彰显中国文化的注释。译者帕西考虑到当时英国读者的知识水平，对小说中各种具有东方文化特色的名目进行了详尽注释。其友人评价道：“你为这部中国小说收集注释，真是煞费苦心。这些注释把它大大地弄清楚了。而且我要坦率地对你说，这些注释是你这本书里最有价值的东西”。[③] 而德法两国译者为了进一步探究词语的文化内涵并译出原文的社会背景，又在英译本注解基础之上进行了再注释。这样，通过阅读一部小说，展现在外国读者面前的便是美丽的异国风情。再如1978年法国出版了J. 达尔斯翻译的《水浒传》，译者的方法就是不掩盖文化差异，用直译手法揭示差异，使中国文化得到了淋漓尽致的传达。“译本得到了法国读者的普遍好评，评论家认为这是‘最优美、最忠实的译著之一’，深刻反映了中国的历史和文明”[④] 庞德等人译中国诗照搬中国句法，凸现异域文化。《泰晤士报》一位书评作者认为：“从奇异但优美的原诗直译，能使我们的语言受到震动而获得新的美”。[⑤] 中国的特色文化不仅给异国读者带来美的享受，而且促进了译入语文化的发展。例如中国古典诗对美国新诗运动影响巨大，引

---

① 孙静艺、王伦：《异化策略在文化翻译中的成功运用—以“三国演义”Roberts全译本中的尊谦语的翻译为例》，载《重庆交通大学社科版》，2007年6月，第7卷第3期。

② 徐颖果：《“生活是战争”：异域文化中的中国经典翻译—〈孙子兵法〉与美国华裔作家赵健秀》，载《译林》，2008年第5期。

③ 范存忠：《中国文化在启蒙时期的英国》，上海外语教育出版社1991年版，第153页。

④ 许钧：《翻译思考录》，湖北教育出版社2000年版，第28页。

⑤ 转引自谢天振：《译介学》，上海外语教育出版社2005年版，第204页。

发了美国诗坛上意象诗的产生。① 诸如此类运用异化加注释翻译策略所形成的译文本，获得了译入语读者好评并促进译入语文化发展，在中译外历史上是非常多的。

由于语言文化的差异，为了保留和完整传译原语语言和文化，译文的形式必须作出一定程度的调整，特别是在古典作品的外译过程中。我们认为异化策略加注释有利于要求保留原语的异质性和异质文化信息，使原著的真实面貌披露无遗，读者能够更深刻地理解原著，获得同原著读者一样的艺术感受；有利于输入新的语言和表达方式，丰富本族语言文化。翻译的目的是不同民族之间进行交流和沟通，并相互吸收、借鉴对方民族语汇和文化精华。所以，异化策略加注释应是向外译介我国优秀文化、彰显民族文化身份，提升文化软实力和争取国际话语权的有效翻译策略之一。因为“今日的读者有能力接受带有外来文化印记的各种文化意象。不仅如此，他们对于外来的文化意象还表现出越来越浓厚的兴趣”②。异化策略 + 注释是尊重外国文化的必然要求，它有助于在平等的基础上如实地反映异国文化，而且这也往往是读者阅读译作的目的。“文化交融的结果就是文化之间借鉴和吸收异质文化的精华以丰富和完善自身的语言和文化，同时将自己的语言和文化介绍出去”。③

我们认为异化策略加注释在多元文化语境下，定能促进异质文化之间的交流和吸收，促成多元文化世界的形成。

5.3.2 多元语境下，译注法能传递原语文化信息

在处理两种异质文化之间的信息转换时，尤金 . 奈达说“What one must determine is the response of the receptor to the translated message. This response must then be compared with the way in which the original receptors

① 转引自谢天振：《译介学导论》，北京大学出版社 2007 年版，第 122 页。

② 谢天振：《译介学》，上海外语教育出版社 1999 年版，第 192 页。

③ 晏小花、刘祥清：《汉英翻译的文化空缺及其翻译对策》，载《中国科技翻译》，2002 年第 1 期。

presumably reacted to the message when it was given in its original setting/对译者行为起决定作用的是接受者对译文信息的反应，该反应是和原语接受者在原语语言环境下的可能反应相比较而言的"① 纽．马克也认为"Cultural equivalent is an approximate translation where a SLcultural word is translated by a TLcultural word. /文化对等是把原语的文化词转换为目的语的文化词的一种近似的翻译"。② 为实现原文和接受者的交流和沟通，介于两者之间、起着桥梁作用的译者，其面临的主要问题就是要处理好翻译中随时遇到的文化障碍问题。因此，在文化词汇的翻译中，仅顾及字面信息对等式的翻译势必会造成文化信息的缺损、流失，影响到原语文化信息的完整性、真实性和读者的可接受性。所以翻译文化词汇时，应选择表达的形式，以保证文化信息传递的充分度。

汉语原文：董卓为相国，赞拜不名，入朝不趋，剑履上殿，威福莫比。(第4回 P32)

小川訳:「董卓は相国となり、天子を拝するにもおのれの名をいわず、入朝するにもほかの官のごとく小走りにせず、剣を佩いたままで殿上にのぼり、威勢ならぶものもなかった。」

立間訳:「「董卓は相国となって、謁見するにも名をいわず、ご前において小走りせず、剣を佩し履のまま殿上にのぼり、その威勢ならぶものもなかった。」

村上訳;「董卓が相国の位についた。天子を拝すのに名乗りの必要なく、殿に入って、小走りにかしこまる必要なく、また殿中を帯剣のまま、履物の履のままに歩き回れる、威福この上ない位であった。」

井波訳:「「董卓は相国となり、入朝しても小走りせず、剣を帯びたまま上殿するなど、比類ない威勢を誇った。」

四位译者均采用直译。译文通顺，理解上不存在问题。但我们认为

---

① Nida, E. A, and C. R. Taber, The Theory and Practice of Translation, Leiden, E-. J. Brill, 1969年，第67页。

② Newmark, P., A Textbook of Translation, New York, Prentice Hall, 1988年，第57页。

原语的深层文化信息没有传译出来，读者阅读到此没有了解和欣赏到中国封建官僚文化中臣子们上朝谒见皇帝时，所必须遵守的相关的封建礼仪文化制度。“赞拜不名，入朝不趋，剑履上殿”是古代臣僚们朝见皇帝，跪拜赞礼时要称名，入朝要哖步快走，佩剑和鞋子要除下来放在殿外。这些都是表示恭敬的礼法，是作为臣子所必须遵守的义务。“赞拜不名，入朝不趋，剑履上殿”这种礼遇，是对职位最尊的大臣的特殊优待。丹尼尔．肖谈到文化翻译中的等效论时，引用约翰．比尔曼和卡洛的观点：译文应文从词顺，语句流畅，表达清晰，文体优美，读起来不像翻译，更重要得是又忠实地传译了原语的信息，所谓“忠实的翻译”是译文“传译了原文的意义和原文的动态”，而所谓“原文动态”是指“译文应使用接受语自然的语言结构，并使译文读者毫不费力地理解译文”① “原语文化中的隐含意义，未必是接受语文化中的隐含意义，翻译时就应把原语文化中的隐含意义在译文中变成明晰的意义表达出来。考虑到适合接受语读者的需要，对译语作了结构或风格上的相应改变，即给译文附加注释，从而保证了明确无误的交际，把原语文化中的隐含意义在译文中变成明晰的意义表达出来。不给译文附加注释，译文与原文只能达到语言形式的功能对等，不能达到思想内容的功能对等”② “翻译不仅是双语交际，它更是一种跨文化交流；翻译的目的是突破语言障碍，实现并促进文化交流；翻译的实质是跨文化信息传递，是译者用译语重现原作的文化活动；翻译的宗旨是文化移植、文化交融，但文化移植是一个过程，语言仅是翻译的操作形式，文化信息才是翻译操作的内容。”③ 假如没有译文的注释，译语读者就不可能获得原语的全部真实信息。虽然译者采用意译的方式对原语的语义做了些必要的补充，但译语读者对原语的深层文化信息仍然知之甚少；若不给译文加上注释，目标语读者仅获得了原语语句的表层意义，深层文化信息却

① 申雨平：《西方翻译理论精选》，外语教学与研究出版社 2002 年版，第 248 页。

② 张新民、杨国燕：《从〈尤利西斯〉的语言特点看注释性翻译》，载《华中科技大学学报社科版》，2004 年第 6 期，第 95 页。

③ 谭载喜：《西方翻译简史》，商务印书馆 1991 年版，第 173 页。

流失了。若加了注释可使原语中完整的文化信息再现出来，实现文化对等转化，达到翻译的真正目的，满足了译语读者对原语文化的信息需求，从而使原语和目的语达到了最贴近而又最自然的对等。在本段话语里，显然是对董卓操纵皇帝给自己这种优待的讽刺，意味着董卓怀有篡逆不轨之心，想取代皇帝而自己代之。以上四位译者的译本或许有别的考量，但都没有将这一深层的文化信息传译出来，读者自然无法欣赏。翻译要做到形神兼备，只关注字面等值，就很难将一种语言译成另一种语言。语言所传递的不仅仅是表层的言语信息，还包括一定的深层文化信息，译者往往需要透过字面去发掘深层的文化信息。文化翻译的最佳效果就是文化信息上的传真。因此应注重文化信息内涵的对等，超越文本形式，采取灵活的翻译策略来达到文化传真的效果。为了再现文化信息，我们认为加译注可弥补这一不足。试加译注为：

「古代中国では臣下が天子を謁見するときの丁寧な礼法、これが中国封建礼法文化の現れである。天子を拝するにも自分の名を言うべき、入朝するにも小走りにすべき、剣を佩いたままに殿上にのぼることを絶対禁止されるべきである。これに違反すれば、謀反の心を持つと言われる」

这样既可以适应目的语读者的文化认知水平和认知能力，也可以有效地传递原语的深层文化信息，有利于文化的接受和传播。

翻译的过程是一种文化信息被接触、理解和受容的互动过程，对译语文本来说，要取得文化信息和受容的动态效果，就必须保证文化信息传译的充分度。文化翻译应注重文化信息和文化内涵的充分等值，力图摒弃简单的字面置换，减少翻译中的文化信息流失或缺损。这就需要译者首先是一位严谨、求实的研究者，他/她必须对原著的相关文化背景有透彻的研究和考证，特别是面对经典作品，更应一丝不苟。典籍翻译是一种文化交流，不能片面追求原文和译文表层意义的对等，而应努力体现原文的深层文化意义。对于《三国演义》中的汉语文化词汇，它们经历了历史文化的沉淀，言简意丰，文化负载重，文化意蕴深。译文必须传达出文本的深层文化信息，让读者欣赏、体会到原汁原味的异域文化特色。所以译者在翻译古典时必须考虑每个词可能包含的文化意蕴，尽可能予以传译。否则，会造成文化信息的缺损。要偏重于注重作品的内容，超越文本的形式，采用适当的文化翻译策略，同时选择最能反映原著文化信息的表达形式，传译出原著的洋味，处理好文化和文化信息之间的关系，以实现异文化交流中信息的真实性和完整性，确保译文读者的正确理解，以实现不同文化之间的通融、共生，进而达到文化传真的效果。

由于文化差异及社会历史等原因，外国译者或汉学家很难对非母语的文化做出全面、系统和正确的解读，因为汉语对他们而言毕竟是外语，对其中体现民族文化精髓的部分在翻译时会产生误读和误译。如汪榕培先生在《比较与翻译》一书中举了一个例子：英国汉学家格雷厄姆于 1981 年翻译了中国典籍《庄子》，由 George Allen & Unwin 出版公司出版。其中“庄周梦蝶”一节的原语是“昔者庄周梦为蝴蝶，栩栩然蝴蝶也，自喻适志与！不只周与。俄然觉，则蘧蘧然周也。……”格氏译文为“Last night Chuang Chou dreamt he was a butterfly, spirits soaring he was a butterfly (is it that in showing what he was hesuited his own fancy?), and did not know about Chou. When all of a sudden he awoke, he was Chou with all his wits about him……”在这里，“昔者”被译为 last night，“自喻适志与”被译为了“is it that in showing what he was hesuited his own fancy”于原文的意义也相去甚远。① 可见，中国文化典籍应该由根植于本民族传统的本土译者为主体来完成，充当民族文化的守望者和捍卫者。

汉语原文：于是关公恍然大悟，稽首皈依而去。（第 77 回 P634）

小川訳；そのとき、関公はたちまち悟り、ぬかずき帰依（きえ）して普浄禅師の弟子となった。

---

① 汪榕培：《比较与翻译》，上海教育出版社 1977 年版，第 44 ~ 46 页。

立間訳：ここにおいて、関公は忽然大悟りし、成仏して消え去った。

村上訳；関羽は、頭を下げたのである。帰命頂来の心であった。

井波訳：すると、関羽ははたと悟り、稽首（けいしゅ、座って頭を地面につける礼）して仏に帰依する。

“稽首”，古代九种礼拜之一。这是其中最隆重的一种。施礼者跪拜于地，先以两手拱至地，然后引头至手，头触地时间较长。①《尚书．尧典》：“禹拜稽首”《左传．成公二年》：“韩厥执絷马前，再拜稽首。”《荀子．大略》：“平衡曰拜；下衡曰稽首，至地曰稽颡”。② 小川、立间、村上均译意，意思通顺，但未能传译出原语的文化信息。井波用直译手法，用汉字“稽首”表记，注上假名，并用随文注的形式“座って頭を地面につける礼。/跪着并头着地的礼节。”，传译了文化信息，比其他三者全面。

汉语原文：霎时醒来，乃南柯一梦。（第23回P202）

小川訳：目が覚めてみると、すべては夢であった

立間訳：はっと目を開けば、なんとすべては夢。

村上訳：と、とたんにそれが「南柯（なんか）の一夢」だとわかった。

井波訳：はっと目が覚めた。なんと南柯（なんか）の夢だったのだ。「物事や人生のはかなさを形容する言葉。唐の李公佐の「南柯記」にもとづく言葉」

“南柯一梦”，语出唐代李公佐的《南柯记》，后用来形容一场空。小川、立间译为「夢」，流畅、透明，但文化信息缺损。而村上、井波译为「南柯の夢」、「南柯の一夢」，在译文中植入汉字「南柯」，并注上假名为「なんか」。为了传译异质文化的洋味，井波对“南柯一梦”

---

① 沈伯俊、谭良啸编著：《三国演义大辞典》，中华书局2007年版，第294～295页。

② 《古汉语词典》，商务印书馆2008年版，第页。

做了译注，为「物事や人生のはかなさを形容する言葉。唐の李公佐の「南柯記」にもとづく言葉/形容事物或人生的虚幻无常。据唐代李公佐的《南柯记》而来」，让日本读者体会到"南柯一梦"的文化义，丰富了译入语的表现。

如何跨越语言与文化的障碍，始终是翻译研究很重要的问题。一方面，文化差异如何定义并不是简单的事，文化差异是双语间或双文本间客观存在的事实。特别是对于古典作品，由于时空久远，距离跨度大，加之词义流变等文化因素，导致民族心理和意识过程产生差异，而异域文化信息是无法在双语转换中完全能置换的，于是双语转换不得不在形式上作出变通。在《三国演义》翻译成现代日语的过程中，用具有异化策路的译注法能保留原语的语言特色，又能传递文化信息。

5.3.3 译注法能彰显民族文化，保留原语语言特色

汉语原文：蒯良谓刘表曰："某夜观天象，见一将星欲坠。以分野度之，当应在孙坚。主公可速致书袁绍，求其相助"（第7回P61）

小川訳：蒯良が劉表に向かい「それがし、夜、天文を見ましたところ、一つの将星が落ちようとしております。星座の分野を推しあてて見ますと、これは孫権に応ずるはずでございます。わが君、速く袁紹に書面をやって、援助をお求めなされませ」と言う。

立間訳：蒯良が劉表に言った。「それがし天文を見まするに、将星が一つ落ちようとしております。分野（星座）によって推測しますれば，まさに孫権がこと。殿には速やかに袁紹殿へに書面を送り、助成を求めたがよろしかろうと存じます」。

村上訳：蒯良が劉表に「夜、天文を観てみますと、将星が一つ落ちかかっています。その将星の方角を考えますと、確かに『将星すなわち孫権』となるようです。急ぎ袁紹に手紙で援助をお求めにはなりませんか」。

井波訳：蒯良が劉表に向かって言うには「私が夜、天文を観察しましたところ、将軍星が一つ墜落しかかっております。星座の分野から見ますと、まさしく孫権がこれに相当します。主公（との）には速やかに袁紹に手紙を送られ、救援をお求められますように」。

“分野”起源于春秋战国时期。《史记．天官书》曰：“天则有列宿，地则有州域”,[①] 可见古代人是把天上的星宿和地上的州郡邦国匹配在一起的。根据地上的区域来划分天上的星宿，再用星宿指代地上的州国，相互配对。这便是中国古代“分野”的观念。据《古代汉语大词典》[②]“分野”1. 本指分封诸侯的境域。后借用为分界、界限的代称。2. 我国古代星占术的一种概念。它认为地上各州郡邦国和天上一定的区域相对应，在该天区发生的天象预兆着各对应地方的吉凶。分野与占星术结合在一起，用来占卜地上所配州国的凶吉。如《论衡．变虚篇》讲到荧惑守心的时候说：“荧惑，天罚也；心，宋分野也。祸当君。”[③]“分野”的观念还反映到古代的文学作品中。如庾信《哀江南赋》：“以鹑首而赐秦，天何为而此醉”，王勃《滕王阁序》：“星分翼轸”，李白《蜀道难》：“扪参历井”就是从分野的角度提到星宿的。[④] 可见，“分野”被赋予了浓厚的文化义。在现代日语里仍旧保留有“分野”一词，据『広辞苑』[⑤]「1. 古代中国で、全土を天の二十八宿に配し、各地をつかさどる星宿を定めた天上の区分。星の宿り。2. 物事の方面、範囲、領域。勢力範囲。3. ありさま。/1. 古代中国，将全国配属二十八个星宿，从而把天上的星宿与地上的州国相对应。星的住所。2. 事物的方面、范围、领域。势力范围。3. 事物的状态、样子。」据『日中词典』[⑥] 释义为「领域、范围、方面」。“分野”四位译者分

① 转引自叶娇编著：《古代文化常识》，浙江大学出版社2007年版，第206页。
② 新一版（辞海版），上海辞书出版社2007年版，第310页。
③ 转引自叶娇编著：《古代文化常识》，浙江大学出版社2007年版，第207页。
④ 转引自叶娇编著：《古代文化常识》，浙江大学出版社2007年版，第207页。
⑤ 新村出編『広辞苑』第5版，东京：小学館，2005年，第2388页。
⑥ 第2版，小学馆/北京，商务印书馆2002年版，第284页。

别译为“星座の分野”、“分野（星座）”、“将星の方角”、“星座の分野”，除村上外，其余三位译者均保留了汉字词汇“分野”。应当说四位译者或加译，或意译转换的处理手法也适当。但“分野”与星座有何关联，似乎没有点明，读者或许似是而非。王宏认为：信息的传达与转换是典籍翻译很重要的一个课题。典籍翻译是一种文化交流，为了追求文化交际的效果，有时不能片面追求原文和译文表层意义的对等，而应努力体现原文的深层意义。① 为此，我们认为在此应加上译注为：

「中国の戦国時代で，中国全土を天の二十八宿に従って分けた区域。そのそれぞれを諸侯に封建地として支配させ、ある分野の星にかわったことがあると、それに当たる国に異変があるとした。これを分野説という」

便于读者理解他们之间的关系。

杨宪益先生曾在一次讲话中明确指出：“译者应尽量地忠实于原文的形象，要以忠实的‘信’于中国文化的核心，中国文明的精神。这不仅仅是一个翻译中国文化遗产的问题，还涉及到忠实传达中国文化的价值、灵魂，传达中国人的人生，他们的乐与悲，爱与恨，怜与怨，喜与怒。”② 翻译就是把原语语言信息和原语文化信息用另一种语言（即译语）表达出来，使译语读者能得到与原语读者大致相同的感受。要做到这一点，就必须从原语文化信息角度出发，尊重原语所体现的文化内涵，“忠实”地翻译原文。但由于不同语言的差别，译语中必然有晦涩难懂的地方。可用加注释的方法来解决这个矛盾并传递原语文化信息。事实上，注释也是一种文化介入，使译文最“忠实”地传递原语语言信息和原语文化信息，最大程度地实现原语文化的对外传播与交流。

---

① 王宏：《〈墨子〉英译对比研究》，载《解放军外国语学院学报》，2006 年第 6 期，第 59 页。

② 任生名：《杨宪益的文学翻译思想散记》，载《中国翻译》，1993 年第 4 期，第 33 ~ 34 页。

汉语原文：羽自幼读书，粗知礼义，观羊角哀、左伯桃之事，未尝不三叹而流涕也。（第26回P224）

小川訳：それがし、いとけなきより書を読みて、いささかな礼義を弁えしが、羊角哀．左伯桃の故事を読み聞くたび、感歎して落涙つかまつり候。

立間訳：それがし、幼少のころより書を読み、いささかな礼儀を弁えおり、かつて羊角哀．左伯桃の故事が故事を読んで三嘆して涙を落としたことがあります。

村上訳：わたくしは、幼きより書を読み、あらまし礼義の弁えもあり、羊角哀．左伯桃の哀話には三嘆して涙をこぼすものであります。

井波訳：私は幼い頃から書物を読み、礼や儀についてはあらまし弁えているつもりです。羊角哀と左伯桃の故事を見るたびに深く感嘆し、涙を流さずにはいられませんでした。

"羊角哀、左伯桃之事"是中国战国时期的一个历史典故。羊、左二人相邀一同前往楚国求官，不幸中途天降大雪，二人随身携带的衣服和干粮不多，估计不能俱全。左伯桃就把自己的衣服和干粮给了羊角哀，自己受冻而死。后来，羊角哀到了楚国并作了大官，寻得左尸礼葬，又因迷信托梦缘故，自杀以报答好友。后世的人们将他们俩比作朋友之间讲"义气"，共生死的范例。① 四位译者用了直译，保留了原语的民族色彩和形象，有利于中日文化的交流。并加了注分别为：

「羊角哀．左伯桃一戦国時代の人。楚王に仕えるためにでかけたが、途中で大雪にあい、二人とも助かるわけには行かぬので、左伯桃が羊角哀に「僕の学問は君には及ばない。君が目的地まで行った方がいい」と言って、着物と食糧を羊角哀にすっかり与えた。その結果、左伯桃はこごえ死んで、羊角哀だけが生き残り、楚の国に到着して、

① 罗贯中著：《三国演义》（中国古典文学读本丛书），人民文学出版社2006年版，第26回，第224页脚注。

大臣になったという話である。(『後漢書』巻59、「申屠剛」の伝の注、および『太平御覧』巻409に引用された「列士伝」に見え、また『文選』巻55、「広絶交論」の注にも引用されている。『文選』の注によれば羊が姓で角哀が名であるらしい)、この話は明代の「話本」「古今小説」巻7に「羊角哀 命を捨てて交わりを全うす」の題で小説に仕込まれ、のち『古今奇観』(第12回)にも収められて、広く知られている。元明時代の庶民たちにもよく知られた物語であったろうと思われる(『古今奇観』—亜東図書館排印本—孫楷第氏の序文参照)/羊角哀、左伯桃—战国时期人。两人相邀去楚国求官,一起出发,途中遭遇大雪,两人不可能同时获救。左伯桃对羊角哀说道“我的学问不及你,还是你去目的地好。”于是把自己的衣服和粮食给了羊角哀,结果左伯桃受冻挨饿而死。仅剩羊角哀活下来,到达了楚国,不久作了大官。(参见《汉汉书》卷59申屠刚传的注及《太平御览》卷409列士传、《文选》卷55广绝交论的注。据《文选》的注,羊为姓,角哀为名)这则故事以“羊角哀舍命保义”为题编入了明代的评书小说《古今小说》卷7,不久《古今奇观》(第12回)也有收录,广为人知。也为元明时期的一般平民所熟知。参见(《古今奇观》东亚图书馆排印本—孙楷第序文)」

「羊角哀と左伯桃の故事—戦国時代、二人はに楚王に仕えようよしてでかけたが、途中激しい雪にあい、衣服食糧の用意の少ない二人はともに凍死しそうになった。其のとき、左伯桃が「僕の学問は到底君には及ばない。君が行け」と言って、自分の着物と食糧を羊角哀に与え、じぶんは木のうろに入って死んだ。羊角哀は楚に至って、大臣に昇り、大いに名を挙げたが、ある日、左伯桃が夢枕に立って、「僕は日夜荊将軍に苦しめられている」というので、「わしが地下へ入って見てやろう」と言い、自ら首を刎ねて死んだという。これより、後世、友誼のあつい者のことを羊.伯というようになった/羊角哀和左伯桃的故事-战国时代,两人相邀去楚国求官,一起出发,途中遭遇

大雪，衣服和粮食准备不足的两人就要被冻死。这时，左伯桃对羊角哀说道“我的学问不如你，你去吧”于是把自己的衣服和粮食给了羊角哀，死于树后。羊角哀到了楚国，做了大官，名声显赫。一天梦见左伯桃站在自己床边，说道“我每天为将军所苦”，羊角哀就说“我去地下见你吧”于是自刎而死。从此以后，后人把羊、左的深厚情谊比作同生死共患难的象征」

「戦国時代の故事。羊角哀と左伯桃は、もとに楚王に仕えるつもりで、一緒に旅の途中、大雪にあった。着物は薄い、食べ物はない、凍死しかけたときに伯桃が「君はぼくより優秀な人物だ。ぜひさきにいってくれ」と、我が着物、我が食べ物を彼に与え、己はひとり木のうろに入って死んだという/战国时代的故事。羊角哀和左伯桃相邀去楚国求官，途中遭遇大雪。衣服单薄，食物又少，即将冻死。这时，左伯桃对羊角哀说“你比我有学问、是个很优秀的人才，你一定要先去”，于是把自己的衣服、食物给了他，自己一个人入树后而死」。

「戦国時代、親しい友人だった羊角哀と左伯桃は、楚王が賢者を求め手いることを知り、ともどもに楚に向かった。しかし、途中で大雪にあい、どちらか一人しか残されない極限状況に陥った。このとき、左伯桃は羊角哀のために衣服や食糧を残して、自分は樹木のうろに入って死んだ。その後、楚の大臣となった羊角哀は木のうろから左伯桃の亡骸を取り出し、手厚く葬った。この故事をもとに、後世、生死を顧みない友人関係を「羊左の交わり」と称するようになる/战国时期，两个非常好的朋友羊角哀和左伯桃了解到楚王求贤，于是相邀去楚国，途中遭遇大雪，只能一个人活下来。这时，为了让羊角哀能去楚国，左伯桃把自己的衣服、食物给了他，自己一个人入树后而死。后来，羊角哀作了楚国大臣，命人从树后取出左伯桃的尸骸，给予了厚葬。后世之人将左伯桃这种不顾生死而救朋友的朋友行为称为“羊左之交”」

通过译注我们可以发现，小川的译注最详细和完备，引经据典，将这一历史典故交待的清清楚楚。忠实地传译了原文的文化信息，使读者欣赏到了异域的文化特色，取得了与原文读者同样的效果。原语文本是生发于原语所在的历史文化背景和价值观、审美趣味等，语言和文化都带有异域特色。语际转换要完全消除本来就属于外域人文事物的“异国情调”是不现实的，也不符合语言事实。因为文化具有民族性和地域性。“语际转换只是语言符号的转码，不能将文化信息内涵也完全‘换’掉”。① 语言随社会的变化而产生流变，具有可变性。翻译就要相应地适应这种变化，调整翻译策略，充分反映异域文化特色和文化信息。语言异化现象是社会发展的必然结果，与时俱进是文化翻译策略的必然选择。

中国文化典籍外译的目的，就是为了向国外读者传达中国传统文化，传达原语文本的异域民族特色，让他们欣赏到有别于译语文化不一样的审美情趣。同时又可拓展读者的视野，丰富译语文化的语汇和表达方式。所以在传译中国文化方面，中国译者必须进行文化干预，在翻译策略及方法的取舍上以更多地保留民族文化信息为宜，这样更能彰显民族文化。

5.3.4 兼顾目标读者，有利于中日文化交流

“原注即原作者在创作过程中，因须为读者提供地名、地理、历史、人物、习俗、宗教等方面的信息，而自己编撰的注释；译注即为达上述目的译者针对译文读者的特殊需要撰写的注释”② 原注针对的是原语文本读者，译注则是针对译语文本的读者，不能等量齐观。原注是原作者表明自己的思想感情及指引读者理解并体会作品含义的有机部分。在哪儿作译注，是译语文本的译者对原著的理解和解读的结果，他必须考虑读者的需求并经过译语文化的外化。因此，译注是构成译语文本的

① 刘宓庆：《当代翻译理论》，中国对外翻译出版公司 2005 年版，第 251 页。

② 孙迎春编：《张谷若翻译艺术研究》，中国对外翻译出版公司 2004 年版，第 92 页

内在环节。译者精当的译注，体现出一种学者风范。因为他或她在传译作品之前，必须认真研读源文文本（包括作品所处的时代、社会历史文化背景、风俗习惯、思维方式等），研究原作者的经历及教育程度等，只有对作品及相关信息有深刻、完整的把握之后，才开始动笔从事翻译。在这方面，日译本立间、小川、井波、村上四位译者可堪称表率。这从他们在翻译《三国演义》后的“あとがき/后记”中可以看出。四位译者均是汉学家，对中国古代典籍有很高的造诣，对《三国演义》及相关的知识背景相当熟悉，理解和把握得较全面、透切。小川环树、立间祥介、村上知行在上世纪20～30年代都到过中国，且造访过《三国演义》中所描绘的历史遗迹之地，村上因为自学汉语而于1927年前往中国上海，当时年仅28岁。之后于1934年到北京，直到1946年回国，1976年3月去世，在中国呆的时间相当长。井波律子先生，毕业于京都大学，曾聆听过汉学大家吉川幸次郎先生的讲义，主攻中国文学，汉学素养丰厚。单独完成《三国志．蜀志》的翻译工作，发表并出版了大量的论文和学术专著，如《三国志演義》、《三国志曼荼羅》、《三国志名言集》、《奇人と異才の中国史》等50余部有关中国古典的专著，可谓著作等身。其观点的独到和深刻，令人受益匪浅。比如，在陈寿的《三国志》中，对魏之曹丕，蜀之刘备，吴之孙权之死所用的词语的不同表述中，论证了《三国志》明以魏曹为正统，实则是以蜀汉为正统，其论证方式让人耳目一新。① 还有小川环树先生，日本汉学大家，出身书香门第，上世纪30年代在中国留学两年。在少年时代极爱中国典籍，他在其著作『中国小説史の研究』的序文中如是写道：

「中国の小説に私が興味をいだいたのは少年のころからである。中でも『三国演義』の旧訳である『通俗三国志』をはじめ、『水滸伝』及び『西遊記』みな江戸時代の訳が「有朋堂文庫」に収められていたのを愛読し、なんどなく繰り返し読みふけった。馬琴の『八

① 井波律子著『三国志演義』，東京：岩波書店，1994年8月，第5～9页

犬伝』『弓張月』などとどちらがさき立ったかは、もう記憶しないが、読み返し回数はおそらく、『水滸伝』などのほうが多かったであろう/我从少年时代起就对中国的小说感兴趣。其中，我最爱阅读的《三国演义》的旧译『通俗三国志』、『水滸伝』及『西遊記』，它们均收录在江户时期翻译的「有朋堂文庫」中，经常反复阅读到深夜。马琴的小说『八犬伝』和『弓張月』，最先读的是哪一本我已经不记得了，但反复阅读的次数最多的大概是『水滸伝』等小说吧。」①

在大学期间，阅读中国典籍的兴趣更是不减。阅读了平岡龍城氏译、幸田露伴氏加注的『紅楼夢』及胡适的考证，通过阅读，小川先生对原著作者的生平有相当的了解。此外阅读了青木正児发表在『支那学』杂志上、有关『水滸伝』『儒林外史』的论文。② 毕业工作之后，得到了当时的汉学名家倉石武四郎、桑原武夫田、青木正児博士等的指导③。受家庭环境的熏陶及自己的刻苦钻研和当时的汉学名家的指导，培养了他丰厚的汉学素养和严谨的学术态度，这为他今后翻译《三国演义》打下了坚实的基础。其翻译《三国演义》从1948年开始，历时24年，付出了大量的心血，在翻译中作了大量的注，卷后注多达610余条（还不包括随文注）。为了作好注，他参考了大量的中国典籍，如《三国志》《汉书》《史记》《资治通鉴》《楚汉春秋》等，通过对比考证，作了精当的译注。

对译注，小川是这样认为的：

「注をどれだけ付けるかについても、ずいぶん考えた。最初はしがきでことわったように私の意見があって、本文の訳出は官名を日本の現代語に置き換えることをしなかった。その代わりおもな官職名に

① 興膳宏编『小川環樹著作集』第4卷，東京：岩波書店，1997年：『中国小説史の序文』，第3~4页。

② 興膳宏编『小川環樹著作集』第4卷，東京：岩波書店，1997年：『中国小説史の序文』第4页。

③ 興膳宏编『小川環樹著作集』第4卷，東京：岩波書店，1997年：『中国小説史の序文』，第7页。

ついての説明を巻末に注することが必要となった。このため私は『後漢書』百官志を読んだが、私の解しえたところを書き記した。1953年北京版の『三国演義』の二冊本（人民文学出版社刊）がある。あとでこれを参照できたが、私どもの注とはあまり重複しない。翻訳にあたり、私どもは正史『三国志』と『資治通鑑』を常に参照したけれども、小説とそれらのくいちがいのすべてを注に記入することはしなかった。「演義」作者の誤解による違いに限り、折に触れて記したにすぎない」

译文：关于如何作注、在哪儿加注的问题，要充分加以考虑。开始我在译文的前言中已预先作了说明。在翻译正文时，官名没有译成现代日语，而采用在各卷末用注释加以说明官职名。为此，我通读了《后汉书．百官志》，将我理解的内容译注出来。1953年人民文学出版社的北京版《三国演义》有上下两册。我以此为参考，与我们所作的注不重复。在着手翻译时，我时常参考正史《三国志》和《资治通鉴》，与小说有差别的地方均不作注。我作的译注仅限于由于《三国演义》作者的误解而引起的差别的地方，将其用译注写下来而已①。

可见为了作好译注，他参考了大量的资料，并结合两个中文本进行比对考查，对错误的地方，用注的方式加以明示。这些译注既能帮助一般读者理解和欣赏《三国演义》，对于从事外国文学的学者，亦可从中受益匪浅。

汉语原文：先主双手加额曰："此天之所赐，亦由三弟之灵也!"即令张苞设飞灵堂。(第83回P681)

小川訳：先主は喜ばしげに両手を額に当て、「これは天の賜物、また弟の霊の力じゃ」と、すぐ張苞に命じて張飛の位牌を安置させた。

立間訳：両手を額に当て「これぞ天の賜りしもの。また弟（張

① 小川環樹、『三国志』第十冊の「あとがき」，1973年2月，第246页

飛）の霊によるものじゃ」と、言うと、ただちに張苞に命じて張飛の祭壇を設けさせた。

村上訳：先主が「ありがたい」と感謝した。

井波訳：劉備は両手を額に当てながら「これぞ天の賜物であり、三弟（張飛）の霊の力である」

“双手加额”，古代表庆幸时的一种手式，举双手放在额部。① 据《三国演义大词典》② 释义为：古代表幸庆的一种形式。村上意译为「ありがたい」，传译了原语的文化信息；小川、井波直译为「両手を額に当て」，读者仍不知所云；立间直译为「両手を額に当て」，保留了原语语言，并用随文注形式作了解释，译注为「満足の気持ちを表す動作/表示满足的心情」，传译了文化信息。

汉语原文：闻布妻严氏有一女，已及笄。（第 16 回 P138）

小川訳：呂布の妻厳氏には一人の娘がおりまして、もはや年頃と承ります。

立間訳：聞けば彼の妻厳氏に、すでに妙齢の娘があるとのこと。

村上訳：なんでも、呂布と妻の厳氏のあいだには、年頃の女の子がいるということですが。

井波訳：呂布の妻の厳氏に娘が一人おり、年はもう笄（こうがい）に達しているとか。

笄，即簪子，古时用之贯发或固定弁、冕。《礼记．士冠礼》：“皮弁笄，爵弁笄。”“及”，到，到达。“及笄”，指女子到了可以盘发插笄的年龄，以示成年。《仪礼．士昏礼》：“女子许嫁，笄而醴之称字。”已许婚者，十五岁及笄，二十岁出嫁；未许婚者，二十岁及笄。古代女子一般十岁即许婚。③ 井波保留了汉字“笄”，并加了段后译注，为：

① 罗贯中著：《三国演义》，人民文学出版社 2006 年版，第 681 页脚注。

② 沈伯俊、谭良潇编著，中华书局 2007 年版，第 295 页。

③ 沈伯俊、谭良啸编著：《三国演义大辞典》，中华书局 2007 年版，第 288 页。

「女の子は十五歳になると髪を結い上げ、笄、即ち簪を指す。つまり成年に達したことを意味する。」

译文：女子到15岁，挽上发髻，笄即插上簪子。意味着女子已到成年。

既保留了原语语言特色，又传译了文化信息。

汉语原文：云长曰："兄长既有子，何必用螟蛉"（第36回P303）

小川译：関羽は「兄上にはお子があるではござらぬか。養い子の必要がござるまい」

立間訳：雲長が「兄者にはすでにご子息がおいでであるのに養子をされることはないではござらぬか」

村上訳；関羽が備に「阿斗というお子さんもできていられる野に、なぜ養子を取られます?」

井波訳：関羽は言った。「兄上にはすでに子供があるのに、なぜ螟蛉（アオムシ）を取る必要があるのですか。」

"螟蛉"，本是一种幼虫。有种蜂叫细腰蜂，它常捕螟蛉来喂养其幼虫。古人误以为它视螟蛉为子，所以称养子为螟蛉。①《旧唐书．昭宗纪》："言珂螟蛉，不宜纘袭，请以王珂为陕州，王珙为河中。"宋王楙《野客丛书．螟蛉》："今呼非所生之子为螟蛉。"② 小川、立间、村上直接用汉语词汇"養子"移植，进行了转化。井波则保留汉字及原语比喻义，让读者体会异域文本的"洋味"，并注上假名"アオムシ"，然后用译注交待背景，传递了文化信息。译注为：

「『三国志』劉封伝」には、「劉封は、本来羅候であった寇氏の子であり、長沙の劉氏のおいである。先主が荊州にやってきたとき、まだ後継ぎがなかったので、劉封を養子にした」という。劉備は荊州にやってきたのは建安6年（201年）、劉禅が生まれたのは建安12年

① 沈伯俊、谭良潇编著，中华书局2007年版，第290页。

②《汉语大词典》（下简编），汉语大词典出版社1998年版，第3224页。

(207年) であり、正史の記述に従えば、劉封が養子になったのは劉禅が生まれる以前のこの時期ということになる。"螟蛉"「ジガバチはアオムシを捕らえて、その幼虫のえさにする習性がある。昔の人はこれを見て、ジガバチがアオムシを自分の子として育てるのだと誤解した。このことから、螟蛉すなわちアオムシと言えば、養子を指すようになった。」

译文：据《三国志．刘封传》，"刘封原本为罗侯冠氏的儿子、长沙刘氏的侄子。刘备来到荆州时，还没有继承人，所以将刘封当做养子。刘备到荆州是建安6年（公元201年），而刘禅生于建安12年（公元207年），根据正史记载，刘封为刘备养子是在刘禅出生之前。螟蛉－"细腰蜂有捕捉螟蛉，用它来喂养自己的幼虫习惯。古代人看到后，误以为细腰蜂视螟蛉为自己的儿子来抚养。

费道罗夫说过，文学翻译要"充分传达原作的思想内容，并在功能、修辞上与原作等值"。① 若不给译文加上译注，目标语读者仅获得了原著语句的表层意义，不知道"笄"、"螟蛉"和"双手加额"等的文化蕴涵，他们怎么会感受到原语文化的内在涵义呢？这也说明译文和原文并没有产生同样的效果。语际转换是多层次的：有语音层面，有语言文字层面。语音和文字形式的转换属表层转换。翻译关注的中心是文化意义，也即文化信息层面的对应转换，如果加了注释的话，译语读者会立刻领略到原著的真实文化信息。在当代译学研究中，非常重视读者的作用。国内外许多学者结合翻译个案给予了大量的论述，并有不少专著问世。翻译作品的传世与否，固然与很多因素有关，但归根结底在于能不能得到读者的认可和接受，只有认识到这一点，才能在深入研究的基础上，扎实、认真地做好译注。尤其在物欲横流，学术功利之风盛行的当今，严谨的治学态度，扎实的学术素养，严格的科学修养，则更显弥足珍贵。

我们认为在翻译过程中把等值问题放在文化及时空的背景中来看

① 申雨平：《西方翻译理论精选》，外语教学与研究出版社2002年版，第149页。

待，采用译注手法可在译语文化中找到了与原语对等的功能，也使原语中完整的文化信息再现出来，实现文化对等的转化，满足译语读者对原语文化的信息需求，从而使原语和译语达到了最贴近而又最自然的对等，促成异质文化的交流和沟通，实现跨文化翻译的真正目的。“该加注时不加注，省事倒是很省事，但那不是学者应有的态度，不具备翻译经典作品的资格，经典译作的欣赏，是需要细细品味的，脚注做好了，读者读通了，自然会觉得兴趣盎然，回味无穷，不同于浅层次的情节浏览。经典著作的译者，必须具备一个学者的特质；同样，经典译作的读者，也须赋有一些学者的品性，不然就读不了经典译作。如欲轻而易举地像观通俗读物那样，毫不费力地浏览经典译作，那可以去读通俗本或简写本，但不能要求严肃的译家一律降低自己的翻译准则，将名作降挡处理”。① 那种认为译注无非就是译加注或直译加注的片面看法是不可取的，不是科学的学术态度。为此，我们将汉字 + 注假名 + 注释这种汉译日的转换模式上升为古典作品日译的主要方法之一，称之为译注法文化翻译策略。

中国典籍是中国传统文化长期积淀的精华，是世界文化多样性的重要组成部分，翻译时，意义和文化信息同等重要，应保持文本意义和文化信息两者兼而有之，不可偏废。通过对《三国演义》4 种日译文本的考察和大量个案比对，我们认为译注法可传译原语语言和文化信息，并能有效防止原语文本的文化信息流失和缺损，达到对原著的理解，从而体现了译语文本是两种文化交流，进而融合的杂合文化文本，达到了语际翻译的沟通的目的。通过个案分析，凸显了译注法是实现文化信息传递的有效手段之一，是构成典籍译介的有机组成部分，是古典作品日译的必然选择。

---

① 孙迎春编：《张谷若翻译艺术研究》，中国对外翻译出版公司 2004 年版，第 88～89 页。

5.4 结语及今后的课题

5.4.1 结语

在多元文化语境下，将古典作品翻译成现代日语，为保留文化身份，传递文化信息，我们主张采用异化加注释策略。异化加注释策略在日语文本中转化为汉字加注假名加注释，我们将它称为“译注法”翻译策略。它可将汉语丰富的文化语义及文化信息用翻译并注释相结合的方式，借助日语中有汉字的便利，将翻译和注释在译文中结合起来，完整地再现了原语的异域特色和文化信息。翻译时，以直译为主，但并不字当句对地硬译和死译，而是采用添加词语、释义等多种补偿方式将原语的语言含义表达准确；做注时，译者根据需要和实际情况，并结合读者的可接受性、可理解性，想读者所想，对因异质语言文化差异而难以理解或易产生误解的历史文化语词用注释的方式加以阐释，采用多种形式，如随文注、文内注、文末注等，或进行文化信息置换，或交待历史文化背景，或解释典故、谚语的含义，或经过考证指出原文的错误，或对值得商榷之处提出自己的见解等。译注繁简得当，体现了译者严谨求实的治学品性和将译注作为整个译语文本的有机组成部分。译注传递了原语文化信息，让读者从译文中获得更多的原语文化知识，从而达到了译语读者阅读译语文本得到的效果与原语读者阅读原语的效果是相同的。译注法使翻译和注释相得益彰，语言和文化的传递神形兼备，有利中日文化交流和沟通，达到了翻译是跨文化交流的目的。

通过对 4 种日译文本的考察，可知对于译者而言，为译文加注则是翻译的内在环节。译注是一项学术性极强的操作，没有扎扎实实的研究，没有求是求真的研究精神，一定做不好的。译注不是照搬字词典，也不是翻译原注，而是富于研究、考证精神的治学态度的外化。长期以来，译注简单地被认为是先翻译，后附加注释，或简单地理解为直译附加注释。而注释则被作为一种辅助性的解释手法，招之即来，挥之即去，束之高阁。甚至有些人认为注释会影响读者阅读的流畅性等。我们认为在文化多元化的背景下，这是一种不正常的现象，必须正本清源。

通过对四位译者的翻译策略的考察，可知译者们是对三国时期的社会历史背景、作者所处的社会历史背景、作者的生平、原著的语言、风格等进行详细理解和深入剖析之后，并考虑到读者的接受和译语文化及表达方式，同时为了便于读者理解，通过各种注释方式的灵活运用，传译了原语的语言和文化信息。典籍翻译是一种跨文化交流，不能片面追求原文和译文表层意义的对等，而应努力用各种形式来体现原文的深层意义，使文化信息不流失、不缺损。从这个意义上说，译注法是两种文化交融结合的产物。通过 4 种日译文本的研读和比对，总结了日译文本的得失，佐证了在《三国演义》翻译成现代日语的过程中，译注法既能保留原语语言，又能传译深层文化信息，使读者能更好地理解原语文本，从中获得艺术感染力。从这个意义上看，凸现了本研究的应用价值。

我们认为：译注法理应成为典籍作品翻译成现代日语的常态翻译策略。同时我们希望这种应用基础性研究能起到一个抛砖引玉的作用，促使国内日语学界对《三国演义》日译文本进行全方位的研究，更进一步地深化汉日翻译理论。

5.4.2　今后的课题

在研读《三国演义》日译本时，发现 4 个译本不同程度地使用外来词来翻译汉文古籍中的一些词汇，这是日译本的一大特点。对这个问题加以进一步研究，是翻译学和语言学研究的新课题。我们认为可从语境的视角探讨译者在什么情况下使用、为什么要使用等，这确有进一步探讨的价值；《三国演义》日译本中直接使用了许多普通的汉日同形词，没有做其它转换，这些词在词义上与汉语基本一致，如“暴乱、王道、社稷、股肱、进攻、弱冠、短命、天文、重用、决断、元首、暗诵、聪明、谈论、宾客、虎视、霸道、泥泞”等，另外一些成语如“一刀两断、战战兢兢、小心翼翼”等也是直接使用。我们可以从语用视角考察在《三国演义》中出现的，但日译本换成了其它一些表达方式的汉日同形词的置换规律，分析日译本为什么要这样做，进一步明确日译本如果要把《三国演义》中出现的汉日同形词全部照搬，那译文将会显得单一、不符合现代日本读者的阅读期待，将会失去日语丰富多彩的词语表现方式。通过这样的分析，我们认为可拓展语用学和翻译学的研究领域，对国内的日语教学也极有参考价值；另外四位译者在翻译中均使用了大量的拟声拟态词，这是古典作品翻译中的一个颇令人寻味的现象。善于用日语拟声拟态词来翻译《三国演义》，是日译文本的特色。因为《三国演义》有许多人物神态动作和战争场面的描写，而日语中的拟声拟态词具有表现力丰富、临场感强、刻画细腻传神的特色，凸显了中日两国的思维方式和文化心理差异。因此在《三国演义》翻译成现代日语的过程中，最大限度地发挥日语拟声词拟态词的鲜活性和表现力，最大限度地保持原著的风格，也是今后值得探讨的课题。

参考文献

中文论文：

包通法：《论汉典籍哲学形态身份标识的跨文化传输》，载《外语学刊》，2008 年第 2 期。

蔡新乐：《套套逻辑的必然》，载《中国翻译》，2005 年第 3 期。

曹明伦：《谈谈译文的注释》，载《中国翻译》，2005 年第 1 期。

范东生：《文化的不同层次与翻译标准》，载《外国语》，2000 年第 3 期。

傅新宇：《论解释性翻译法及其应用》，载《兰州学刊》，2005 年第 6 期。

霍跃红：《典籍英译：意义、主体和策略》，载《外语与外语教学》，2005 年第 9 期。

郭建中：《翻译中的文化因素：异化与归化》，载《外国语》，1998 年第 2 期。

黄海军、马可云：《也谈美国主流英文媒体对中国特色词汇采取的翻译策略》，载《上海翻译》，2007 年第 3 期。

胡志辉：《略谈文学翻译中的注释》，载《外国语》，1980 年第 6 期。

刘英凯：《归化—翻译的歧路》，载《现代外语》，1987 年第 2 期。

刘利国：《日诗汉译文化意象的时代语境与翻译策略》，载《外语与外语教学》，2009 年，第 52 页。

吕元明：《中日翻译史上的〈魏志. 倭人传〉》，载《日本研究》，1987 年第 3 期。

马歌东、训读法：《日本受容汉诗文之津桥》，载《陕西师范大学学报》，2002 年 9 月第 31 卷第 5 期。

毛凡宇：《异化与注释：信息时代翻译的策略》，载《江西财经大学学报》，2003 年第 3 期。

邱岭：《试论日本文学对〈三国演义〉的接受—以吉川英治〈三国志〉中的关羽形象为例》，载《福建师范大学学报（哲学社会科学版）》，2006 年第 3 期。

孙致礼:《再谈文学翻译的策略问题》,载《中国翻译》,2003年第1期。

任生名:《杨宪益的文学翻译思想散记》,载《中国翻译》,1993年第4期。

魏耀川:《中译外策略分析与文化彰显》,载《上海翻译》,2008年第4期。

王宏:《〈墨子〉英译对比研究》,载《解放军外国语学院学报》,2006年第6期。

王铁钧:《从音释法到转译法》,载《中国翻译》,2004年第5期。

王忠亮:《关于文学翻译中的注释问题》,载《外语学刊》,1991年第2期。

王铁均:《关于日汉翻译史研究视阈重构的思考》,载《解放军外国语学院学报》,第29卷第3期。

徐颍果:《"生活是战争":异域文化中的中国经典翻译—〈孙子兵法〉与美国华裔作家赵健秀》,译林,2008年第5期。

徐珺、霍跃红:《典籍英译:文化翻译观下的异化策略与中国英语》,载《外语与外语教学》,2008第7期。

熊友奇:《试论文学翻译中对形式信息的处理》,载《解放军外语学院学报》,1996年第6期。

夏登山:《〈红楼梦〉姓名翻译与注释译法》,载《同济大学(社科版)》,2004年4月。

叶子南:《注释与说明》,载《中国翻译》,2009年第5期。

袁履庄:《翻译加注很有必要》,载《上海科技翻译》,2004年第3期。

中文图书:

陈福康:《中国译学理论史稿》,上海外语教育出版社2000年版。

包惠南、包昂编著:《实用文化翻译学》,上海科学普及出版社2000年版。

包惠南:《文化语境与语言翻译》,中国对外翻译公司2001年版。

范存忠:《中国文化在启蒙时期的英国》,上海外语教育出版社1991年版。

傅修延:《文本学-文本主义文论系统研究》,北京大学出版社2004年版。

高宁:《越界与误读》,宁夏人民出版社2005年版。

胡壮麟等:《系统功能语法概论》,湖南教育出版社1989年版。

何自然:《语用学与英语学习》,上海外语教育出版社1998年版。

何华珍:《日本汉字与汉字词研究》,中国社会科学出版社2004年版。

伽达默尔、洪汉鼎译:《真理与方法》,上海译文出版社2004年版。

加藤周一著:《21世纪与中国文化》,王晓平主编,彭佳红译,中华书局2009年版。

林煌天主编:《中国翻译词典》，湖北教育出版社1997年版。

刘宓庆:《当代翻译理论》，中国对外翻译出版公司2005年版。

刘宓庆:《新编英汉对比与翻译》，中国对外翻译出版公司2006年版。

鲁迅:《题"未定草"(二)》且介亭杂文二集，人民文学出版社1995年版。

鲁迅:《关于翻译的通讯》二心集，人民文学出版社1995年版。

廖七一:《当代西方翻译理论探索》，译林出版社2000年版。

罗贯中:《三国演义》[M]（上下，中国古典文学读本丛书），人民文学出版社2006年，第19次印刷。

马祖毅、任荣珍:《汉籍外译史》，湖北教育出版社2003年版。

邱岭、吴芳龄:《三国演义在日本》，宁夏人民出版社2006年版。

青木保:《日本文化论的变迁》，王敏主编，杨伟、将葳译，中国青年出版社2008年版。

申雨平:《西方翻译理论精选》，外语教学与研究出版社2002年版。

孙迎春:《张谷若翻译艺术研究》，中国对外翻译出版公司2004年版。

沈苏儒:《论信达雅—严复翻译理论研究》，商务印书馆1998年版。

沈伯俊、谭良啸编著:《三国演义大辞典》，中华书局2007年版。

谭载喜:《西方翻译简史》，商务印书馆1991年版。

汪榕培:《比较与翻译》，上海教育出版社1977年版。

汪向荣:《关于日本考》，中华书局1983年版。

王琪:《上古汉语称谓研究》，绪论，中华书局2007年版。

王前程:《〈三国演义〉与传统文化》，华中师范大学出版社2007年版。

王作新:《中国古代文化语词类谭》，华中师范大学出版社2007年版。

王佐良:《翻译：思考与试笔》，外语教学与研究出版社1989年版。

许钧:《文字·文学·文化——〈红与黑〉汉译研究》，南京大学出版社1996年版。

谢天振:《译介学》，上海外语教育出版社2005年版。

谢天振:《翻译研究新视野》，青岛出版社2003年版。

日文版图书:

朝日新聞社2007「深化する『翻訳』」『論座』2007年9月号。

荒木敏光等1985『故事俗語諺語大辞典』東京：小学館。

芳賀徹編2000『翻訳と日本文化』東京：山川出版社。

板坂元 1971『日本人の論理構造』東京：講談社現代新書。

今川了俊 1979『难太平記』載山崎正和译『白話日本古典 15. 太平記』東京：河出书房新书。

石原博道 1993『中国正史日本伝』東京：岩波書店。

上田正昭 1997『古代日本と渡来文化』東京：学習社。

小川環樹 1973『三国志』（旧版）第十冊の「あとがき」。

小川環樹、金田纯一郎 1988 完訳『三国志』第 1 冊「解説」東京：岩波書店。

大島真木 1994「谷崎潤一郎の翻訳論」

亀井俊介編集『近代日本の翻訳文化』東京：中央公論社。

1997『古事記序』新增日本古典文学全集東京：岩波書店。

亀井俊介編 1994『日本の翻訳文化』東京：中央公論社。

喉雑潤著 2002『三国志と日本人』東京：講談社。

桑原武夫 1980「「三国志」と私」桑原武夫、落合清彦『「三国志」の魅力』東京：聖教出版社。

鈴木孝夫 2001『言葉と文化』東京：岩波新書。

高島俊男 2000『三国志きらめく群像』東京：筑摩書房。

谷崎潤一郎 1975『文章読本』東京：中央公論社，昭和 50 年 1 月初版。

徳田武 1987『対訳中国歴史小説選集 4 李卓吾先生批評三国志』「解説」ゆまに書房 1984 年及び「『通俗三国志』の訳者」『日本近世小説と中国小説』所収東京：青裳堂書店。

別府春海 1987『意識形態としての日本文化論』東京：思想の科学社。

別宮貞德 1989『翻訳の落とし穴』東京：講談社。

1968『翻訳の問題』『日本語．別巻—日本語研究の周辺』東京：岩波書店。

村上知行 1981『完訳三国志』五．秋風五丈原の巻のあとがき東京：社会思想社。

丸山真男、加藤周一著 1998『翻訳と日本の近代』東京：岩波書店。

安西徹雄、E. G. サンデンステッカー 1983『日本文の翻訳』スタンダード英語講座 2，東京：大修館書店。

柳父章 1998『翻訳語を讀む』東京：丸山学芸図書。

吉川幸次郎 1970「第八巻唐編 1 自跋」『決定版吉川幸次郎全集第 8 巻』東京：筑摩書房。

興膳宏編 1997『小川環樹著作集』第 4 巻，『白話小説の文体』東京：岩波書店。

興膳宏編 1997『小川環樹著作集』第 4 巻 東京：岩波書店『中国小説史の序文』。

吉川幸次郎他編 1982 漢語文典叢書第三巻『譯文筌蹄』（初編）東京：汲古書院，1982 年。

吉武好孝 1959『明治大正の翻訳史』東京：研究社。

渡辺三男 1943『訳注日本考』東京：大東出版社。

日语论文：

伊原紀子「文学翻訳における異化．同化」神戸大学国際文化学会 国際文化学第 3 号 2000 年 9 月。

井波律子「『三国志演義』を訳し終えて」特集 ちまく文庫の月印，2004 年 9 月刊。

井波律子「京都大学新聞」日本京都大学校内杂志 2008 年 2 月 16 日。

小倉慶郎「異化と同化の法則」大阪府立大学『言語と文化』第 7 号，2008 年 3 月。

井上泰山「私と『三国志演義』研究」(上) 関西大学『文学論集』第 57 巻第 2 号，2007 年 3 月。

上田望「日本における『三国志演義』の受容（前編）」金沢大学中国語学中国文学教室紀要第 9 輯，2006 年 3 月。

加藤徹「明治維新を可能にした日本独自の漢文訓読文化」中央公論，2008 年 6 月号。

竹内真彦『三国志演義』における関羽の呼称—『演義』成立をめぐって、日本中国学会報第 53 集。

徳田武「本邦最初の『三国演義』の翻訳—『為人抄』について」『明治大学教養論集』340 号，2001 年。

長尾直茂「近世における『三国志演義』—その翻訳と本邦への伝播—」『国語解釈と教材の研究』学燈社，2001 年。

長尾直茂「江戸元禄時における『三国志演義』翻訳の一様相」『国語国文』1996 年，第 52 页。

バルバラ．吉田．クラクト「日本の小説の中の時間」『図書』9 月号 岩波書店，1984 年。

古田島洋介「現代における漢文訓読の意義」明星大学研究紀要【日本文化学部．言語文化学科】第 8 号』，明星大学青梅校舎，2000 年。

杉本つとむ「徂徠とその言語研究」—蘭語学との関連を主として—『国文学研究』第57集 昭和50年10月 早稲田大学国文学会。

古野ゆり Japanese translation in the 1970s: A transitional period. Interpretation Studies, No. 2, December 2002年。

柳父章 兆民はなぜ『民約訳解』を漢文で訳したか,『国文学』解釈と教材の研究,学燈社,2001年6月号。

日文辞典:

小川環樹、西田太一郎、赤塚忠編 1994『角川新字源』東京:角川書店改訂版。

香坂順一編集主幹『中国语大辞典》』(上下)(大东文化大学)中国语大辞典編纂室 東京:角川書店。

上田望年、岡田正之等編 1993『新大字典』東京:講談社。

金田一京助編 1952『辞海』東京:三省堂。

諸橋徹次 1976『大漢和辞典』第5刷,縮寫本,東京:大修舘書店。

後藤進等編,戸川芳郎監修 2000『漢辞海』(全訳)東京:三省堂。

小学館国語辞典編集部 2006『日本国語大辞典』精選版 東京:小学館

白川静著 1996『字通』東京:平凡社。

新村出編 1998『広辞苑』第5版 東京:岩波書店。

長澤规矩也 1960『大明解漢和辞典』東京:三省堂。

藤堂明保、加納喜光編 1978『新漢和大字典』東京:学習研究社初版。

米山寅太郎、鎌田正 1992『大漢語林』東京:大修館初版。

松村明監修 1995『大辞泉』(大辞泉編集部)東京:小学館。

山口明恵、竹田晃編 2004『岩波新漢語辞典』第二版 東京:岩波書店。

论文集:

第18届(上海)世界翻译大会论文集。

袁可嘉,论译注和加注的原则[C]//翻译研究论文集,北京:外语教学与研究出版社,1984年。

博士学位论文:

倪永明,中日三国志今译与中古汉语词汇研究[D],复旦大学,2005年。

迟庆立,文化翻译策略的多样性与多译本互补研究[D],上海外国语大学,

2007 年。

英文版图书：

Nida，E. Language and Culture［M］，Shanghai：Foreign Language Education Press，2002 年。

Nida，E. A，and C. R. Taber，The Theory and Practice of Translation，Leiden，E-. J. Brill，1969 年。

Newmark，P.，A Textbook of Translation，New York，Prentice Hall，1988 年。

Sherry Simon，Gender in Translation，Routledge，1996 年。

Snell – Hornby，Mary. Translation Studies ——An Integrated Approach. Shanghai Foreign Language Education Press，2001 年

Toury，G. Descriptive Translation Studies and Beyond.［M］. Amsterdam/Philadelphia

VenutiLawrence1The Translator' s Invisibility：A History of Translation London：Rontledge，1944 年。

网址：

http：//www. tac2online. org. cn/lshhy/ tac2ls – 19. htm20050719

后 记

本论文从开始构思直至最后完成，是和我的导师的支持、鼓励和帮助分不开的。当我确定以日译本《三国演义》作为本论文的选题时，是导师给予了肯定和支持。导师学术态度的严谨及对本人的悉心指导，使我终身受益。

在论文撰写期间，得到日本国学生支援中心留学基金的资助，赴日本广岛大学大学院文学研究科，师从文学博士、中国文学研究专家佐藤利行教授，从事一年多的学习研究。日本国立广岛大学是日本著名的国立大学之一，校本部位于东广岛市。校园风景秀丽，是学习和研究的绝佳场所。大学院文学研究科诸先生严谨的学风和求实细微的治学态度，催我奋进。其校训“学問は最高の遊びである/学问乃最高境界的游戏”，就是学者们专注学问的佐证。在日本期间，得到佐藤先生的鞭策和教诲，我终身难忘。在日本广岛大学期间，承蒙文学研究科水田英实教授，教育学部佐藤畅治准教授的支持和帮助，并发表日文论文一篇，在此表示衷心的感谢。

感谢答辩委员会的成员，他们是：日本广岛大学大学院佐藤利行教授，北京外国语大学日本学中心主任徐一平教授，北京大学外国语学院彭广陆教授，中国人民大学外国语学院张威教授，首都师范大学赵敏俐教授。他们的精彩点评和深厚的学术功底，令人难忘。

最后要特别感谢我的妻子及家人，是他们无私的爱伴我度过了许多不眠之夜，克服了种种困难，给了我坚定而有力的支持，衷心感谢他们。感谢我的女儿给我带来了生活的快乐，祝愿她健康成长！